POUTINE,
LA STRATÉGIE DU DÉSORDRE

Isabelle Mandraud et Julien Théron

POUTINE,
LA STRATÉGIE DU DÉSORDRE

Tallandier

48, rue du Faubourg-Montmartre – 75009 Paris
www.tallandier.com

Introduction

Septembre 2020. Vladimir Poutine expose, inflexible, sa vision de l'ordre international devant les drapeaux de la Russie et des Nations unies accolés. Il s'adresse au monde pour le 75e anniversaire de l'Assemblée générale de l'organisation depuis Moscou, par écran interposé, dans un contexte contraint par la pandémie mondiale. Cette distance ne doit pas être pour lui déplaire, le chef du Kremlin n'ayant pas remis les pieds à New York pour cet exercice pendant treize ans, à une exception près. En ce mois de septembre, il se fait le hérault de « l'égalité des États souverains, la non-ingérence dans leurs affaires intérieures, le droit des peuples à déterminer leur propre avenir, le non-recours à la force ou à la menace de la force et le règlement politique des différents[1] ». Soulignant l'avènement d'un monde « compliqué, multipolaire et multidimensionnel », sa stratégie s'inscrit précisément, depuis vingt ans, dans ces « zones grises, vagues de l'arbitraire et de l'illégitimité » qu'il récuse pourtant dans son discours.

À son arrivée au pouvoir, le nouveau chef du Kremlin présentait le visage d'un fonctionnaire jeune, quarante-six ans, symbole du renouveau politique russe. Certes encore empreint d'une raideur soviétique, il bénéficiait alors d'une étiquette libérale conférée par ses quelques années passées au service du premier maire élu de Saint-Pétersbourg, Anatoli Sobtchak, coauteur de la première Constitution de la Russie postsoviétique. Il traînait bien un peu un parfum d'affaires douteuses derrière cet ancien officier du Comité de sécurité d'État (KGB), devenu l'adjoint du maire chargé des relations économiques, mais à part quelques élus locaux qui le somment, en mai 1992, de s'expliquer sur la disparition de 100 millions de dollars[2], qui s'en soucie ? Les années 1990 en Russie sont celles où la mafia règne dans tous les domaines. Une armée de conseillers politiques et d'oligarques l'a choisi, lui, pour succéder à Boris Eltsine, usé et malade. Nommé par intérim en décembre 1999, Vladimir Poutine est élu en mars, et devient président le 7 mai 2000.

Entre ces deux étapes, une main se lève. « *Who is Mister Putin ?* » interroge la journaliste américaine Trudy Rubin lors du Forum économique de Davos qui réunit début 2000, comme chaque année en Suisse, le gratin mondial de la politique et des finances. En face d'elle, la délégation de hauts responsables russes ainsi interpellée reste muette. Personne ne sait ou ne veut répondre. Cette interrogation ne cessera pourtant pas de hanter l'Occident.

Après vingt ans de pouvoir, Vladimir Poutine, la soixantaine passée, reste un inconnu. C'est un dirigeant froid, inaccessible. Sa vie privée est un tabou. Tout juste sait-on qu'il a deux filles, Maria, né en 1985 à Leningrad, et Ekaterina, née l'année suivante dans l'ex-République démocratique allemande (RDA) où il se trouvait en poste, et qu'il a divorcé de son épouse, Lioudmila Chkrebneva, une ancienne hôtesse de l'air. On lui prête parfois une liaison ici et là, mais rien ne transparaît vraiment. Aucune femme ne l'accompagne jamais en marge des événements internationaux. Sa santé ne fait l'objet d'aucun bilan officiel, malgré des absences inexpliquées qui font bruisser Moscou de rumeurs.

Du bout des lèvres, Vladimir Poutine s'est livré à quelques confidences avec trois journalistes russes[3] pour les besoins de sa première campagne présidentielle tandis qu'il assumait l'intérim au Kremlin. Peu d'anecdotes sur son enfance, hormis le fait qu'il habitait avec ses parents dans un espace de 27 m^2 au sein d'un appartement communautaire, quelques éléments sur sa fascination pour le monde du renseignement – et le judo –, deux ou trois choses sur son parcours politique : ses réponses n'offrent qu'une vision très partielle du personnage. C'est encore le violoncelliste Sergueï Roldouguine qui en parle le mieux, lorsque son ami d'enfance lui racontait, « avec quelle douleur et quelle indignation », l'effondrement de l'Union des républiques socialistes soviétiques (URSS) et son désir de quitter le KGB : « Volodia [diminutif de Vladimir] parlait avec beaucoup de sincérité, et à vrai dire, je l'ai cru. Mais je vois mal comment une personne peut faire abstraction des connaissances et des informations qu'elle a accumulées pendant tant d'années. Évidemment, il est possible de quitter une telle organisation, mais la vision des choses, la mentalité forgées par ce travail restent[4]. »

Aujourd'hui, le doute n'est plus d'actualité. Le chef du Kremlin demeure profondément marqué par son héritage KGBiste. Lorsqu'il arrive au pouvoir, Vladimir Poutine n'a pas les moyens de ses ambitions. Le retard de la Russie postsoviétique reste considérable et nécessite une restructuration politique et économique profonde, qui prendrait trop de temps pour reconquérir sa place perdue de puissance égale aux États-Unis. Le chemin qu'il choisit est tout autre : transformer l'ordre international tout en étendant son pouvoir sur la société russe.

À l'été 2020, en dépit de l'épidémie de Covid-19 qui paralyse le monde, le président russe change le visage du pays. Le 1er juillet, au terme d'un référendum étalé sur sept jours, la Constitution de la Fédération de Russie est fondamentalement modifiée. Éclipsées par la « remise à zéro[5] » du compteur des mandats jusqu'ici effectués par le chef du Kremlin – ce qui lui permet en théorie de se maintenir au pouvoir jusqu'en 2036 –, d'autres dispositions, introduites par le président lui-même, bouleversent l'esprit du texte adopté en 1993, première constitution démocratique de la Russie. La foi en Dieu cohabite désormais avec le principe de laïcité[6] ; l'institution du mariage se limite à l'union d'un homme et d'une femme, fermant ainsi la porte à l'union légale homosexuelle ; la valorisation du passé est inscrite dans les tables de la loi fondamentale comme une obligation – le pays « honore la mémoire des défenseurs de la Patrie et garantit la défense de la vérité historique » ; seule la langue russe est constitutive de l'État.

La Fédération de Russie se dit aussi l'unique successeur de l'URSS. L'État assure l'éducation patriotique, la défense des compatriotes russes résidant à l'étranger et la protection de la culture russe, présentée comme un héritage unique d'une nation pourtant multiethnique. C'est un tournant conservateur et nationaliste majeur, mais ce n'est pas le seul. À l'avenir, la nouvelle Constitution consacre également la primauté absolue du droit russe sur le droit international.

Le chef du Kremlin s'assure ainsi que le système de gouvernance qu'il a construit depuis deux décennies lui survivra, quel que ce soit son avenir à la tête du pays. Cette nouvelle Constitution, déclare-t-il dans son adresse à la nation, le

23 juin 2020, doit permettre de graver dans le marbre le système poutiniste « pour des décennies à venir[7] ». Il n'a eu aucun mal à l'imposer. Avec ses stands de loterie et de kermesse, ses bureaux de vote en plein air, ou à domicile, et les multiples entorses constatées, la « consultation populaire » par référendum, qui s'est achevée par plus de 77 % d'approbation, a été conforme aux autres scrutins, c'est-à-dire parée d'un vernis démocratique, mais sans aucun suspens.

Une étape supplémentaire est franchie en novembre 2020 avec l'introduction d'un projet de loi destiné à étendre l'impunité aux anciens présidents au-delà de leurs mandats. Selon Andreï Klichas, président de la Commission chargée de veiller aux réformes constitutionnelles à la chambre haute du Parlement russe, le texte exclut toute limitation dans le temps[8]. Autrement dit, le chef du Kremlin s'assure ainsi une immunité totale. Cette initiative est intervenue moins d'une semaine après qu'il a lui-même déposé un premier texte devant assurer un siège de sénateur à vie aux anciens présidents. Une double garantie.

Au pouvoir depuis plus de deux décennies, ce qui lui confère la plus longue longévité au sommet de l'État depuis Staline, Vladimir Poutine a depuis longtemps éradiqué toute forme d'opposition interne. Les candidats supposés représenter une menace pour le pouvoir sont systématiquement empêchés sous divers prétextes de se présenter aux élections. Ou pire. Boris Nemtsov, ex-gouverneur de Nijny-Novgorod et ancien ministre de Boris Eltsine devenu la voix la plus critique de Vladimir Poutine, est assassiné de plusieurs balles, au pied du Kremlin, le 27 février 2015. Cinq ans après, le 20 août 2020, Alexeï Navalny, pourfendeur de la corruption du régime et opposant n° 1 au Kremlin, est victime d'une tentative d'empoisonnement alors qu'il s'apprêtait à rejoindre par avion ses partisans en Sibérie. En Allemagne, où il a été transporté dans le coma à la demande de sa femme, les médecins ont confirmé avoir relevé dans ses urines et son sang, ainsi que sur la bouteille qu'il avait en sa possession, des traces de Novitchok, un puissant agent innervant militaire déjà utilisé dans la tentative de meurtre en 2018, au Royaume-Uni, contre l'ancien agent double Sergueï Skripal.

Dans les deux cas, l'élimination ou la tentative d'élimination des deux figures russes de l'opposition correspond à des moments bien précis. Tout comme l'assassinat de la journaliste Anna Politkovskaïa, le 7 octobre 2006 – jour anniversaire de Vladimir Poutine –, avait un rapport avec la guerre russo-tchétchène, le meurtre de Boris Nemtsov, qui était sur le point de rendre public un dossier accusateur sur Poutine et la guerre[9], est lié à l'Ukraine. L'empoisonnement d'Alexeï Navalny, lui, est associé à la Biélorussie. Vladimir Poutine redoute en effet plus que tout la contagion, en Russie, des mouvements de contestation, surtout lorsqu'ils émanent de populations proches. Or, après les manifestations de l'hiver 2013-2014 à Kiev, qui ont abouti à un changement de pouvoir et à la fuite du président ukrainien contesté, Viktor Ianoukovitch, c'est au tour des Biélorusses, à l'été 2020, de descendre massivement dans les rues de Minsk pour protester contre la réélection entachée de fraudes de leur dirigeant, Alexandre Loukachenko, au pouvoir depuis 1994. La riposte du Kremlin sonne comme une gifle : la Russie, annonce le président russe, a constitué des forces spéciales prêtes à intervenir « si des éléments extrémistes, sous couvert de slogans politiques, dépassent les bornes[10] ». Moscou a déjà envoyé ses journalistes remplacer des collègues biélorusses réticents, officiellement à la demande de Minsk.

Pour beaucoup, la coupe est pleine. Comme l'écrit fort justement le politiste russe Andreï Kolesnikov, associé au centre de réflexion Carnegie à Moscou, « franchir les lignes rouges est devenu un sport politique national en Russie[11] ». L'empoisonnement d'Alexeï Navalny et l'immixtion dans les affaires biélorusses s'ajoutent, souligne-t-il, à l'annexion de la Crimée, la guerre dans le Donbass, la destruction de l'avion civil de la Malaysia Airlines MH17, l'assassinat de Boris Nemtsov, l'ingérence dans les affaires d'autres États, l'affaire Skripal, le déploiement tous azimuts des mercenaires Wagner. Toute demande d'éclaircissements sur plusieurs de ces événements retentissants engendre systématiquement des réactions de déni de l'État russe et des contre-feux alimentés par une propagande à la limite de l'hystérie. De toute façon, Vladimir Poutine « couvre ».

Les prétendues enquêtes sur tous ces points ne remontent jamais jusqu'aux commanditaires. Les agents des services secrets, même quand ils sont soupçonnés du pire, sont récompensés, tel Andreï Lougovoï, promu député après l'empoisonnement au polonium d'Alexandre Litvinenko, un ancien du renseignement russe décédé à Londres en novembre 2006. D'autres sont accueillis en héros à l'image des « illégaux » Andreï Bezroukov et Elena Vavilova, incarnés dans la célèbre série américaine *The Americans*. Expulsé des États-Unis en 2010, le couple a été reçu à son retour en Russie avec tous les honneurs par Vladimir Poutine en personne. « Il est tout à fait clair que l'externalisation des meurtres, des passages à tabac, des trolls et des provocations est une part croissante du business des “marchés publics”, écrit Andreï Kolesnikov. Alors que le système russe est passé de l'hybride à l'autoritarisme pur, la propagande est devenue plus grossière, la contre-propagande de plus en plus agressive et les mensonges de plus en plus effrontés. Personne ne se retient plus, car la Russie est *de facto* en guerre froide avec l'Occident. Bien entendu, cela ne ressemble pas à une guerre froide classique. Mais c'est encore pire : elle se déroule sans règles[12]. » Toutes les tentatives de *reset*, cette remise à plat des relations tentée en 2008 par l'Américain Barack Obama, puis par le Français Emmanuel Macron en 2019, se heurtent à cette réalité : sur le pied de guerre, le partenaire russe est d'autant moins disposé à « dialoguer » qu'il perçoit les démocraties fragilisées par la montée des courants populistes.

En traitant ses opposants comme des lépreux, sans même daigner prononcer une fois le nom d'Alexeï Navalny, Vladimir Poutine n'est cependant pas à l'abri d'une contestation grandissante de son pouvoir sur la scène intérieure russe. Les manifestations de l'hiver 2011-2012 à Moscou et à Saint-Pétersbourg, celles du printemps 2017 partout sur le territoire, de 2018 sur l'impopulaire réforme des retraites, de 2019 dans la région de Khabarovsk, constituent autant de signaux d'alerte. La génération des jeunes Russes qui ont aujourd'hui vingt ans n'a connu qu'un seul président.

Le Kremlin ne se livre certes pas à une répression de masse, comme autrefois, mais il exerce une répression sélective en choisissant des « exemples » qui sont autant de messages envoyés à l'ensemble de la population. Ici, c'est un manifestant, Evgueni Kovalenko, condamné à trois ans et demi de colonie pénitentiaire, là, c'est un metteur en scène de renom, Kirill Serebrennikov, placé en résidence surveillée, ou encore là, un historien, Iouri Dmitriev, harcelé par la justice, détenu, libéré, à nouveau arrêté… Dans ces conditions, que vaut la popularité dont se prévaut le chef du Kremlin ?

Vladimir Poutine, mû par un désir de revanche après l'effacement de la Russie comme acteur central d'un monde bipolaire, n'a cessé d'accroître son emprise sur la société russe tout comme sur les pays voisins relevant de son « étranger proche ». En 2008, au terme d'une guerre éclair de quelques jours, la Géorgie a été amputée de 20 % de son territoire après la reconnaissance unilatérale par Moscou de l'indépendance de l'Ossétie du Sud et de l'Abkhazie, venant ainsi grossir les rangs des conflits postsoviétiques comme celui de Transnistrie en Moldavie. En 2014, l'Ukraine a perdu la Crimée, purement et simplement annexée, tandis qu'un conflit armé – non résolu à ce jour – a ravagé le Donbass, à l'est du pays, dominé par des insurgés pro-russes. Le chef du Kremlin dénonce l'encerclement de la Russie par les forces de l'Organisation du traité de l'Atlantique Nord (Otan), mais il dénie surtout le droit aux anciennes républiques et satellites de l'URSS de choisir librement leur adhésion. Et l'antagonisme ancien ravivé contre les États-Unis s'étend à toute l'Europe lorsque Vladimir Poutine constate qu'il ne parvient pas, malgré tous ses efforts, à briser le consensus des Vingt-Huit, puis des Vingt-Sept, sur les sanctions décidées en réaction aux événements d'Ukraine.

En 2015, l'intervention militaire en Syrie, la première loin des frontières de la Russie depuis la guerre d'Afghanistan (1979-1989), lui sert de tremplin. Sous couvert de « lutte antiterroriste », Vladimir Poutine soutient son allié Bachar al-Assad, bourreau de son peuple qui n'hésite pas à recourir aux armes chimiques, pour signifier qu'il ne tolérera plus la politique de *regime change*. Le théâtre syrien, terrain d'expérimentation d'une armée russe modernisée, est d'abord et avant tout celui d'une confrontation avec des Occidentaux hésitants et craintifs. La léthargie de Barack Obama, davantage préoccupé par la politique intérieure américaine, les atermoiements des Européens Angela Merkel, François Hollande ou David Cameron, pris dans des débats houleux sur l'afflux de migrants, ou tétanisés par les attentats en France, lui ouvrent les portes d'un retour spectaculaire sur la scène internationale.

Plus l'Occident tempère, plus Vladimir Poutine avance. Il n'a pas à s'occuper, lui, d'une alternance démocratique qui fait valser les autres dirigeants. Et s'il ne peut mettre à plat leur système de gouvernance honni, ni même concurrencer sur le plan économique ou technologique cet Occident désigné comme l'adversaire, il va mobiliser toutes les ressources apprises durant sa formation d'officier du KGB. Il n'a rien oublié. « Le groupe du FSB que vous avez envoyé en mission d'infiltration au sein du gouvernement est en train de réussir sa première étape[13] », avait paru plaisanter Vladimir Poutine en quittant en 1999 la direction de ces services de sécurité héritiers du KGB, pour rejoindre le Kremlin. *A posteriori*, la boutade ne semble plus en être une. Les *siloviki*, comme l'on nomme en Russie les membres des forces sécuritaires et militaires, sont aujourd'hui au pouvoir, à tous les postes stratégiques du pays.

L'ingérence russe dans l'élection présidentielle américaine de 2016, documentée dans le rapport du procureur spécial Robert Mueller (seule la collusion avec Donald Trump n'a pas été prouvée), n'est qu'une facette, certes spectaculaire, de l'activité agressive développée par la Russie sous la direction de Vladimir Poutine. En les adaptant à la mondialisation et aux moyens modernes, tous les mécanismes du désordre, la manipulation, l'exploitation des guerres mémorielles, la propagande, les cyberattaques, les trolls, les agents d'influence, le mensonge, les manœuvres de déstabilisation sont utilisés et mis en pratique aux États-Unis, en Europe, dans l'ex-espace soviétique, en Syrie, en Afrique, et jusque dans le Grand Nord, au-delà du cercle polaire.

La Russie est en guerre. Du moins le Kremlin considère-t-il ainsi le combat qu'il a initié contre la démocratie, dans son pays comme ailleurs. Dans cette lutte incessante mais jamais avouée, Moscou peut compter sur des alliés objectifs de plus en plus nombreux, comme la Chine ou d'autres pays « tombés » les uns après les autres dans un autoritarisme plus ou moins dur : Recep Tayyip Erdoğan en Turquie, Rodrigo Duterte aux Philippines, Abdel Fattah al-Sissi en Égypte, Narendra Modi en Inde, Viktor Orbán en Hongrie, Donald Trump aux États-Unis ou Jair Bolsonaro au Brésil. « Le mot virus me vient à l'esprit parce que c'est quelque chose qui se transmet partout et qui s'adapte à toute sorte de pays », relève le diplomate français Michel Duclos[14]. Tous jouent selon lui une même « petite musique » à l'encontre des droits fondamentaux et de la démocratie, auxquels ils opposent des valeurs traditionalistes et nationalistes au travers d'appels incantatoires au peuple. Vladimir Poutine, pour qui la pensée libérale est devenue « obsolète[15] », est un précurseur de cette révolution autoritaire mondiale et plurielle, un redoutable organisateur du travail de sape de l'ordre international tel qu'il a été dessiné après guerre. Et pour cela, il a conçu et mis en œuvre une redoutable stratégie du désordre.

LES MÉCANISMES DU DÉSORDRE

1

Le poutinisme, un village Potemkine

Demander à ceux qui étudient la Russie depuis des décennies « Qu'est-ce que le poutinisme ? » aboutit rarement à une réponse claire, et elle n'est jamais la même. Qu'est-ce que le poutinisme en effet, sinon l'adhésion à Vladimir Poutine ? Comment décrypter ce qui anime cet ancien lieutenant-colonel du KGB, et appréhender un régime politique qui cultive le flou par une communication lénifiante ? Existe-t-il des idées derrière les images de propagande ? Ou le poutinisme n'est-il au fond qu'une méthode autoritaire ?

Contrairement aux régimes totalitaires, dont l'emprise pénètre jusqu'aux tréfonds de la conscience de chaque individu, ou aux dictatures classiques, qui assument la coercition, les régimes autoritaires tentent de faire croire à leurs peuples qu'ils vivent dans une démocratie. Leur caractère autocratique vient du fait que les dirigeants s'appuient sur de nombreux leviers de contrôle politique qu'ils actionnent de manière discrétionnaire, afin de conserver le pouvoir indéfiniment. En apparence, il est donc facile de prendre ces régimes pour de vraies démocraties, voire des démocraties exemplaires si on croit à la propagande qu'ils diffusent à travers une scène médiatique largement sous contrôle.

Des élections sont organisées, avec un semblant de multipartisme. Quelques partis historiques permettent de mettre en scène la magnanimité du régime face à une opposition tolérée mais jamais très dangereuse. On peut même consentir à accepter un vent de fraîcheur, en laissant quelques vrais ou faux opposants tenter leur chance. Quelques médias indépendants peuvent travailler – on se contente de l'omerta au sein du régime, de la dénégation, et au besoin de la calomnie et de la menace. Des voix sont libres de s'exprimer : artistes, hommes d'affaires, personnalités, dans une certaine mesure. Mais dès qu'un réel danger se profile, le ton se durcit.

Les régimes autoritaires mettent en scène des éléments symboliques camouflant la situation réelle de l'État de droit, du système électif et des libertés publiques. La propagande et le contrôle de la population sont puissants, grimés en information libre et en protection de la société. En d'autres termes, on monte un décor de carton-pâte. C'est l'essence même du régime de Vladimir Poutine.

UNE MYTHOLOGIE HOMÉRIQUE

À la fin du XVIIIe siècle, Catherine II la conquérante a étiré les frontières européennes de la Russie au détriment de la Pologne et de l'Empire ottoman, en parvenant notamment à conquérir un territoire tatar de la mer Noire, sous suzeraineté ottomane depuis le XVe siècle. En 1783, l'impératrice décide de l'annexer, en violation du traité de Koutchouk-Kaïnardji conclu avec les Turcs. La Crimée est ainsi conquise. Mais lorsque l'impératrice décide de visiter cette *Novorossia*

(« Nouvelle Russie »), le feld-maréchal Grigori Potemkine, ministre de la Guerre et artisan de l'annexion, fait ériger des panneaux représentant des villages modèles fictifs. Bien que cette anecdote ait été largement contestée, l'expression est restée pour désigner le camouflage de ce qu'il ne faut pas voir.

En démocratie, le peuple est souverain. Les régimes autoritaires doivent donc lui faire croire à sa souveraineté dans un décor théâtral suffisamment glorieux et divertissant pour qu'il accepte de maintenir le pouvoir en place, pendant qu'il manœuvre dans l'ombre. Le poutinisme suit cette logique.

Vladimir Poutine chevauche la toundra sibérienne, torse nu. Un autre jour, il est en treillis, un fusil à lunette dans les mains. Il remonte d'une plongée sous-marine une amphore du VIe siècle, qu'il aurait découverte en mer Noire. Il enchaîne des mises à terre de judokas ceinture noire, ou bien il pilote un chasseur Su-27 vers la Tchétchénie. Le voici aussi avec une Kalachnikov AK-74M, doigt sur la gâchette, en costume et boutons de manchette. Le poutinisme est un stéroïde politique tel que la propagande tente de construire son image dans l'imaginaire collectif, pour imposer l'image d'un chef puissant et dominateur. Pour Michael McFaul, ancien ambassadeur des États-Unis en Russie entre 2012 et 2014, « l'image de Poutine comme leader fort et de la Russie comme État fort – à la fois à l'intérieur et à l'extérieur – a joué un rôle clé dans la mystique de Poutine[1] ».

À défaut de pouvoir se hisser au niveau des États-Unis, de l'Union européenne (UE) ou de la Chine, le Kremlin cultive la représentation fantasmée de son pouvoir avec des images sur-dopées à l'idée de toute-puissance. Projeter une image éclatante du chef du Kremlin permet d'accroître ses marges de manœuvre à l'intérieur du pays comme sur la scène internationale.

Le poutinisme n'est pas une idéologie éclairant le monde. On chante ses louanges, mais on ne récite pas ses préceptes. Et si on glorifie le chef, on n'enseigne pas sa théorie à l'école. Certains applaudissent sa maestria, d'autres adhèrent seulement à la légitimité de la coercition, à l'importance des traditions ou à la concentration du pouvoir. C'est bien peu pour constituer une idéologie que le Kremlin remplace par des mythes narrateurs.

Comme l'énonce, en effet, Vladimir Poutine devant la Douma, la chambre basse du Parlement russe, en mars 2020, une « verticale présidentielle forte est absolument nécessaire pour notre pays la Russie », qui suppose une « stabilité » du pouvoir « plus importante et prioritaire »[2] que l'alternance politique. Et pour le président russe, la situation économique et sécuritaire ne permet pas une alternance démocratique. Cette idée arbitraire, déterministe et autoréalisatrice est soutenue par des mythes qui sont autant de panneaux du village Potemkine : « grandeur nationale », « retour à la puissance », « *Novorossia* », « monde russe », « russophobie ». Le Dieu de cette mythologie se nomme « pouvoir fort ». Ces éléments de langage sont ensuite transmis aux médias officiels, aux « idiots utiles », et diffusés par la propagande sur les réseaux sociaux. En creux se dessine une peur bleue du pouvoir, qui préfère imposer une schizophrénie collective plutôt que de perdre le contrôle de la société.

La « grandeur nationale » est ainsi présentée comme un élément indissociable du pouvoir en place. Malgré des contenus médiatiques laudateurs et cocardiers, les indicateurs montrent que la Russie de Vladimir Poutine est en réalité à la traîne, malgré sa taille (plus de 17 millions de km^2), sa position de jonction entre la Chine et l'Europe, et ses colossales richesses naturelles. Le plus grand pays du monde possède les premières réserves mondiales de gaz (19,8 %), les deuxièmes en charbon (15,2 %) et les sixièmes en pétrole (6,1 %)[3]. Immense avantage stratégique sur son voisin chinois, la Russie est aussi quasiment autosuffisante en matières premières, disposant de fer, nickel, cuivre, étain, plomb, chrome, manganèse, platine, titane, tungstène, mais aussi diamants et or. Les forêts russes, enfin, représentent un cinquième du bois de construction de la planète et les terres arables, malgré un climat difficile, restent d'une superficie considérable[4].

Pourtant, ces atouts ne sont pas transformés. Si la Russie peut se flatter d'être passée de 260 milliards de produit intérieur brut (PIB) en 2000 à 1 700 en 2019, la croissance a très fortement ralenti (1,3 % en 2019 contre 10 % du PIB en 2000). La forte dépendance liée aux énergies fossiles (15 % du PIB pour le gaz, autant pour le pétrole) reste d'autant plus inquiétante que ces secteurs concentrent beaucoup de pouvoir. Pis encore, au rythme actuel, les réserves d'hydrocarbures pourraient être épuisées dès 2044, dans moins de vingt-cinq ans[5]. Et la corruption massive handicape toute perspective d'amélioration. La Russie se situe en effet au 137e rang mondial sur 180 des pays corrompus, avec un score de perception dans le secteur public de 28/100, à égalité avec le Liban ou le Liberia et derrière le Mexique ou le Mali[6].

En termes de développement humain, le bilan n'est guère plus glorieux. Le revenu national brut par habitant s'élevait, en 2019, à 11 260 dollars, contre 35 721 dollars au sein de l'UE[7]. L'indice de développement humain place la Fédération de Russie au 49e rang, derrière 31 pays européens dont, fait notable, l'ensemble des anciens satellites d'URSS en Europe centrale et orientale qui ont rejoint depuis l'UE. L'espérance de vie reste en 2019 à 72,4 ans, quasiment dix ans de moins que les citoyens de l'UE, la Russie se classant à ce titre entre la Libye et le Bangladesh.

En matière de démographie, malgré les discours volontaristes affichés par Vladimir Poutine, la population stagne en queue de classement en termes de densité[8]. La vice-Première ministre russe, Tatiana Golikova, a elle-même expliqué à l'automne 2019 que la population déclinait « de façon catastrophique », tandis que les Nations unies ont calculé qu'elle pourrait même passer de près de 145 millions actuellement à moins de 100 millions avant la fin du siècle[9].

Le fossé est donc énorme entre l'autoglorification du pouvoir et les résultats de sa gouvernance. Pour le chercheur britannique Mark Galeotti, les Russes investissent toujours plus dans les volets militaire et diplomatique de leur stratégie internationale, mais de manière disproportionnée au regard de leurs ressources réelles et au détriment du pays[10].

La grandeur de la Russie justifierait un « retour à la puissance » de l'URSS. En apparence, cette idée fait sens : la Russie, plus grande entité d'URSS, a bénéficié de la transmission du siège permanent au Conseil de sécurité des Nations unies, récupéré la majeure partie de l'Armée rouge et des armes nucléaires présentes en Biélorussie, au Kazakhstan et en Ukraine. Le droit international public ne reconnaît pas de retour à la puissance *ex ante*, qu'il s'agisse d'armements, de territoires, de ressources ou de populations. Ce mélange des genres entre *légalité* et *légitimité* autoproclamée est un marqueur typique du poutinisme qui revendique un droit supposé de retour à la puissance perdue.

Dans cette veine historiciste, le terme *Novorossia* ressurgit. Sa mise à jour en 2014 vise à justifier l'amputation d'un État souverain, l'Ukraine, et la déstabilisation par un conflit sans fin dans sa partie orientale. « Je voudrais vous rappeler que ce qui était appelé *Novorossia* à l'époque tsariste – Kharkov, Louhansk, Donetsk, Kherson, Nikolaïev et Odessa – ne faisait alors pas partie de l'Ukraine[11] », affirme, impassible, Vladimir Poutine, après avoir expliqué : « J'ai entendu dire des résidents de Crimée qu'en 1991, ils ont été abandonnés comme un sac de pommes de terre[12]. » Une telle logique, appliquée à l'ensemble du monde, engendrerait naturellement un immense désordre.

En utilisant ce terme de *Novorossia*, Vladimir Poutine ne cherche pas nécessairement à annexer l'ensemble de ces territoires, mais à projeter l'idée que Moscou *pourrait* les revendiquer. Une façon de délégitimer la souveraineté de l'Ukraine, par une technique poussive que l'on peut qualifier en anglais de *power politics* (« politique de puissance ») ou même de *political bullying* (« intimidation politique »)[13]. La remise à jour du concept de *Novorossia* a finalement fait long feu. La polémique s'est tue. Mais l'idée a été perpétuée fin 2019 au travers du terme *Prichernomorie.* Cité publiquement par Vladimir Poutine, il recouvre les plaines côtières du nord de la mer Noire, soit quasiment la même région[14].

Le chef du Kremlin légitime sa politique de voisinage par la défense du *Rousskii mir* (« Monde russe ») dont Moscou porterait la responsabilité comme il n'a pas hésité à l'exposer à propos du sud-est de l'Ukraine : « La question essentielle est de savoir comment assurer les intérêts et droits légitimes des Russes ethniques et des russophones[15]. » La construction de ce mythe de populations russophones en danger en dehors de la Russie, gommant la distinction entre Russes ethniques (*rousskii*) et citoyens russes (*rossiiskii*), permet de cultiver le flou dans les esprits quant aux « limites, à la fois territoriales et imaginaires, de l'État russe », justifiant ainsi un « nouveau type d'aventurisme géopolitique »[16]. Le président russe insiste sur l'idée de nation divisée, et met en avant la nécessité de restaurer l'unité d'une Russie mythique[17]. Ces calculs font pourtant fi des réalités subies localement par des populations qui vivent dans l'absence chronique de stabilité et la crainte de conflits incessants.

La notion de « russophobie », cabriole lexicale utilisée par Vladimir Poutine lui-même, induit que toute critique, tout commentaire qui n'irait pas dans le sens d'un *satisfecit* du pouvoir, confinerait au racisme antirusse. Hormis le fait que la société russe est d'une grande richesse ethnoculturelle, la critique des actions politiques d'un gouvernement n'induit aucunement la détestation du peuple qu'il gouverne. Au contraire, même. En quoi critiquer la légalité de l'annexion de la Crimée constitue-t-il une atteinte à Tchaïkovski ou Pouchkine ? Le concept de russophobie n'est en réalité rien d'autre que la fusion du président, de l'État, de la nation et de sa culture afin de proscrire toute critique. Pour Anton Shekhovtsov, chercheur associé au Swedish Institute of International Affairs, « le plus grand russophobe du monde n'est pas l'Occident, c'est le poutinisme. Poutine [...] pense que les Russes doivent être contrôlés, qu'ils ne méritent pas la démocratie, qu'ils ne peuvent pas se gouverner eux-mêmes, qu'ils créeraient juste le chaos partout[18] ».

Patchwork idéologique

L'historienne française Françoise Thom refuse l'idée selon laquelle le poutinisme serait un système idéologique : « Poutine n'a rien inventé. Il a récupéré des éléments slavophiles, des éléments provenant de la nouvelle droite européenne et les a greffés sur un substrat soviétique. La base est la haine du monde occidental libéral, des États-Unis surtout. [...] Comme les dirigeants soviétiques, il est prêt à mettre les Russes sur la paille pourvu qu'il réalise ses ambitions en politique étrangère[19]. » On l'aura compris, Vladimir Poutine n'est pas un idéologue, mais il sait jouer habilement avec des fragments idéologiques qui, cousus ensemble, forment un patchwork adaptable selon la situation. Un homme, Vladislav Sourkov, joue ici un rôle majeur.

Son visage est sympathique, souvent souriant. Son regard est perçant, voire menaçant. Celui qui est parfois surnommé le « Raspoutine de Poutine[20] » s'est imposé comme l'éminence grise du Kremlin jusqu'en 2020. La dimension autocratique et autoritaire du pouvoir russe, et la politique étrangère agressive, c'est lui. Il est l'architecte de la « verticale du pouvoir » et du concept de « démocratie souveraine », une démocratie dirigée comme autrefois on parlait de « démocraties populaires » en Europe de l'Est. Un souverainisme version droite dure – pas raciste mais ouvertement autoritariste. D'origine tchétchène, de son vrai nom Aslambek Doudaïev, il est le cofondateur du parti du pouvoir, Russie unie, et l'artisan des caractéristiques autocratique et autoritaire du poutinisme. Dans un roman publié sous nom de plume, il écrit qu'en Russie, « la criminalité et la corruption jouent le même rôle dans la construction sociale que l'école, la police et la morale. Vouloir les éliminer mène au chaos[21] ». Les jeunesses poutiniennes Nachi (« les nôtres »), une organisation d'endoctrinement nationaliste et de soutien à l'action du président russe, c'était aussi lui.

Vladislav Sourkov est chargé des relations avec « l'étranger proche ». Il intervient en Géorgie, pour régler notamment une crise après que le « président » de l'Abkhazie, tout juste reconnue indépendante par Moscou, a été chassé par la population locale. En Ukraine, il pilote la stratégie du Kremlin et fait la navette avec les chefs armés de l'Est lors des négociations internationales. Adepte d'une grande Russie, il défend « l'expansion, comme la tendance naturelle de tout État digne de ce nom[22] ». En février 2019, un an avant de quitter le Kremlin, le conseiller de Vladimir Poutine publie un texte retentissant, dans lequel il affirme que « la grande machine politique de Poutine commence tout juste à prendre de l'ampleur et se prépare à un travail long, difficile et décisif. Son plein régime est encore bien lointain[23] ».

Parmi les fragments idéologiques du poutinisme, le passéisme tient une place particulière, ce que l'historien Timothy Snyder nomme la « politique russe de l'éternité[24] ». Toujours sous-jacente mais récurrente, omniprésente même, la peur profonde, obsessionnelle, de la calamité : on retrouve en Russie cet effroi dans le langage des grandes catastrophes, du déluge biblique, des ruptures de l'ordre autoritaire, qui se termine invariablement par l'éloge des grands combats historiques qui ont réussi à restaurer l'autocratie.

L'exemple le plus pertinent – l'« événement zéro » du poutinisme en quelque sorte – remonte à la *Smuta*, ou « Temps des troubles », au tournant du XVIe et du XVIIe siècle. Dans cette période marquée en Russie par l'inconsistance du pouvoir central au travers de dramatiques querelles de succession, plusieurs « faux Dmitri » revendiquent être le fils d'Ivan le Terrible, mort enfant, et contestent le trône remis à Boris Godounov. La situation est propice à une attaque, et c'est de l'Ouest qu'elle vient, à savoir de la République des Deux Nations, union de la Pologne et de la Lituanie. La Russie en sort par la restauration d'un ordre dur, qui rétablit avec rigueur une discipline intérieure et se trouve à nouveau capable de défendre le pays contre les pressions venant de l'Ouest. Incurie du pouvoir dans un temps de grands changements internationaux, déliquescence de l'ordre social et politique, agitation populaire, usurpateurs intérieurs en lien avec des puissances étrangères : la *Smuta* représente tous les éléments de ce contre quoi s'érigera le poutinisme trois siècles plus tard. Rien d'étonnant donc à ce que Vladimir Poutine restaure, dès 2005, le « Jour de l'unité nationale », qui célèbre, le 4 novembre, la mobilisation du peuple russe contre les forces polonaises et lituaniennes, la fin de la *Smuta*, et la restauration de l'ordre despotique.

L'ère révolutionnaire de 1905-1917 constitue un autre exemple de *Smuta*, péril cyclique de l'histoire russe[25], mais le choc le plus marquant pour Vladimir Poutine est bien sûr l'effondrement de l'URSS. Faire carrière, comme lui, à la Loubianka (nom donné au siège du KGB devenu sans que cela choque celui de son héritier, le Service fédéral de sécurité, ou FSB), devenir officier supérieur dans ce sacro-saint du socialisme, c'était acquérir une capacité extraordinaire à la manipulation sur le terrain autant qu'à louvoyer pour consolider ses appuis en interne. À l'effondrement de l'URSS, ses agents n'étaient donc pas les plus mal lotis pour rebondir : études supérieures, formations d'excellence, techniques de manipulation, maîtrise des langues, contacts avec le monde libre… Il n'est donc pas étonnant qu'autant de *siloviki*, tous services confondus, soient devenus oligarques et/ou politiciens, à l'instar d'Igor Setchine (président du géant pétrolier Rosneft), de Sergueï Narychkine (directeur du SVR, Service de renseignement extérieur) d'Alexandre Bortnikov (patron du FSB), de Nikolaï Patrouchev (à la tête du Conseil de sécurité de Russie) ou de Sergueï Ivanov (ex-chef de l'administration du Kremlin).

Le président russe a pourtant dit ce qu'il pensait de l'effondrement de l'URSS, événement historique qu'il aurait aimé changer[26] s'il avait pu, usant en 2005 d'une expression devenue aussi célèbre que polémique, celle de « désastre géopolitique majeur du siècle[27] ». Enfin, telle que cette expression est retranscrite aujourd'hui sur la version anglaise du site du Kremlin, ou bien, selon la version russe, « plus grande catastrophe géopolitique du siècle[28] ». Qu'importe, la fin de l'URSS a été vue comme une *Smuta* moderne.

L'anti-occidentalisme procède précisément de ce trauma historique fondé sur la peur que le pouvoir autoritaire s'effondre. L'humiliation par l'armée russe en Tchétchénie, l'impotence de Moscou dans les guerres des Balkans, la marche des anciens pays satellites et soviétiques vers l'Europe communautaire ou encore le soutien international lors de la crise économique de 1998 ont été vécus comme autant de coups de butoir dans l'ego d'une superpuissance déchue, qui aurait pu choisir la voie suivie par l'Allemagne ou le Japon, mais qui a préféré restaurer l'esprit autocratique. Contre la démocratie libérale de l'Occident, interprétée comme une nouvelle *Smuta*, il faut donc incarner « l'ordre », en cultivant en Russie la dimension nationale sur des fondements historiques.

Perché sur la tourelle d'un tank avec ses camarades, l'enfant semble bluffé de pouvoir jouer avec une mitrailleuse NSVT de 12,7 mm. Il est en plein *playground* du parc

Patriote, ce « Disneyland militaire » situé à quelques encablures de Moscou. Après s'être amusé sur les nombreux blindés, il pourra aller se recueillir dans la chapelle orthodoxe dédiée aux équipages décédés, rejoindre l'exposition sur la Syrie où l'on découvre la « toute nouvelle histoire de la politique de maintien de la paix de la Fédération de Russie, ses forces armées, appelant à la paix et menant une mission humanitaire dans l'intérêt de toute la communauté mondiale », ou bien, pourquoi pas, suivre un entraînement militaire dédié aux enfants. Ses parents pourront pendant ce temps-là profiter du « centre de tir multifonction » en s'entraînant au maniement des armes à feu, grâce à une offre variée de pistolets et fusils automatiques, proposés à des prix abordables. En sortant, ils pourront acheter des soldats en plastique ou un drapeau russe avec, au centre, le visage de Vladimir Poutine[29]. À l'occasion de la « Journée du fabricant d'armes » en 2018, le président russe a célébré, dans ce « parc militaro-patriotique Patriote », « encore un autre symbole de nos traditions nationales inflexibles et de notre loyauté à la mémoire de nos ancêtres et leurs accomplissements au bénéfice de la patrie »[30].

Il serait tout à fait erroné de considérer ce nationalisme comme un mythe, ou bien, inversement, que les Russes le rejettent massivement. En Russie, le rapport à la nation est pluriel mais il est fort.

Le Kremlin sait composer avec des courants d'extrême droite motivés par le panslavisme. Le nationalisme ethnique n'est pas largement partagée par la société russe, mais ce courant se connecte facilement aux franges les plus conservatrices de la société, qu'elles soient politiques ou religieuses. Ces dernières peuvent aussi se reconnaître chez les intellectuels défenseurs des théories eurasistes d'Édouard Limonov (décédé en mars 2020) et d'Alexandre Douguine, au travers de leur parti national-bolchevique, puis du parti Eurasie de ce dernier, dont le symbole est une carte du continent, centrée sur la Russie avec huit flèches tournées vers l'extérieur du pays.

À l'extrême gauche, des nostalgiques regrettent l'URSS « fédératrice des peuples ». Ce mouvement entretient une certaine conception idéaliste de la Russie qui éclaire le monde, unit ses voisins, une Russie sociale et inventive, capable d'innovations et de réalisations fantastiques, comme on pouvait en lire dans la *Pravda*. Bien plus restreinte qu'elle ne l'est fantasmée en Occident, cette nostalgie entretient néanmoins le mythe du retour à la puissance.

Vladimir Poutine est pleinement conscient des deux écueils politiques que sont l'extrême gauche et l'extrême droite, mais il s'en sert comme de flotteurs, en interne et à l'international, afin de conforter son pouvoir. On flatte l'identité russe à droite et le souvenir de Staline à gauche. Le Kremlin vise à capitaliser politiquement, entre les deux, sur la masse patriotique. Il communique ainsi à bâtons rompus, relayant historiographie sur mesure, conservatisme politique et traditionalisme sociétal, érigés contre la supposée décadence des sociétés occidentales. Tout en refusant d'« imposer une idéologie d'État sur le mode soviétique[31] », comme l'explique le philosophe Michel Eltchaninoff, le poutinisme est une synthèse de ces courants.

Nourri par sa propre propagande et la confrontation qu'il cultive contre l'Occident, le pouvoir s'oriente cependant de plus en plus vers un nationalisme d'extrême droite. Le Kremlin fusionne l'individu avec la société, et la société avec l'État, en un seul et même corps. Toute divergence est supprimée par le culte du chef comme rapport au pouvoir, et le culte du culte comme ferment social. L'amour pour la patrie devient donc un mécanisme d'obédience automatique à l'État, où les intérêts des pouvoirs publics avec ceux des dirigeants fusionnent.

Méthode dure

C'est le visage le plus cru du poutinisme, qui épouse des pratiques héritées du *playbook* du KGB, et de son ancêtre fondée en 1917, la Tchéka, « Commission spéciale panrusse de lutte contre la contre-révolution et le sabotage ». Michael McFaul, aujourd'hui professeur à l'université Stanford, considère en effet que Vladimir Poutine a privilégié abondamment le contrôle de la population, notamment par la coercition, au détriment de l'ensemble des services publics, échouant ainsi à construire un État russe efficace[32].

Comme l'explique Vladimir Poutine lui-même : « C'est le président qui est responsable de tout[33]. » Responsable de tout, mais comptable devant qui ? Un Parlement qui propose des amendements constitutionnels pour le maintien du président ? Le peuple russe ? De la constitution des listes électorales, en passant par le déroulement de la campagne, l'accès et le traitement médiatiques des candidats, les dés sont pipés[34]. La transparence de la vie publique ? Elle n'existe pas. En matière de liberté de la presse, la Russie se situe à la 149e place sur 180 États, derrière le Zimbabwe, le Venezuela et l'Afghanistan. L'association Reporters sans frontières pointe un « déluge de propagande » relatif à une « nouvelle vulgate patriotique et néoconservatrice »[35].

De son côté, le Comité contre la torture du Haut-Commissariat des Nations unies aux droits de l'homme met en avant « des exemples concordants de harcèlement, d'enlèvement, de détention arbitraire, de torture, de mauvais traitements et d'exécution de défenseurs des droits de l'homme, d'avocats, de journalistes et d'opposants politiques, et de l'absence d'enquête efficace à cet égard » et des « dispositions du Code pénal relatives à la lutte contre le terrorisme [...] souvent utilisées contre des militants de la société civile »[36].

On le comprend, la méthode dépasse l'idéologie, car le pouvoir des *siloviki* sert d'abord ses propres intérêts et ceux des oligarques affidés. Catherine Belton, ex-journaliste au *Moscow Times*, et ancienne correspondante en Russie pour le *Financial Times*, a suivi la montée en puissance des réseaux tchékistes dans ce qu'elle dépeint comme un « capitalisme KGB hybride[37] ». En 1992, l'ancien archiviste haut placé du KGB passé à l'Ouest juste après la chute de l'URSS Vassili Mitrokhine décrit une « transition du socialisme de *nomenklatura* au capitalisme de *nomenklatura* », maintenant ainsi la partie la plus réactionnaire de l'appareil d'État, de sorte que la Tchéka a continué à fonctionner au service des oligarques[38].

Leurs tactiques ont pour nom *aktivnye meropriyatiya*, ou « mesures actives ». Psychologie, mathématiques, sciences du langage, sociologie ou marketing : tout domaine est utile pour manipuler le plus efficacement possible les masses et les individus clés. Modernisées afin de correspondre aux nouvelles confrontations, ces mesures ont toujours cours : désinformation, propagande, intimidation, *kompromat* (« dossier compromettant »), menace, pression ou assassinat. Il est même possible qu'à chaque « coup », Moscou le fasse volontairement savoir en laissant des « miettes de pain » pour signaler son œuvre, comme, à « Londongrad », avec l'empoisonnement d'Alexandre Litvinenko[39] au polonium, matière radioactive, ou lors de la tentative par des agents du GRU, la Direction générale du renseignement militaire, d'éliminer Sergueï Skripal avec du Novitchok, un neurotoxique militaire[40]. « Les services spéciaux vivent selon leurs propres lois[41] », considère Vladimir Poutine.

La marque de l'ensemble des *siloviki* se retrouve aujourd'hui bien plus largement, dans l'ensemble de la verticale du pouvoir, non seulement dans les structures sécuritaires mais aussi dans la gouvernance, l'économie, les transports, les ressources naturelles, les télécoms, la culture. Ils quadrillent la société russe. Selon la sociologue Olga Krychtanovskaïa, 80 % des élites russes ont des liens avec les services de sécurité[42].

Il s'agit d'un affrontement idéologique, assure Keir Giles, directeur de recherche au Conflict Studies Research Center, au Royaume-Uni, pour qui le chef du Kremlin propose « un agenda post-libéral, la réprobation de l'extrémisme libéral à l'Ouest, et le retour aux valeurs traditionnelles que la Russie promeut, car on croit sincèrement à cela là-bas[43] ». En parallèle, explique-t-il, la Russie attise à l'étranger la défiance à l'égard des institutions démocratiques et de leurs dirigeants. Si le poutinisme n'est pas une idéologie en tant que telle, le Kremlin emploie depuis deux décennies les ressources de l'État pour accomplir son dessein historique d'étendre l'autocratie. Pour cela, il entreprend la casse systématique de la démocratie, en Russie bien sûr, mais aussi partout où cela est possible. Ç'est un combat idéologique tout à fait comparable par sa nature, son ampleur et ses périls, à celui de la guerre froide.

2

La nouvelle agit-prop

Des Protocoles des sages de Sion, un faux document antisémite rédigé par un agent tsariste au début du XXe siècle, à l'opération Infektion lancée en 1983 par le KGB *via* un obscur journal indien, pour répandre la rumeur selon laquelle le sida était une arme biologique tout droit sortie d'un laboratoire américain, le savoir-faire russe en matière de désinformation n'est plus à démontrer. Dès les années 1950, les Soviétiques y avaient consacré toute une unité au sein du KGB, chargée de la propagation de complots, de la diffusion de fausses informations et d'outils d'influence. Mais en diversifiant les sources, civiles, militaires et religieuses, et en y consacrant d'énormes moyens, Vladimir Poutine a fait de l'agit-prop, l'agitation et la propagande, un puissant levier de sa stratégie du désordre.

La pandémie de coronavirus a représenté, dans ce domaine, un modèle du genre. Quatrième pays au monde le plus touché par le nombre de personnes infectées en octobre 2020[1], derrière les États-Unis, l'Inde et le Brésil, la Russie a mené, tout en minimisant le nombre de morts sur son territoire[2], une véritable offensive à l'extérieur sur le sujet. Sous le couvert, louable, de porter assistance aux pays les plus touchés, Moscou a ainsi envoyé – comme la Chine – une armada de médecins militaires, dont des virologues, en Italie et en Serbie, et des respirateurs aux États-Unis. L'occasion, pour la Russie, montrée du doigt pour ses bombardements intensifs sur les hôpitaux en Syrie, d'offrir une autre image d'elle-même.

Tandis que les Américains renvoyaient en Russie les respirateurs défectueux, en Europe, selon Josep Borrell, une tentative de discréditer l'Europe apparaît[3]. Le chef de la diplomatie européenne, qui s'est exprimé publiquement le 23 mars 2020, ne mentionne pas alors le nom de la Russie. Mais quelques jours plus tard, en avril, un rapport du Service européen pour l'action extérieure (SEAE), dénonce l'action coordonnée de sources pro-Kremlin et des médias d'État russes animés du « double objectif de saper l'UE et sa réponse à la crise, et de semer la confusion sur les origines et les implications du Covid-19[4] ». Plusieurs exemples sont fournis, comme ce titre renvoyant à une publication du média officiel Sputnik Allemagne : « La pandémie de coronavirus est exagérée afin de transformer les pays en dictatures fascistes d'hygiène. » Ou ce « point de vue » mis en ligne le 15 mars 2020 sur le site letton du même média, faisant état d'une « bombe » sélective machiavélique : « Pourquoi le coronavirus a-t-il commencé en Europe en Italie ? Car dans ce pays, comme dans le reste des vieux pays européens, il y a trop de retraités qui perçoivent des pensions importantes… » Reprises sur des réseaux sociaux, 152 *fake news* étaient ainsi répertoriées.

Dans un autre document publié en juin 2020, EU DisinfoLab, a abouti aux mêmes conclusions[5] : l'utilisation du Covid-19 comme une arme de déstabilisation. Cette ONG spécialisée dans la lutte contre la désinformation décortiquait notamment comment un site en langue française, se présentant comme indépendant et à but non lucratif, était en fait connecté à la Russie. Baptisé ObservateurContinental.fr, ce « portail d'information » s'est, en particulier, fait l'écho d'une dissémination du Covid-19 par les troupes de l'Otan. « Un débarquement massif de troupes américaines met le pied en Europe depuis la fin du mois de janvier, et chose étrange, cela correspond à l'arrivée du coronavirus sur le vieux continent », pouvait-on y lire le 14 avril 2020. En réalité, bien que le nom du domaine appartienne à une compagnie allemande qui permet d'enregistrer anonymement des sites en ligne, la trace d'un certain Alex Kouchir a permis à l'ONG de remonter jusqu'à InfoRos.ru. Plusieurs « articles » d'ObservateurContinental.fr n'étaient en fait que des traductions de textes publiés en premier lieu sur ce site russe. Basé à Moscou, InfoRos.ru a surtout été plusieurs fois dépeint comme un outil du GRU. En décembre 2018, le quotidien américain *The Washington Post*, citant des sources de renseignement occidentales, révélait que l'unité 54777 du GRU, spécialisée dans la guerre psychologique, a agi au travers de plusieurs organisations de façade, dont InfoRos et l'Institut de la diaspora russe[6].

La crise sanitaire n'est pas le seul exemple de l'agressivité médiatique déployée par la Russie de Vladimir Poutine. Chaque crise aiguë, en Occident, est exploitée. Dès 2015, l'afflux de réfugiés en Europe fait l'objet d'un traitement spécial, qui vise en premier lieu l'Allemagne de la chancelière Angela Merkel. L'affaire Lisa F., une jeune Berlinoise de treize ans d'origine russe prétendument violée par des étrangers – malgré les démentis des enquêteurs allemands –, sert de cadre à la présentation cauchemardesque « du nouvel ordre qui s'est instauré en Allemagne », où, selon la première chaîne de télévision russe Perviy Kanal, « les migrants ont commencé, d'après des témoignages, à violer des enfants mineurs »[7]. Le ministre russe des Affaires étrangères Sergueï Lavrov accusera lui-même Berlin d'étouffer l'affaire[8]. La France, la Belgique, les Pays-Bas, l'Autriche et le Royaume-Uni sont pris dans cette déferlante : l'Europe est montrée assaillie, affaiblie, et incapable de faire face à une insécurité inquiétante alors que les agressions sexuelles se multiplient.

D'autres offensives médiatiques visent les manifestations des Gilets jaunes en France, tantôt présentées comme une « révolution de couleur » manipulée par le milliardaire américain d'origine hongroise George Soros, tantôt saluées comme un mouvement populaire contre l'élite française – alors que ce genre de protestation n'est absolument pas concevable en Russie. L'interminable feuilleton du Brexit au Royaume-Uni est également suivi de près, surtout s'il s'agit des Brexiters, tout comme les émeutes contre les violences policières aux États-Unis, couvertes essentiellement sous l'angle du chaos. Il s'agit moins ici de vanter une alternative russe que de décrédibiliser et saper un modèle occidental, en faisant passer ce message sur la scène intérieure : « Chez nous, ce n'est peut-être pas parfait, mais en Occident le désordre règne. » La *miagkaïa sila* (*soft power*, en russe) est à la manœuvre.

Les porte-voix du Kremlin

Les outils de la *dezinformatsiya voïna*, la guerre russe de désinformation selon l'expression utilisée par Vladimir Poutine lui-même, sont nombreux, mais deux d'entre eux attirent tous les regards. Fondée en 2005, la télévision RT (ex-Russia Today) est devenue, avec la plate-forme multimédia Sputnik lancée en 2014, un instrument emblématique de la voix du Kremlin à l'étranger, animé par un seul objectif : livrer une vision alternative aux médias *mainstream*, une autre « vérité ». Dotés d'un budget conséquent évalué à 350 millions d'euros en 2019, ils accordent autant d'importance aux relations internationales qu'aux plus petites manifestations et faits divers des pays cibles. « L'ordre mondial repose sur les démocraties qui seules respectent l'État de droit, et tout ce qui sape les démocraties compromet l'ordre mondial, souligne l'historienne Françoise Thom. Le but de la propagande russe est d'inculquer une vision totalement noire du genre humain qui justifie l'instauration d'un régime autoritaire, seul capable d'empêcher les hommes de s'entre-égorger[9]. »

Au siège du groupe Rossia Segodnia, la maison mère de RT et Sputnik à Moscou, des centaines d'employés, éparpillés autour d'une immense pièce semblable à une salle de marché, scrutent les nouvelles du monde entier. La restitution des événements repose sur une vision le plus souvent cynique qui met en doute les discours des gouvernants. Les « points de vue » sont légion. Présentés comme des « experts », les représentants d'extrême droite et les essayistes complotistes ont table ouverte sur les antennes locales de RT, ou dans les pages de Sputnik, désormais l'un et l'autre accessibles dans de nombreux pays, en anglais, espagnol, allemand, français, ou arabe. Des bureaux de RT, en plus de ses deux sièges à Moscou et Washington, ont été ouverts à Paris, Londres, Los Angeles, Delhi ou encore Tel-Aviv, la plate-forme Sputnik est accessible en trente-trois langues.

L'audience de ces médias, qui se posent en concurrents des grandes chaînes internationales d'information, CNN, BBC, France 24 ou Al-Jazeera, n'a cessé de progresser, décuplée par les réseaux sociaux et par les reprises qui abondent, le plus souvent sur des sites, blogs, et groupes de discussion très marqués politiquement. Il suffit de surfer sur des sites d'extrême droite (par exemple, en France, Égalité et réconciliation), pour s'en rendre compte. Lors du mouvement des Gilets jaunes, la chaîne YouTube de RT France a atteint plus du double de vues (23,1 millions) que celles, cumulées, du *Monde*, du *Figaro*, de *L'Obs*, du *HuffPost* et de France 24 (10,9 millions)[10].

Margarita Simonian n'a que vingt-cinq ans quand elle est nommée en 2005 rédactrice en chef de RT, trente-trois ans quand elle prend aussi les rênes de Rossia Segodnia, puis celles de Sputnik un an plus tard, tout en donnant naissance à ses deux enfants. D'origine arménienne, anglophone, celle qui a couvert quelques-uns des événements les plus sanglants de Russie en Tchétchénie ou en Ossétie du Nord, lors de la prise d'otages de Beslan en 2004, devient le visage de la propagande russe. Elle tance avec brutalité toute voix discordante, tourne avec une dérision féroce les critiques dont elle est l'objet, et défend avec un aplomb sans faille sa mission en se félicitant des controverses qu'elle suscite. La jeune femme a flairé l'attraction que peut susciter un ton « antisystème » dans des démocraties saturées d'informations en continu. « On regarde ce que font les autres, on voit ce qu'ils ignorent ou laissent de côté, et on fait l'inverse[11] », disait-elle en 2014.

Margarita Simonian a ses entrées au Kremlin. Elle connaît Vladimir Poutine, et plus encore le directeur adjoint de son administration, Alexeï Gromov. Diplomate de carrière, ex-patron de la télévision russe, il est le conseiller média de l'ombre, celui qui distribue quotidiennement les sujets à bannir ou à privilégier des journaux télévisés sur les chaînes publiques. Provocatrice, la rédactrice en chef de RT se targue, sur son compte Twitter en 2017, de l'avoir pour contact au Kremlin, et de partager avec lui des « boissons d'adulte ». Troisième personnage clé de l'appareil média, Dmitri Kisselev dirige Rossia Segodnia depuis sa création en 2013. Également présentateur vedette de *Vesti*, la plus grande émission d'informations sur Perviy Kanal, ce dernier est connu pour ses commentaires outranciers sur l'Ukraine, les juifs ou les homosexuels. Tous trois sont inscrits sur les listes américaine et européenne des personnalités sous sanctions. Une première pour des journalistes russes.

Mais c'est surtout le nom de Margarita Simonian qui revient, à vingt-six reprises, dans la partie déclassifiée du rapport rendu public en janvier 2017 par trois agences américaines de renseignement, CIA (Agence centrale du renseignement), FBI (Bureau fédéral d'enquêtes) et NSA (Agence nationale de sécurité), dans lequel RT et Sputnik sont décrits comme des machines de propagande ayant servi de haut-parleur au Kremlin durant l'élection présidentielle américaine de 2016. C'est elle qui rend visite à plusieurs reprises à Julian Assange, alors qu'il se trouve retranché dans l'ambassade d'Équateur à Londres. Le fondateur de WikiLeaks à l'origine de la fuite des courriers électroniques piratés du QG démocrate d'Hillary Clinton avait été recruté dès 2012 pour une série d'interviews sur RT. Margarita Simonian réalise également l'entretien grotesque de « Petrov et Bachirov », les deux agents du GRU accusés de la tentative d'empoisonnement retentissante, en mars 2018 en Grande-Bretagne, de l'ex-espion Sergueï Skripal et de sa fille Ioulia. Leur portrait a été diffusé par Scotland Yard et Vladimir Poutine a promis qu'ils se montreraient pour s'expliquer. Ce 18 septembre 2018 donc, sur l'antenne de RT, les deux hommes, visage maussade, se décrivent sans conviction comme deux petits entrepreneurs en visite touristique à Salisbury pour visiter sa cathédrale. La caméra ne les montre jamais face à leur interlocutrice. Les questions ont été enregistrées. Et personne n'a jamais revu « Petrov et Bachirov ».

Qu'importe. Plus la controverse s'anime autour des médias du Kremlin, plus RT et Sputnik se posent en victimes d'un « système » qui ne voudrait pas d'eux, et accroissent leur notoriété. La question surgit dès la première rencontre entre Vladimir Poutine et Emmanuel Macron, le 29 mai 2017, au château de Versailles. Le président Français, qui n'a pas apprécié la façon dont lui et sa femme Brigitte Macron ont été traités en Russie lors de sa campagne présidentielle, fustige des « organes d'influence, de propagande et de propagande mensongère, ni plus ni moins [qui] ont produit des contre-vérités sur ma personne et ma campagne[12] ». À ses côtés, Vladimir Poutine mordille ses lèvres tout en laissant errer un regard vide sur l'assistance, comme si les accusations ne le concernaient pas.

La même année, le département de la Justice américaine désigne lui aussi RT comme média de propagande du Kremlin et le contraint à se soumettre au Foreign Agents Registration Act en s'enregistrant en tant qu'« agent de l'étranger ». Puis, le 23 juillet 2019, c'est au tour de l'Ofcom, l'autorité de régulation britannique, qui avait déjà émis une douzaine de mises en garde concernant des sujets sur l'Ukraine et la Syrie, d'infliger à RT une amende de 200 000 livres sterlings pour manquement grave et répété aux règles d'impartialité. En juillet 2020, enfin, la Lettonie décide d'interdire RT, en complément d'un bouquet de canaux russes déjà sanctionnés.

En parallèle, Facebook annonce avoir désactivé plusieurs centaines de faux comptes, créés en Russie, mais actifs à partir de plusieurs pays limitrophes, comme les pays baltes, la Roumanie, la Moldavie, ou bien encore le Kazakhstan. Dans un communiqué publié le 17 janvier 2019, la société de Mark Zuckerberg évalue à 790 000 le nombre d'abonnés qui ont suivi une ou plusieurs pages de comptes générés par des employés de Sputnik, dissimulés derrière de fausses identités. Parmi leurs sujets de prédilection figuraient des diatribes anti-Otan, la corruption des dirigeants ou les mouvements de protestation sociale. De son côté, Twitter prend la décision, en août 2020, d'identifier les comptes affiliés à un gouvernement, qui « utilisent fréquemment leur couverture médiatique comme un moyen de faire avancer un agenda politique[13] ». La mesure vise essentiellement les médias russes et en premier lieu Sputnik et RT, désormais affublés de la mention *Russia State-Affilated Media*. « Double standard[14] », rugit Moscou.

RT et Sputnik ne sont pourtant que la partie visible de l'iceberg de la guerre de l'information. « Nous devons gagner les esprits », explique Vladimir Poutine à Moscou, le 5 novembre 2014, devant une assemblée d'historiens auxquels il vient d'exposer « l'efficacité » des affiches soviétiques[15]. « Quand nous convaincrons la majorité des gens que notre position est correcte, objective, et qu'elle joue pour le bien du peuple, nous aurons des millions et des millions de partisans », ajoute-t-il. La bataille va donc se déplacer sur le terrain numérique et l'efficacité des graphistes d'hier être remplacé par des armées de trolls et de hackers. Un entrisme à peu de frais qui permet d'atteindre des millions de foyers à travers le monde.

Cyberattaques et manipulations

Testée sur l'Estonie en 2007, la première cyberattaque contre un État a convaincu le Kremlin de la puissance de l'outil. Pendant plusieurs semaines, l'offensive, lancée par des hackers russes en réaction au déplacement du Soldat de bronze, une statue de soldat soviétique de la Seconde Guerre mondiale, paralyse l'administration, les banques, les médias estoniens. Elle n'entraîne aucune réaction de l'Otan malgré les récriminations de Tallinn qui évoque un acte de guerre. Très vite, les essais vont donc se multiplier, en particulier en Ukraine, victime de multiples attaques. La plus sérieuse, connue sous le nom de virus NotPetya, paralyse en 2017 une partie des institutions avant d'atteindre une dizaine de pays. En parallèle, les incursions sur des sites stratégiques, comme celui de l'Organisation pour la sécurité et la coopération en Europe (OSCE), s'accélèrent.

En 2013, l'année où le lanceur d'alerte Edward Snowden, traqué par la justice américaine pour avoir révélé des informations classifiées sur les systèmes de surveillance de masse américains et britanniques, obtient l'asile en Russie, l'armée russe cherche encore à recruter à tour de bras de jeunes prodiges de l'informatique. « Il faut les trouver ! » exhorte le ministre de la Défense, Sergueï Choïgou, lors d'une réunion avec les recteurs de grandes universités. Quatre ans plus tard, en février 2017, le même Choïgou se vante devant les députés de la Douma de disposer de « troupes d'information beaucoup plus efficaces et plus fortes que l'ancienne section de contre-propagande[16] ». À Moscou, plusieurs lycées spécialisés en mathématiques se sont mis à afficher sur leur site Web, entre 2014 et 2017, des accords de coopération signés et tamponnés par le FSB, mais aussi par l'unité 26165, sous la signature d'un certain Viktor Netykcho, sans qu'il soit nulle part fait mention qu'il s'agit d'une aile cyber du GRU, la Direction du renseignement militaire.

Étudiants, hackers et entreprises mafieuses, dont le groupe Choltaï Boltaï, également référencé en Russie sous le nom d'Anonymous International, fondé par le sulfureux Vladimir Anikeïev et passé maître dans l'art de faire chanter des personnalités russes, sont ainsi mis à contribution. Il ne s'agit pas seulement, ici, de protéger la Russie de cyberattaques – qui n'épargnent pas non plus le pays – mais de mener des raids. Et dans ce domaine, le GRU, mais aussi le FSB, héritier du KGB, vont particulièrement se distinguer.

Les cyberattaques des groupes APT28 Fancy Bear et APT29 Cozy Bear, signatures attribuées respectivement au GRU et au FSB, sont soutenues par d'énormes moyens de renseignement pour rendre les messages pirates crédibles auprès de leurs cibles. Quoique difficilement traçables – et toujours vigoureusement démenties par Moscou –, leurs intrusions ont été dénoncées à de multiples reprises dans les pays occidentaux, en France, au Royaume-Uni, en Suisse ou aux États-Unis. Derrière l'unité 54777 du renseignement militaire, déjà active sur le Covid avec le site InfoRos.ru, se dissimulerait ainsi le CyberCaliphate, une équipe de piratage se faisant passer pour des partisans de l'organisation État islamique (EI), à l'origine de plusieurs attaques d'ampleur dont celle qui a visé, en 2015, la chaîne de télévision française TV5. Une accumulation d'indices, sur des réglages de langue, des traces de russe dans le code ou d'horaires de création de certains logiciels, a en effet convaincu plusieurs experts de la pertinence d'une implication russe[17].

Le GRU sera également nommément désigné dans l'affaire du piratage des e-mails du quartier général de campagne du parti démocrate d'Hillary Clinton, à la veille de l'élection présidentielle de 2016. À ce moment-là, « les conspirateurs ont organisé la publication de dizaines de milliers d'e-mails et documents volés. Ils l'ont fait en utilisant des personnages fictifs en ligne, notamment "DCLeaks" et "Guccifer 2.0"[18] », accuse la justice américaine qui publie la liste de douze noms d'agents russes. Parmi eux figure en première ligne Viktor Netykcho, le signataire des accords de coopération avec des lycées de Moscou. Cet officier a piloté l'unité 26165 jusqu'en 2018.

L'implication de « civils » va se révéler encore plus payante. En 2013, nul ne soupçonne encore que des citoyens russes tout à fait ordinaires sont enrôlés, moyennant des salaires supérieurs à la moyenne, dans des « usines à trolls ». Jusqu'ici, ce terrain était surtout l'apanage de militants nationalistes ou pro-Poutine occupés à déverser des propos calomnieux ou haineux contre les opposants au président russe ou les manifestants pro-européens de la place Maïdan à Kiev, en Ukraine. Mais l'arrivée dans le paysage d'opérateurs anonymes payés pour envoyer des messages calibrés change la donne. Un déluge de contre-vérités et d'insultes s'abat sur les journalistes et observateurs internationaux dès qu'une polémique surgit en Russie, qu'il s'agisse de l'avion MH17 abattu au-dessus de l'Ukraine en 2014, de l'annexion de la Crimée la même année ou de l'assassinat, en février 2015, de l'opposant Boris Nemtsov. C'est d'ici, aussi, que part le tour du monde numérique du terme « russophobe » sur les réseaux sociaux.

Les opérateurs se créent des avatars, en endossant une identité, homme, femme, étudiant, employé, parfois une autre nationalité, notamment américaine, avant de s'atteler à la tâche : discréditer les autorités ukrainiennes, la première cible, dénoncer les sanctions internationales « antirusses », vilipender l'administration Obama ou l'UE, insister sur les problèmes de société, l'insécurité, ou la décadence occidentale. L'usage de l'anglais est requis, une autre langue étrangère, français, allemand ou italien, est un plus. La journaliste Alexandra Garmazhapova, correspondante à Saint-Pétersbourg du journal *Novaïa Gazeta*, a été la première à révéler l'existence de l'une de ces « usines » qui a fonctionné 24 heures sur 24 pendant des mois, avec des centaines de salariés.

Les bureaux y sont répartis entre « blogueurs », « unités d'intervention rapide », « journalistes », « réseaux sociaux ». Lors de son entretien d'embauche, Alexeï Soskovets, membre du Mouvement des jeunes de Russie unie, le parti au pouvoir, lui explique que la norme est de cent commentaires par jour par employé. Ce travail, lui précise-t-il, pourrait être fait par des robots mais ils sont parfois bloqués par les moteurs de recherche. La première tâche des trolls consiste à modifier les proxys pour ne pas être localisés, assure une autre ex-opératrice au sein de cette même structure, Lioudmila Savtchouk.

Située à Saint-Pétersbourg dans un bâtiment anonyme, l'Agence de recherches sur Internet (Agentsvo Internet Issledovnaïa ou Internet Research Agency en anglais, IRA) – c'est son nom – disparaît après ces révélations. Mais d'autres usines, plus discrètes, ont continué à fonctionner avec des « avatars » parfois éparpillés. On prête à Evgueni Prigojine la paternité de l'initiative, ou plutôt son financement. Impliqué dans la création de la société de mercenaires russes, les « Wagner », cet homme de cinquante-neuf ans traîne une lourde réputation. Condamné en 1981 pour escroquerie et incitation de mineurs à la prostitution, libéré en 1990, il refait surface en vendant des hot-dogs avant d'ouvrir un restaurant de luxe à Saint-Pétersbourg, ville dont il est originaire, comme Vladimir Poutine. C'est là qu'il fait la connaissance du futur président russe, alors fonctionnaire à la mairie de la ville. Evgueni Prigojine bâtit ensuite sa fortune en obtenant le marché de la restauration du Kremlin et de l'armée, ce qui lui vaut le surnom de « cuisinier de Poutine ». Son nom et celui de son entreprise, Concord, sont plusieurs fois cités dans l'enquête du procureur spécial américain Robert Mueller chargé d'enquêter sur l'ingérence russe aux États-Unis.

Vers un Internet souverain

Plus étonnant : pendant six ans, entre 2014 et 2020, une gigantesque campagne de désinformation a visé l'Amérique du Nord et l'Europe en sept langues à travers plus de trois cents plateformes et forums Web, depuis les géants des réseaux sociaux tels que Facebook, Twitter, YouTube ou Reddit, jusqu'à des forums de discussion de niche au Pakistan et en Australie. Baptisée « Secondary Infektion » par l'entreprise Graphika qui en a fait la découverte, cette opération s'apparente, selon ses experts, à des opérations d'origine russe menées à grande échelle[19]. Faux comptes et faux profils ont ainsi alimenté les controverses en s'attachant spécifiquement à neuf thèmes : l'Ukraine en tant qu'État défaillant ou partenaire peu fiable ; les États-Unis et l'Otan comme entités agressives et interférant dans d'autres pays ; l'Europe faible et divisée ; les critiques concernant le gouvernement russe ; les musulmans comme envahisseurs agressifs ; le gouvernement russe victime de l'hypocrisie ou de complots occidentaux ; les élections occidentales « truquées » ; la Turquie comme état agressif et déstabilisateur ; les organismes sportifs mondiaux comme injustes, non professionnels, et russophobes.

De la même manière que l'Agence russe de recherche sur Internet et le GRU, l'opération Secondary Infektion a tenté de peser sur les élections à plusieurs reprises, aux États-Unis en 2016, en France en 2017, et en Suède en 2018. « Mais l'ingérence électorale n'a jamais été l'objectif principal de l'opération. Elle visait avant tout à exacerber les divisions entre les pays, en essayant de dresser les Polonais contre les Allemands, les Allemands contre les Américains, les Américains contre les Britanniques, et absolument tout le monde contre les Ukrainiens », souligne le rapport de Graphika. En termes d'armes de déstabilisation massive, les trolls « civils » présentent un avantage incontestable : rien ne permet de les relier directement au Kremlin.

La vitrine « légale », si l'on ose dire, du travail d'influence russe repose, elle, sur des structures tout à fait officielles. Créée par un oukase de Vladimir Poutine le 21 juillet 2007, la fondation Rousskii mir se donne pour mission première de défendre la langue russe dans le monde et de développer des accords de coopération à travers un réseau d'une centaine de « centres russes ». Un objectif tout à fait légitime si l'on considère que la langue de Pouchkine n'a cessé de perdre du terrain depuis 1991. Mais ses statuts, tels qu'ils sont exposés, sont plus larges : « Il convient de se détourner de la mentalité d'assisté vers l'idée de servir la Russie[20]. » Dirigée par le député de Russie unie Viatcheslav Nikonov, petit-fils du ministre des Affaires étrangères de Staline, Viatcheslav Molotov, la fondation vise aussi bien l'ex-empire soviétique que la diaspora, en impulsant un devoir de loyauté envers le pouvoir russe d'aujourd'hui, et en légitimant son agenda politique.

L'agence Rossotroudnitchestvo, l'Agence fédérale pour la communauté des États indépendants, des compatriotes vivant à l'étranger et de la coopération humanitaire internationale, supervisé par le ministère des Affaires étrangères, voit le jour l'année suivante, en 2008. Avec plusieurs dizaines de centres implantés en Europe et dans l'espace postsoviétique, elle tente elle aussi de fidéliser la diaspora à travers des actions culturelles et humanitaires sous la direction d'Evgueni Primakov, petit-fils cette fois de son illustre homonyme, Evgueni Primakov (1929-2015), maître espion, diplomate et ardent défenseur du retour de la Russie dans la cour des grands à la fin des années 1990.

Lors du premier congrès des « compatriotes de l'étranger » organisé en 2001 à Moscou, Vladimir Poutine s'adresse ainsi aux « dizaines de millions de personnes, parlant, pensant et peut-être, ce qui est le plus important, se sentant russes ». À cette date, il est encore question d'« aider la patrie dans un dialogue constructif avec [ses] partenaires étrangers »[21]. Mais le concept de « compatriotes à l'étranger » reste flou. S'agit-il à nouveau des russophones du « proche étranger » ? Des Russes ethniques ? Ou des émigrés en Occident ? Au fil des années, cependant, le ton du chef du Kremlin devient de plus en plus incisif. En 2006, au deuxième congrès, il s'engage à financer des programmes culturels, en 2018, la situation s'est exacerbée, et il fustige la russophobie.

Le « monde russe » justifie l'annexion de la Crimée. Il n'a pas de frontière reconnue et rassemble des Russes ethniques unis par un lien spirituel, mus, dira même Vladimir Poutine, par une destinée commune et un « code génétique très puissant »[22]. Après 2014, le virage conservateur se fera de plus en plus sentir, mais d'emblée, l'idée d'un « État-civilisation » soutenue par l'Église chrétienne orthodoxe, devenue un pilier du *Rousskii mir*, est avancée. Deux ans après la création de la fondation, en 2009, année de l'intronisation du patriarche Kirill, l'Église a en effet rejoint officiellement l'organisation. Le chef de file des orthodoxes y voit un projet d'intégration, une alliance contre l'occidentalisation et ses mœurs libérales.

La nouvelle agit-prop russe repose donc sur de multiples relais. Mais ce qui fait son succès est aussi son talon d'Achille. En Russie, si les médias traditionnels ont été mis au pas dès le début des années 2000, il n'en va pas de même pour l'Internet russe. L'information y est encore relativement accessible et, contrairement à la Chine, qui a bâti son propre Internet fermé, sa dépendance dans le système numérique mondial est totale. D'où plusieurs mesures et lois adoptées ces dernières années, destinées à contrôler le Runet, l'Internet russe. La législation, entrée en vigueur le 1er novembre 2019, pose les bases d'un Internet souverain qui donne aux autorités le pouvoir de déconnecter le pays, sans besoin de justification autre que la sécurité nationale. Des tests grandeur nature, impliquant les agences étatiques, des fournisseurs d'accès locaux et des entreprises russes spécialisées, sont réalisés un mois plus tard lorsque le gouvernement russe annonce être parvenu à déconnecter le pays de l'Internet mondial, sans accès au DNS (Domain Name System) et à l'Internet extérieur. Pendant quelques jours, Runet aurait ainsi fonctionné comme un gros réseau intranet.

Quels que soient les outils employés, modernes ou anciens, la nouvelle agit-prop russe génère une âpre bataille contre la liberté d'expression, une bataille qui n'a rien de virtuel. Après Anna Politkovskaïa, six autres journalistes ou collaborateurs de *Novaïa Gazeta*, média martyr, ont été tués entre 2000 et 2009. D'autres, victimes de menaces ou harcelés par la justice, ont dû s'exiler. Ceux qui restent, et qui continuent à lutter pour une information libre, en payent le prix, au sens propre comme figuré. Sous pression continue, cible d'amendes répétées jusqu'à une ultime perquisition de son domicile, la journaliste Irina Slavina s'est immolée par le feu en octobre 2020 devant le quartier général de la police de sa ville, Nijni-Novgorod, en laissant sur sa page Facebook ce dernier message dévastateur : « Je demande que l'on tienne la Fédération de Russie pour responsable de ma mort[23]. » À quarante-sept ans, elle animait un site indépendant depuis 2015, Koza Press, qui traitait de corruption locale, de persécution des opposants, de dérives environnementales, tous sujets que n'abordent jamais les médias officiels.

Pour le pouvoir russe, il est essentiel de dissuader les journalistes de rapporter librement les faits qui contrediraient la narration politique officielle. L'usure du pouvoir et la contestation grandissante sous toutes ses formes poussent toujours plus avant le Kremlin dans cette dynamique de restriction des libertés. L'état réel du pays ne permettrait pas le maintien du pouvoir en place sans cette nouvelle agit-prop qui s'attache à empirer la vision d'un supposé désordre extérieur pour mieux créer l'illusion d'un ordre intérieur maîtrisé.

3

L'offensive révisionniste

Les pavés de la place Rouge résonnent des bruits de botte de 14 000 soldats qui défilent, le menton haut et le regard fixé par-dessus leur épaule droite, vers les gradins où se tient Vladimir Poutine. Certaines jeunes recrues portent des uniformes de l'époque de la Grande Guerre patriotique, comme l'on nomme la Seconde Guerre mondiale en Russie. Le premier, le bataillon du régiment Preobrajenski, brandit la bannière de la victoire et le drapeau national de la Fédération de Russie. Des étendards pourpres sur lesquels figurent en lettres d'or les inscriptions « front Biélorusse », « front de Carélie », et bien d'autres, suivent. Puis viennent les chars, les missiles, les systèmes de défense antiaériens, tandis que des chasseurs Soukhoï, dont le modèle Su-57 engagé en Syrie, sillonnent le ciel. Ce 24 juin 2020, la Russie célèbre le 75e anniversaire de la victoire soviétique sur le nazisme. Le défilé se veut grandiose, il l'est en dépit des circonstances.

En raison de la pandémie de coronavirus qui s'est étendue dans le monde entier, la parade, prévue le 9 mai, jour de commémoration de la signature à Berlin de l'acte de capitulation de l'Allemagne nazie traditionnellement fêté en Occident le 8 mai, a été retardée. Les invités de marque attendus, au premier rang desquels devaient figurer le président français Emmanuel Macron et le chef de l'État chinois Xi Jinping, sont absents. Seuls les alliés et « amis » régionaux ont fait le déplacement, le président biélorusse Alexandre Loukachenko, le Moldave Igor Dodon, l'Ouzbek Chavkat Mirziyoyev ou bien encore le Serbe Aleksandar Vucic. Tous portent à la boutonnière le ruban orange et noir de Saint-Georges. L'ordre impérial éponyme, symbole de la valeur militaire repris par les Soviétiques, est revenu en grâce, comme un trophée nationaliste, depuis l'annexion de la Crimée. Mais surtout la date de « substitution » choisie pour remplacer le 9 mai ne doit rien au hasard : elle correspond à celle du 24 juin 1945, lorsque, un mois après la victoire de l'Armée rouge et la défaite du IIIe Reich, 40 000 soldats défilèrent sur la place Rouge sous le regard de Staline. Ce fut la seule parade consacrée à la Grande Guerre patriotique supervisée de son vivant par le « petit père des peuples », comme le dépeignait la propagande de l'époque.

Soixante-quinze ans plus tard, Vladimir Poutine inscrit ses pas dans ceux de son prédécesseur et retrace devant des milliers de soldats figés, sur un ton plus solennel que jamais, l'histoire d'« une victoire qui a déterminé l'avenir de la planète pour les décennies à venir et est entrée dans l'histoire comme la plus grandiose par son ampleur, sa signification et sa valeur morale[1] ». « Nous nous souviendrons toujours que le nazisme a été écrasé par le peuple soviétique », ajoute le chef du Kremlin en rendant un hommage appuyé aux « vainqueurs légendaires » d'hier : « Ayant défendu leur patrie, ils ont continué à se battre. Ils ont libéré les pays européens des envahisseurs, mis fin à la terrible tragédie de l'Holocauste et sauvé le peuple allemand du nazisme et de son idéologie mortelle. Il est même impossible d'imaginer ce qui serait arrivé au monde sans l'Armée rouge qui s'est levée pour le défendre. »

Sans aucun doute l'intervention en 1941 de l'Union soviétique au côté des Alliés, au prix effroyable de 27 millions de morts, a-t-elle participé de façon décisive à la défaite des troupes d'Hitler. Mais la *pobedobesie*, la « frénésie de victoire » qui s'est emparée de la Russie de Poutine, va bien au-delà d'une commémoration légitime. Elle participe avant tout à la construction d'un récit destiné à consolider le pouvoir du président russe en quête de cérémonies grandiloquentes où il pourrait poser en défenseur de la patrie, en rempart pour sa sécurité contre de potentiels « agresseurs ».

Jusqu'en 1965, le 9 mai n'était pourtant pas un jour férié en URSS. On ne célébrait pas un bilan aussi terrible en vies humaines, un traumatisme aussi profond qui a touché chaque famille. Il faudra attendre l'accession au pouvoir de Leonid Brejnev, premier secrétaire du parti communiste de l'Union soviétique de 1964 à 1982, pour que le jour de la victoire devienne (et encore, pas tous les ans) un événement à la gloire du régime communiste qui montrait déjà des signes d'essoufflement. « Au fil du temps, le nouveau mythe de la victoire a remplacé la mémoire de la révolution en tant que noyau fondateur de l'histoire soviétique[2] », expose Maria Snegovaya, chercheuse à la Johns Hopkins University.

Vladimir Poutine, qui a grandi sous Brejnev, s'est d'abord saisi de l'histoire magnifiée de la Seconde Guerre mondiale pour ressouder une société fragilisée après la disparition de l'URSS et divisée par l'apparition abrupte de l'économie de marché. Il récupère un mouvement en germe dès les années 1990 qui voient émerger des groupes nationalistes dont la pression se fait de plus en plus sentir et qui le visent, lui, comme un « libéral ». En 2000, à peine est-il parvenu au pouvoir qu'il fait donc du 9 mai une date clé et commence, cette année-là, son discours sur la place Rouge par un message de félicitations aux « frères et sœurs », faisant ainsi écho aux premiers mots du discours radiophonique de Staline au peuple soviétique au début de la guerre. Il restaure les symboles soviétiques, comme l'hymne national repris, en changeant les paroles, sur l'air de l'hymne soviétique adopté en 1944 en remplacement de l'Internationale. La guerre d'hier devient tout à la fois un outil géopolitique, et le meilleur moyen de souder derrière le chef du Kremlin une société tenaillée par l'envie de plus de démocratie.

En février 2012, après l'intermède assuré par le fidèle Dmitri Medvedev à la tête de l'État, lorsqu'il se représente à la présidence et tandis que des manifestants descendent en nombre dans la rue pour protester contre ce « retour » aussi prévisible que redouté, Vladimir Poutine n'hésite pas, à nouveau, à brandir la carte de la patrie en danger. « Nous sommes un peuple de vainqueurs, c'est dans nos gènes, clame-t-il à la tribune du stade Loujniki le 23 février 2012. Nous vaincrons cette fois encore[3]. » Les nazis d'hier ont ici fait place aux Occidentaux d'aujourd'hui, accusés de vouloir déstabiliser la Russie – le terme « fascistes » devenant par ailleurs le qualificatif le plus employé par la diplomatie russe pour vilipender une Europe hostile et développer l'idée d'une nation assiégée.

« À Berlin ! »

Puis c'est en 2014, dans l'euphorie de l'annexion de la Crimée, et tandis que les tribunes de la place Rouge se vident de tout dirigeant occidental, que les rubans de Saint-Georges inondent les rues, et que les voitures des particuliers, empruntant à l'iconographie de la prise du Reichstag en 1945 par les troupes soviétiques, se parent d'autocollants sans équivoque : *Na Berline !*, « À Berlin ! ». Le culte de la victoire dans la Seconde Guerre mondiale s'immisce dans toutes les couches de la société, jusque dans les écoles, comme en témoigne ce récit édifiant d'une jeune fille, Daria Plétiouchkina, paru dans le journal indépendant *Novaïa Gazeta*, le 22 février 2019. « J'ai 8 ans. Salle de réunion. Le projecteur diffuse la Flamme éternelle. Les visages des professeurs rayonnent. [...] J'ai 10 ans. Pour la énième fois, on nous parle du siège de Leningrad [...]. J'ai 13 ans. Mon professeur principal vient me voir en disant : "Tu es inscrite pour le concours de récitation de poésie." Je passe la soirée à apprendre un poème sur les soldats. En le récitant, j'ai hâte que tout soit terminé le plus vite possible. J'ai 15 ans. J'écris ce texte, toujours sans comprendre pourquoi nous parlons constamment de la guerre. La victoire (autrement dit la guerre) est sans doute le sujet le plus populaire des réunions de classe[4]. »

Pour Maria Snegovaya, « au fur et à mesure que les relations de Poutine avec l'Occident se sont détériorées, l'interprétation de la guerre a changé [...] le rôle des alliés occidentaux dans la défaite du IIIe Reich fut commodément réduit au silence[5] ». Le grand tournant révisionniste de Vladimir Poutine prend forme ici, dans cette nostalgie entretenue d'une Russie forte, capable de négocier avec d'autres puissants États par-dessus la tête des petits, qui le propulserait au rang du dirigeant incontournable. Un pays dont l'Occident avide voudrait s'emparer pour ses richesses naturelles, son territoire immense et stratégique, pour y implanter ses idées libérales et placer à sa tête un dirigeant « compatible » avec ses visées. Dès lors, critiquer la direction prise par la Russie est considérée comme une attaque personnelle par son chef. Les célébrations du jour de la victoire deviennent de plus en plus grandioses et finissent par supplanter la fête plus populaire jusqu'ici du Nouvel An. En 2020, cette orientation nationaliste, déjà sensible, s'accélère.

Moins d'une semaine avant la parade sur la place Rouge, le 18 juin 2020, Vladimir Poutine publie un long article en anglais dans la revue conservatrice américaine *The National Interest*. Dans ce texte, il fait porter aux Occidentaux la responsabilité du déclenchement du conflit, et les accuse de vouloir « balayer la trahison de Munich sous le tapis[6] », en référence aux accords signés par la France et le Royaume-Uni avec l'Allemagne, le 30 septembre 1938 à Munich, selon lesquels, dans l'espoir d'éviter la guerre, la Tchécoslovaquie indépendante fut abandonnée. Évoquant des archives que Paris et Londres refuseraient de déclassifier, il cite sans plus de détails des « protocoles secrets » qui auraient été signés alors avec Hitler. Le chef du Kremlin va plus loin encore : la Pologne ne serait plus victime mais complice du IIIe Reich – « La faute de la tragédie repose entièrement sur les autorités polonaises », écrit-il, en insistant lourdement sur le caractère « antisémite » de ses dirigeants ; les pays baltes auraient été intégrés dans l'URSS sur « une base contractuelle, avec le consentement des autorités élues et conformément au droit international » ; le pacte Molotov-Ribbentrop, et ses protocoles qui ont permis à Moscou et Berlin, le 23 août 1939, de se partager les pays d'Europe de l'Est, sont réduits à la portion congrue.

Le chef du Kremlin avait prévenu : « Nous allons fermer la sale bouche » de ceux qui voudraient « réécrire l'histoire »[7]. C'est en effet une résolution du Parlement européen, adoptée par une majorité d'eurodéputés le 19 septembre 2019, à l'occasion du 80e anniversaire du début de la Seconde Guerre mondiale et intitulée « Sur l'importance de la mémoire européenne pour l'avenir de l'Europe[8] », qui a déclenché l'ire du président russe. Dans ce document, l'Union soviétique et l'Allemagne nazie sont décrites comme « deux régimes totalitaires » liés par la signature du pacte de non-agression de 1939 « ouvrant la voie au déclenchement de la Seconde Guerre mondiale ». Une alerte pour le Kremlin.

Le rôle de Vladimir Poutine sur la scène internationale, la place de la Russie parmi les « grands » doit tout à l'héritage soviétique de la Seconde Guerre mondiale. C'est parce qu'elle a fait partie des pays vainqueurs du nazisme qu'elle s'est hissée au rang de grande puissance. C'est à Yalta, en Crimée, que le monde d'après guerre a été dessiné en février 1945 entre Staline, Roosevelt et Churchill, et qu'elle a pu s'asseoir, un an plus tard, en janvier 1946, à la table des cinq représentants permanents du Conseil de sécurité des Nations unies (ONU), au côté des États-Unis, du Royaume-Uni, de la France et de la Chine, avec le précieux droit de veto. Dans sa tribune américaine, Vladimir Poutine prend soin de rendre hommage aux trois protagonistes de Yalta « parvenus à un accord dont l'humanité a bénéficié ». En 2015, la Russie célèbre seule cependant le 70e anniversaire de la fameuse conférence des trois puissances dans la cité historique annexée. À proximité du palais de Livadia, où les discussions eurent lieu, un gigantesque monument de bronze pesant pas moins de dix tonnes est érigé, représentant les trois chefs d'État assis – Staline légèrement plus grand que les autres.

La glorification de Staline et de la Seconde Guerre mondiale élevée au rang de « cause sacrée » par Vladimir Poutine prend ici tout son sens. Et pour entretenir la flamme auprès de ses compatriotes, il a su habilement récupérer l'hommage des Russes à leurs vétérans. Partie en 2012 de Tomsk, en Sibérie occidentale, l'initiative baptisée « Régiment immortel » ralliait à l'origine des familles désireuses de se souvenir de leurs grands-parents, engagés ou disparus pendant la Seconde Guerre mondiale, en portant leurs portraits. Inauguré à Moscou en 2015, le « Régiment immortel » s'est vite transformé en marches patriotiques lors desquelles Vladimir Poutine se glisse au milieu de la foule avec la photo de son père, blessé durant le conflit. « L'exaltation du culte des héros morts alimente la supériorité intrinsèque du peuple victorieux, hier, aujourd'hui et pour toujours. Ceux qui ont vaincu le plus grand fléau du siècle dernier et leurs héritiers obtiennent ainsi le droit moral, une sorte "d'indulgence" quasi religieuse d'agir en fonction des seuls intérêts de leur pays, car ce droit a été payé dans le sang[9] », écrit Galia Ackerman, auteure d'un livre sur ce phénomène récent détourné par Vladimir Poutine.

Ces parades, en réalité, finissent par irriter les anciens pays membres du pacte de Varsovie. La frénésie patriotique qui s'est emparée de la Russie, parallèle à l'annexion de la Crimée, non seulement achève de discréditer l'initiative mais provoque l'inquiétude, voire des réactions hostiles, chez les voisins. « Sur le qui-vive, les Républiques de l'ancienne

URSS ont immédiatement réagi en faisant obstacle à cette manifestation et en limitant la distribution des rubans de Saint-Georges[10] », observe le chercheur Dmitri Ofitserov-Belsky dans le journal russe *Profil*. À mesure que s'amplifie la propagande russe sur la Grande Guerre patriotique, le ressentiment des pays voisins ne cesse en effet de croître. Et désormais, chaque statue de soldats soviétiques déboulonnée, ou même simplement déplacée, provoque des crises aiguës avec Moscou.

Les statues de la discorde

Après 1989 et la chute du mur de Berlin, d'innombrables bustes, statues et effigies des anciens dirigeants soviétiques, généraux compris, ont déjà disparu des rues et places publiques, sans bruit. Mais tout change en 2007. L'Estonie, pionnière en matière d'utilisation de l'Internet dans la gestion du secteur public comme privé, va servir de démonstration après le transfert du Soldat de bronze, une statue soviétique, de la place Tönismäe, au centre de Tallinn, vers la périphérie de la capitale estonienne. Brusquement, les serveurs d'institutions publiques et privées, les ministères, les banques, les médias, les hôpitaux sont assaillis jusqu'à saturation. La déroute, totale, dure plusieurs semaines et les autorités estoniennes ont tôt fait d'accuser des hackers russes soutenus par leur gouvernement d'être derrière cette cyberattaque méconnue jusqu'alors à une si large échelle. Comme cela deviendra de coutume, Moscou dément.

Un palier, dans la dispute qui oppose Moscou à ses anciens satellites au sujet des monuments, est ensuite franchi en 2013 alors que l'Ukraine commence à s'embraser. Cette année-là, à Sofia, en Bulgarie, une stèle représentant des soldats de l'Armée rouge est badigeonnée de rose, en référence à l'artiste tchèque David Černý qui avait repeint douze ans plus tôt, en 1991, un char soviétique en rose en expliquant qu'après la repression du printemps de Prague de 1968, les soldats soviétiques n'étaient plus perçus comme des libérateurs. Puis, avec l'annexion de la Crimée en 2014 et le conflit armé dans l'est de l'Ukraine, le démontage des statues soviétiques prend un tour encore plus politique. Les tensions croissent en proportion. Sur quelque six cents monuments militaires soviétiques que comptait la Pologne, hors les cimetières, on n'en dénombrait plus qu'une petite centaine en 2019.

La vague ne s'est pas arrêtée là. Le 3 avril 2020, en République tchèque où le président Miloš Zeman entretient pourtant de bonnes relations avec Vladimir Poutine, la statue de bronze du maréchal Ivan Koniev, à Prague, est prestement enlevée de son piédestal. Héros militaire de l'ex-URSS durant la Seconde Guerre mondiale, libérateur de la capitale tchèque en 1945, il fut aussi celui qui organisa la répression de l'insurrection de Budapest en 1956, et qui mena, selon certains, des missions de renseignement préparatoires à l'écrasement du printemps de Prague en 1968 avant de décéder en 1973. À Moscou, l'outrage suscite de vives réactions. L'ambassade tchèque est la cible de jets de fumigènes, et une enquête est ouverte pour profanation publique des symboles de la gloire militaire russe.

Moins de trois semaines après ces événements, c'est au tour de la Finlande, dont les relations, ici aussi, sont plutôt apaisées avec la Russie, d'entrer dans la tourmente. Sans crier gare, le Comité d'enquête, l'organisme judiciaire placé sous la tutelle directe du Kremlin, annonce le 23 avril 2020 sur son site Internet l'ouverture d'une enquête contre ce pays scandinave pour « génocide ». Le texte du Comité d'enquête évoque la détention de « 24 000 Russes dans des camps de concentration », la « mort d'au moins 8 000 civils dont 2 000 enfants », et « plus de 7 000 prisonniers de guerre enterrés vivants » ou « tués dans des chambres à gaz et fusillés »[11]. Des crimes qui auraient été commis entre 1941 et 1944 durant la guerre d'Hiver, après l'assaut lancé par l'Armée rouge sur Helsinki, lorsque, après coup, les troupes finlandaises ont occupé la Carélie orientale située en Russie soviétique. Des travaux, menés aussi bien côté finlandais que russe, ont certes mis à jour les conditions terribles dans lesquelles se sont trouvés alors les soldats soviétiques, dont bon nombre périrent. Mais personne jusqu'alors, pas même à l'époque soviétique, n'avait soulevé de telles accusations concernant l'existence de « soldats enterrés vivants » ou de « chambres à gaz » finlandaises[12]. Excès de zèle du patron du Comité d'enquête, Alexandre Bastrykine, un proche de Vladimir Poutine ? Ballon d'essai afin de tester les réactions en Finlande et en Europe ? Le document ne figure en tout cas plus sur le site dudit comité.

Pour rétablir la « grandeur nationale » de son pays, le chef du Kremlin réécrit l'histoire au seul profit de la Russie, qu'il a fait inscrire comme l'unique successeur de l'URSS dans la nouvelle Constitution russe adoptée le 1er juillet 2020, tout en désignant les anciens alliés comme des collaborateurs en puissance du régime nazi. Ils ont rompu, ils se sont tournés vers l'Occident. Ils ne font plus partie de la grande histoire. Il affirme ainsi devant son état-major réuni le 24 décembre 2019, qu'« à la soi-disant conférence de Munich, Hitler représentait directement les intérêts de la Pologne[13] ». Il assure avoir pris connaissance de documents d'archives – non produits – selon lesquels l'ambassadeur de Pologne de l'époque en Allemagne, Jozef Lipski, aurait promis en 1938 d'ériger un « beau monument » au chef de l'Allemagne nazie à Varsovie après que ce dernier a proposé d'« envoyer les juifs dans les colonies en Afrique ». Puis il établit un parallèle avec les décisions des responsables polonais actuels qui « font démolir les monuments aux soldats de l'Armée rouge »[14].

Cette guerre mémorielle se traduit par l'absence de Vladimir Poutine pour la commémoration du 75e anniversaire de la libération du camp d'Auschwitz, le 27 janvier 2020, et par celle de son homologue polonais, l'ultraconservateur Andrzej Duda, quatre jours auparavant au forum mondial de l'Holocauste organisé en Israël, du fait de la tribune accordée au chef du Kremlin. La perspective d'un apaisement s'effondre, durablement, et ruine tous les efforts entrepris au début des années 2000 avec la mise en place d'une commission russo-polonaise d'historiens. Créé en 2002, puis relancé en 2008, le « Groupe pour les questions difficiles » avait tenté de mettre fin aux controverses historiques des deux côtés, en s'inspirant notamment d'autres commissions semblables telles que les commissions germano-françaises, germano-tchèques ou germano-polonaises. Les progrès réalisés, notamment sur le chapitre du massacre de 22 000 officiers par l'Armée rouge à Katyn, en 1940, imputés jusqu'en 1990 par l'URSS aux troupes d'Hitler, s'envolent[15].

En posant la Russie comme chef de file du « camp du bien », dans cette période chaotique et meurtrière de la Seconde Guerre mondiale, le président russe érige en principe le fait que le pays ne peut pas avoir commis de fautes. Ni pendant les combats, ni après. Les soldats, tel le général héros de l'Armée rouge Andreï Vlassov, passés, contraints ou non, du côté allemand, n'existent pas. Pas plus que les exactions parfois commises par les partisans – pour avoir tenté d'évoquer des abus commis par ces héros soviétiques « qui n'étaient pas tous des anges », Svetlana Alexievitch a été vivement prise à partie[16]. L'écrivaine biélorusse, prix Nobel de littérature, a certainement été celle qui a le plus documenté la Seconde Guerre mondiale – comme la guerre d'Afghanistan – à travers les témoignages simples, sans fioritures et poignants de ceux qui l'ont vécu. Mais aujourd'hui, estime Svetlana Alexievitch, « je ne pourrais plus écrire mes livres, les gens ont peur de parler[17] ».

À l'aune de cette lecture glorieuse de la guerre, les répressions de l'ère stalinienne sont réinterprétées comme un mal quasi inévitable, ou délibérément mises de côté. Mémorial, l'ONG de défense des droits de l'homme dont la première assemblée constitutive se tint en janvier 1989 en présence du prix Nobel de la paix Andreï Sakharov, dans le but d'établir la vérité sur les crimes de l'époque stalinienne, en fait particulièrement les frais. Classée « agent de l'étranger » en 2014, l'association russe est accusée un an plus tard de « haute trahison ». Responsable d'une branche locale de Mémorial en Carélie, au nord-ouest de la Russie, Iouri Dmitriev subit lui aussi les foudres du pouvoir. Soupçonné d'actes de pédophilie sur sa fille adoptive, il est arrêté une première fois en 2016, avant d'être condamné en juillet 2020 à trois ans et demi de prison – déjà effectués en détention préventive – au terme d'un interminable procès. Nouveau rebondissement deux mois plus tard : en appel, Iouri Dmitriev est condamné à treize ans de camp à régime sévère, ce qui sonne, à son âge (soixante-quatre ans), comme une condamnation à perpétuité.

Pour ses soutiens, nombreux, tant en Russie qu'à l'étranger, il ne fait aucun doute que les accusations dont il est l'objet ne reposent sur rien. Iouri Dmitriev est surtout celui qui, avec une ténacité de moine bénédictin, a passé près de trente ans à dresser la liste de 40 000 noms de personnes déportées ou exécutées sous Staline en Carélie. Il est aussi à l'origine, dans cette région russe frontalière de la Finlande, de la découverte de l'un des plus grands charniers, à Sandarmokh, où les restes de 7 000 à 9 000 personnes exécutées à l'époque stalinienne ont été retrouvés. Des mises au jour à contre-courant du discours officiel visant à revaloriser la période soviétique durant la guerre.

Dès 2018, sous l'égide de la Société historique militaire russe (connue sous son acronyme russe RVIO), des fouilles « alternatives » sont entreprises par le pouvoir dans l'intention de démontrer que les corps trouvés sont en fait ceux de soldats soviétiques exécutés par les troupes finlandaises durant la guerre d'Hiver entre 1941 et 1944. L'ordre de mission est clair. « Les spéculations sur le charnier de Sandarmokh portent tort à l'image internationale de la Russie, [...] renforcent dans l'opinion un sentiment de culpabilité injustifié à l'égard des soi-disant réprimés et [...] deviennent un facteur de consolidation des forces antigouvernementales en Russie[18] », écrit un haut fonctionnaire dans une lettre adressée à la RVIO.

En redonnant naissance le 29 décembre 2012 à la Société historique militaire russe, fondée en 1907 puis dissoute avec la révolution bolchevique, Vladimir Poutine avait fixé le cap dans son oukase n° 1710 : « Nous devons tout faire pour que les enfants d'aujourd'hui et, en général, tous nos citoyens, soient fiers d'être les héritiers, petits-enfants et arrière-petits-enfants des vainqueurs[19]. » Cette obsession commande de mettre fin à tout ce qui pourrait ternir l'issue de la Grande Guerre patriotique. Staline doit donc être réhabilité. Pour l'historienne Françoise Thom, « Staline et la victoire dans la Grande Guerre patriotique ont été remis à l'honneur parce que Staline, à la faveur de sa victoire, a réussi à "déseuropéaniser" la moitié de l'Europe. Poutine veut en quelque sorte reprendre où Staline s'est arrêté, relancer cette "déseuropéanisation" qui passe par l'éradication des libertés et l'instauration de régimes autoritaires corrompus clonés sur le régime poutinien. Cet aspect archaïque du régime poutinien [...] est devenu de plus en plus marqué au fur et à mesure que l'économie russe ralentissait et que l'espoir de "rattraper et dépasser" l'Occident s'évanouissait[20] ».

Bataille mémorielle

L'entreprise révisionniste trouve une traduction concrète avec la nouvelle Constitution russe adoptée par référendum le 1er juillet 2020. La campagne pour le référendum en avait donné un aperçu assez net : l'une des affiches placardées dans les villes russes montrait une petite fille en habits militaires, un bouquet de fleurs à la main, sous le slogan « Protégeons la mémoire de nos ancêtres ». L'alliance du passé et du présent est posée, justifiant la stabilité politique par la continuité historique.

« Le pouvoir souverain de Poutine est une construction quasi religieuse et populiste qui nécessite régulièrement des investissements symboliques mimant la connexion du dirigeant avec le peuple », estime Andrey Makarychev, professeur à l'université de Tartu, en Estonie[21]. Le récit ainsi construit sur le passé glorieux permet aussi d'oublier la dureté de l'existence dans un pays où l'accès à l'eau courante n'est pas encore à la portée de tous hors des grandes villes.

L'entreprise ne s'est toutefois pas arrêtée à la Grande Guerre patriotique, même si elle reste la clé de voûte de la bataille mémorielle. Tout, désormais, est relu à la mesure du rôle du restaurateur de la « grandeur » de la Russie que s'est adjugé Vladimir Poutine. De la période médiévale à l'empire des tsars, en passant par la révolution de 1917 ou la guerre froide, toutes les pages de l'histoire russe sont liées, expurgées de certains éléments. Les manuels scolaires sont revus ou retirés, tel ce livre d'enseignement d'histoire des éditions Drofa, qui évoquait imprudemment les événements de 2013-2014 en Ukraine comme une « révolution » et non un « coup d'État » conformément à la version officielle. Un autre disparaît des rayons parce qu'il mentionne dans la Russie antique le mariage des très jeunes filles[22].

Il n'est pas anodin que la Société historique russe (RIO, à ne pas confondre avec RVIO), dissoute en 1917 et également ressuscitée en 2012, ait été confiée à Sergueï Narychkine. Formée à l'école du KGB, ce proche de Vladimir Poutine est aussi le patron du SVR, le service de renseignement extérieur. Sa nomination, après celle de président de la Commission de lutte contre les tentatives de falsification de l'histoire au détriment de la Russie, puis, en 2016, comme président du conseil d'administration de la Fondation d'histoire de la patrie, en dit assez long sur l'attention extrême portée par le pouvoir à l'histoire. Tous les instituts de l'époque impériale restaurés sont confiés à des personnalités « sûres » : la Société historique militaire est pilotée par l'ex-ministre de la Culture Vladimir Medinski, la Société géographique de Russie est dirigée depuis 2009 par Sergueï Choïgou, le ministre de la Défense, Vladimir

Poutine lui-même siégeant à la présidence de son conseil d'administration.

L'avenir est ainsi solidement arrimé au passé, à la préservation de sa puissance et des traditions. « La principale ressource de la puissance et de l'avenir de la Russie réside dans notre mémoire historique », dira Vladimir Poutine lors du premier congrès de la Société de l'histoire militaire de Russie, qui se tient à Moscou en mars 2013. Les ruptures de l'histoire doivent s'effacer au profit d'une perception globale et unifiée mise en œuvre par une exégèse historique. Pierre angulaire de cette méthode, l'antagonisme Rouges-Blancs est gommé.

Le 7 novembre, date symbolique de la révolution d'octobre 2017, perd donc son statut de fête nationale, remplacée par le « Jour de l'unité nationale » instituée en 2005, le 4 novembre, avec le concours du patriarcat de Moscou. Célébré du temps de l'Empire russe, ce jour du 4 novembre renvoie au soulèvement de 1612 contre les envahisseurs polonais catholiques, et aux figures héroïques des libérateurs de Moscou, Kouzma Minine et Dmitri Pojarski. La révolution de 1917, porteuse d'un profond bouleversement, embarrasse en effet Vladimir Poutine. Le chef du Kremlin réhabilite Staline parce qu'il a été le chef de guerre de la Seconde Guerre mondiale et qu'il a étendu l'empire rouge à l'est de l'Europe, mais il porte un regard très critique sur Lénine.

Ce dernier n'est pas seulement l'artisan de l'un des plus grands renversements de pouvoir, scénario redouté au Kremlin, il est aussi… un perdant. « On sait quel rôle a joué le parti bolchevique dans la débâcle du front de la Première Guerre mondiale. Nous avons perdu contre le pays perdant[23] », expose Vladimir Poutine lors d'une rencontre, le 25 janvier 2016, à Stavropol, dans le Caucase, avec les membres du Front populaire pan russe, une coalition civile créée par ses partisans. À ses yeux, surtout, Lénine est celui qui a rendu des territoires, pour se débarrasser d'un front militaire, comme avec les pays baltes, ou pour des considérations politiques. « Lénine, poursuit ainsi le chef du Kremlin, était pour que l'Union soviétique se crée sur la base d'une égalité totale avec le droit de quitter l'Union [...]. Pour quelle raison a-t-on donné le Donbass à l'Ukraine ? Pour accroître ainsi la proportion de la population prolétaire en Ukraine, afin d'y disposer d'un soutien social important. C'est une absurdité, vous comprenez ? L'autonomie culturelle est une chose, l'autonomie avec de larges pouvoirs en est une autre, et le droit de quitter un État encore une troisième [...]. C'est ce que j'appelle une bombe à retardement. »

En 2017, la commémoration du centenaire de la révolution d'octobre passe donc à la trappe. À la place, Vladimir Poutine inaugure le Mur des martyrs en mémoire aux victimes des répressions, puis, le 25 mai, une nouvelle cathédrale à Moscou, consacrée, entre autres, aux « martyrs » Nicolas II et à sa famille.

Dans ce contexte, pas plus que le centenaire de 1917, associé au mot « révolution » honni par le Kremlin, le 25e anniversaire du putsch raté d'août 1991 qui devait signer définitivement l'acte de décès de l'URSS ne donne lieu à une quelconque cérémonie. La lecture de la guerre froide évolue, elle aussi. Désormais, il n'est plus question de l'affrontement de deux blocs idéologiques, dont l'un se serait effondré, mais du lent travail de sape d'un Occident arrogant.

Le pouvoir russe instille ici l'idée d'une « humiliation » infligée par l'Ouest avide de revanche. Les années 1990, certes difficiles pour les Russes qui manquent de tout et qui voient leurs petites économies réduites à néant parfois du jour au lendemain, seraient ainsi celles d'une ruine économique amplifiée par des réformes libérales dictées de l'étranger et par des hommes d'affaires avides de piller la Russie. Aucune introspection, en revanche, sur la mafia et l'oligarchie qui se sont emparées des richesses du pays. Les États-Unis et leurs alliés auraient promis de ne pas élargir l'Otan, avant de fouler cyniquement des pieds cette garantie donnée, et en réalité jamais prouvée. Mais à force de répétitions, le mythe d'une promesse violée par les États-Unis et leurs alliés, thèse avancée pour sa défense par Mikhaïl Gorbatchev, affublé dans son pays de l'étiquette peu amène de liquidateur de l'URSS, devient un pilier de la politique étrangère de la Fédération russe actuelle. Après l'annexion de la Crimée et le conflit dans l'est de l'Ukraine, la coopération militaire entre la Russie et l'Otan, qui s'était nouée en 2002, est suspendue. À ce stade, le niveau de dialogue entre la Russie et l'Alliance atlantique tombe au plus bas niveau de la guerre froide.

Dès novembre 2014, soit neuf mois après l'annexion de la péninsule ukrainienne, une grande exposition ouverte à Moscou dans la salle prestigieuse du Manège, à deux pas de la place Rouge, offre une nouvelle opportunité de croiser le fer sur le terrain de l'histoire. Baptisée à dessein « Mon histoire », pour attirer le public russe, elle est consacrée à la dynastie des Riourikides, la lignée des tsars qui a précédé celle des Romanov et dont faisait partie Vladimir Ier, l'une des principales figures de la Russie médiévale. Or, Kiev revendique tout autant l'héritage de ce prince surnommé le « Soleil rouge », qui régna au Xe siècle sur la Russie kiévienne, un empire partagé entre la Russie, l'Ukraine et la Biélorussie. Il figure d'ailleurs sur des billets de la hryvnia, la monnaie nationale.

Mais pour Vladimir Poutine, le plus important réside dans le fait que Vladimir le Grand se serait converti au christianisme, le premier de sa dynastie, en Crimée. « C'est ici, à Chersonèse [une ville antique située au nord de Sébastopol] qu'il fut baptisé et qu'il baptisa la Russie[24] », affirme-t-il en décembre 2014, bien que les spécialistes débattent encore sur le lieu exact et la date de l'adoption de la foi chrétienne par les Russes. Qu'importe. Pour le chef du Kremlin, « le christianisme fut une force puissante pour unifier l'État. C'est sur cette terre spirituelle que nos ancêtres ont réalisé, pour la première fois et pour l'éternité qu'ils formaient un seul peuple ». Puis, en 2016, une statue de plus de dix-sept mètres de haut de saint Vladimir est inaugurée à Moscou, le 4 novembre, jour de l'Unité nationale en Russie. Le message est clair, le prince Vladimir est considéré comme « l'unificateur et le défenseur des terres russes, homme politique visionnaire qui a jeté les fondations d'un État fort, unifié, centralisé », déclare Vladimir Poutine, comme s'il projetait un miroir de lui-même.

S'agissant du Donbass, il n'hésite pas, non plus, à convoquer la Seconde Guerre mondiale. Devant un parterre de jeunes réunis à Moscou le 29 avril 2014, il compare sans ciller les combats de l'armée ukrainienne contre les républiques autonomes autoproclamées de Donetsk et Louhansk au siège de Leningrad par les nazis en 1941. « Cela me rappelle tristement les événements de la Seconde Guerre mondiale quand les fascistes allemands [...] encerclaient nos villes[25]. » Une provocation de plus pour l'Ukraine.

Ce révisionnisme historique, potentiellement sans fin, est devenu un pilier de la politique étrangère russe. Il permet de justifier les actions internationales parfois offensives du Kremlin mais aussi de resserrer les rangs autour d'un projet politique monocorde. Les empires tsariste et soviétique servent de modèles au dessein poutiniste tel qu'il se projette. Pour Dmitri Mouratov, rédacteur en chef et pilier du journal indépendant *Novaïa Gazeta*, « la propagande de la guerre est bien plus importante que celle de la paix, parce que la guerre renvoie à la gloire de la Russie et la paix à sa faiblesse[26] ».

4

Le grand chambardement du droit international

« *Frieden durch Dialog* ». Le slogan de la grand-messe mondiale sur la sécurité tapisse le mur derrière le président russe. « La paix par le dialogue » résume l'esprit de la conférence de Munich sur la sécurité. Vladimir Poutine s'excuse d'évacuer rapidement les politesses habituelles. Le ton est intense, déterminé : le président russe est venu délivrer un message au monde, sous les yeux attentifs de la chancelière allemande, Angela Merkel. Incisif, il débute par une citation de l'ancien président américain Franklin D. Roosevelt : « Quand la paix est rompue où que ce soit, la paix de tous les pays, partout, est en danger[1]. » Nous sommes en 2007, quatre ans après l'invasion américano-britannique illégale de l'Irak, et Vladimir Poutine est venu exposer sa vision de la sécurité internationale.

La guerre froide n'était pour lui pas un moment de dangereuse tension et de rivalité destructrice, mais un temps où la puissance soviétique participait à la sécurité du monde, dans une vision très traditionnelle. Or, dans cette décennie post-11-Septembre, Washington entend imposer ses règles sans se laisser contraindre par un droit international restrictif, dans la lutte que mènent les faucons néoconservateurs autour de George W. Bush contre « l'Axe du mal ». Pour cela, ils s'arrogent le droit d'intervenir préventivement, d'appliquer la théorie des dominos en provoquant des changements de régime pour propager la démocratie, et d'introduire un certain exceptionnalisme au regard du droit international dans le cadre de la « guerre contre la terreur » : assassinats ciblés de responsables terroristes, arrestations, prisons secrètes, torture, tribunaux d'exception. La Russie a tenté de défendre ses intérêts dans le cadre du droit international, mais constate, avec le reste du monde, que l'Amérique unilatéraliste peut, grâce à sa puissance, l'outrepasser sans conséquence. À Munich, le président russe en profite donc pour parler de « moment décisif où nous devons sérieusement penser l'architecture de sécurité globale[2] ».

Il va plus loin, et même très loin. Il rappelle la transition pacifique de l'Union soviétique à la Fédération de Russie, puis insiste tour à tour sur le « respect pour les valeurs démocratiques et pour la loi », sur l'importance de la Charte des Nations unies, mais aussi sur la nécessité de respecter des processus de décision onusiens, de ne pas se substituer à l'organisation et de soumettre impérativement l'usage de la force à l'ONU[3]. Cette posture paraît aujourd'hui très éloignée du comportement international de la Russie.

Puis le discours de Vladimir Poutine prend un tour bien plus politique. « Nous avons résolu les différends que nous avions eus avec nos collègues géorgiens », affirme-t-il, un an avant la guerre russo-géorgienne. Il défend la présence militaire russe comme « maintien de la paix » en Moldavie. Il passe ensuite au plat de résistance, l'expansion de l'Otan qui placerait des troupes offensives aux frontières russes, tandis que l'OSCE serait devenue « un vulgaire instrument destiné à pousser les intérêts de politique étrangère d'un ou d'un groupe de pays »[4].

Bras de fer à l'ONU

Les fondements du comportement international de la Russie jusqu'à nos jours prennent ici corps. En effet, Moscou n'était pas en situation de s'opposer, en 1993, à la création au sein de l'ONU du Haut-Commissariat des Nations unies aux droits de l'homme (HCDH) par la résolution 48/121 de l'Assemblée générale. Par ce texte, le monde réaffirmait son adhésion à un ordre international structuré par la promotion des droits de l'homme et des libertés fondamentales[5]. La transformation ultérieure, en 2006, d'une autre entité onusienne, la Commission des droits de l'homme, en Conseil des droits de l'homme, ne sert pas non plus les intérêts du Kremlin. Malgré des avancées assez limitées, la création d'un examen périodique universel passe depuis au crible la situation dans chaque pays au moyen de multiples instruments juridiques, dont la Déclaration universelle des droits de l'homme. La Russie s'était alors exprimée en faveur de la réforme, mais elle en avait relativisé la portée en souhaitant la fin de « la pratique du deux poids, deux mesures, la sélectivité et la politisation[6] ». Une manière de prévenir toute analyse objective qui n'irait pas dans le sens voulu par le Kremlin.

En substituant ainsi dans sa rhétorique l'expansion de normes protectrices par la défense d'« intérêts », Vladimir Poutine réduit l'ordre international à des relations de puissance entre États. Il prend position en faveur de la primauté du droit sur la force mais la contredit dans les faits, tout en affirmant que les actions russes seraient, elles, motivées par la paix, la démocratie et la stabilité.

En réalité, le Kremlin n'est attaché au système onusien que parce qu'il permet de contenir, de pointer publiquement du doigt les agissements de ses adversaires et de maximiser ses intérêts. Pour justifier ses actions, Moscou s'appuie sur les « débordements » du cadre international que s'autorisent les Occidentaux : intervention de l'Otan contre la Serbie pour ses exactions au Kosovo correspondant à l'esprit du droit international mais non à la lettre ; invasion de l'Irak sortant clairement du cadre par intérêt ; et intervention en Libye, respectueuse de la lettre mais permettant son dépassement. L'articulation de la stratégie russe va ainsi glisser progressivement vers des pratiques ouvertement hors cadre.

Moscou empêche les observateurs internationaux, les enquêteurs de justice, les journalistes ou les organisations des droits de l'homme de collecter les informations relatives aux violations du droit international, selon le principe du « pas vu pas pris ». Et si cela vient à être connu malgré tout, la Russie use des procédures onusiennes pour éviter toute conséquence. La critique est retournée à l'envoyeur. Depuis le début des années 2010, Moscou procède au détricotage d'un système international trop étriqué à son goût au profit d'arrangements régionaux, au centre desquels elle peut mieux se positionner et qui n'ont pas de valeur normative.

C'est une dialectique juridique bien rodée : les Occidentaux envisagent une résolution au Conseil de sécurité de l'ONU, la Russie la modère *ex ante*, ils la soumettent, elle fait usage de son droit de veto, si le projet ne lui convient pas. Le Conseil est ainsi devenu l'un des théâtres principaux de l'affrontement avec l'Ouest. Ce qui n'est pas possible en termes militaires, économiques ou politiques, le droit le permet, offrant à la Russie cette capacité prodigieuse de transformer le mythe en réalité. En plus d'être une plate-forme d'expression de la puissance, le cénacle onusien est aussi un instrument de synthèse politique interne, entre les modérés et les nationalistes russes qui se rejoignent comme force oppositionnelle d'une grande puissance. Le schéma correspond parfaitement à la structure idéologique du poutinisme.

On ne compte plus les mains levées des représentants permanents de la Russie aux Nations unies, dont trois resteront certainement dans les annales du poutinisme : le futur ministre des Affaires étrangères Sergueï Lavrov (1994-2004), Vitali Tchourkine, qui a couvert la Syrie et l'Ukraine (2006-2017), et son successeur, Vassili Nebenzia. Trois rocs sur lesquels se sont brisées les résolutions occidentales, trois fins négociateurs qui ont permis de modifier les textes pour conforter la vision du monde du Kremlin, trois solides orateurs qui ont fait entendre la voix poutiniste. Avec eux, la Russie a su aussi, parfois, adopter un comportement coopératif, notamment pour le retour en 2002 de la Commission de contrôle, de vérification et d'inspection dans l'Irak de Saddam Hussein (résolution 1441), lors du bras de fer avec Colin Powell et Jack Straw sur la question de la légalité d'une intervention en 2003, ou bien encore sur la résolution 2231 de 2015 relative à l'accord sur le nucléaire iranien, dont Moscou était d'ailleurs l'un des artisans.

Si un tel comportement assoit la stature de légitimité et de responsabilité de la Russie sur certains dossiers internationaux, le blocage et le démantèlement du droit international sont plutôt devenus sa marque. Devant les libertés prises par Washington, Moscou considère qu'il est possible de dissocier les règles du jeu du droit international, dont l'inclination fondamentale en faveur des droits de l'homme gêne le Kremlin. Le monde ne serait donc plus régi par un ordre international juridiquement structuré, même non contraignant, mais par la règle positiviste. Les relations internationales seraient alors conditionnées par les rapports de force entre les États, plutôt que par un système intégré dans lequel les organisations internationales ont un rôle normatif autonome ou, *a fortiori*, de contrôle, de sanction, voire de coercition.

Le Kremlin délégitime ainsi les sanctions internationales, en les renvoyant du Conseil de sécurité à la sphère de la coopération multilatérale. Il est alors plus aisé de les considérer comme des positions politiques sujettes à interprétation, en fonction de ses propres intérêts.

Dans ce nouveau bras de fer Est-Ouest, la Chine a un intérêt commun dans la contradiction de l'influence occidentale et dans l'endiguement du droit international public qui limite ses marges de manœuvre sur nombre de dossiers : peine de mort, liberté d'expression, Tibet, Xinjiang, Hong Kong, Taïwan, mer de Chine orientale ou mer de Chine méridionale. C'est en ce sens qu'a été signée une Déclaration sino-russe sur la promotion du droit international, en 2016, afin de rapprocher leur interprétation et faire respecter leur « identité politique propre », autrement dit, de défendre leurs régimes politiques[7].

La défiance à l'égard du droit international s'illustre également aux États-Unis qui, forts de leur puissance inégalée, peuvent rejeter des règles qui les contraindraient trop dans l'exercice de leur pouvoir. Les précédents de la « guerre contre la terreur », ont trouvé un écho avec l'élection de Donald Trump, qui n'a guère d'égard pour les normes juridiques internationales et a puissamment renforcé le désengagement américain vis-à-vis de la régulation de l'ordre international.

Les trois puissances se retrouvent par ailleurs contre l'édification d'une justice pénale internationale. Pékin n'a jamais goûté l'idée d'une justice supranationale, et Washington, une fois sa signature retirée en 2002, a même passé des accords bilatéraux d'immunité pour s'assurer que ses citoyens ne seraient pas poursuivis dans des États parties au Statut de Rome de la Cour pénale internationale (CPI). La Fédération de Russie, comme les États-Unis, l'avait signé, sans l'avoir toutefois ratifié, avant de se retirer en 2016. Officiellement, les questions d'indépendance et d'efficacité de la Cour – de vraies problématiques – sont à l'origine de ce retrait. Mais celui-ci est intervenu une semaine après que la CPI a déclaré que la Russie et l'Ukraine étaient impliquées dans un conflit armé international, en reconnaissant la Crimée comme territoire occupé par la Russie, et l'existence d'un conflit dans l'Est ukrainien.

Or, Kiev reconnaît la compétence de la juridiction sur son territoire depuis 2013[8], ce qui induit que la Cour aurait pu être saisie pour des accusations de crimes commis en Ukraine par la Russie, en Crimée, voire dans le Donbass – une hypothèse alors diplomatiquement et politiquement catastrophique pour le Kremlin. Moscou aura donc tenu un temps sa ligne médiane vis-à-vis de la CPI, mais sa stratégie en Ukraine, qui apparaît ici comme une fuite en avant, l'a fait basculer vers la délégitimation de la juridiction internationale, en profitant d'une vague d'annonces de retraits de l'Afrique du Sud aux Philippines.

Syrie : les Nations unies disqualifiées

Entre 2011 et 2020, la Russie a opposé quinze vetos pour bloquer les résolutions sur la Syrie au Conseil de sécurité[9], un chiffre qui ne comprend pas les propositions discutées et abandonnées avant d'être soumises au vote. Cette tactique suit une double logique : empêcher toute action et condamnation à l'encontre de son allié syrien, et prévenir toute mesure qui soulagerait la situation en zone rebelle, comme la création de zones d'exclusion aérienne, de zones de protection pour les civils ou l'acheminement d'aide humanitaire. Parfois, Moscou émet une contre-proposition de résolution, vidée de substance. Et lorsque la Russie laisse passer certaines propositions, comme les résolutions 2042 et 2043 relatives à la protection des populations civiles, ces dernières ne sont dans l'ensemble pas appliquées par le régime de Bachar al-Assad, qui lui doit pourtant sa survie.

Rien de très étonnant donc à ce que la partie russe adopte également, plus ou moins de concert avec Damas qui sait s'appuyer aussi sur l'Iran, des procédés dilatoires dans les négociations de Genève organisées sous les auspices de l'ONU. Leur infertilité a fait démissionner trois envoyés spéciaux du secrétaire général de l'ONU : Kofi Annan (2012), Lakhdar Brahimi (2014) et Staffan de Mistura (2018).

Moscou introduit à la place son propre processus de négociations, à Astana, au Kazakhstan, à la frontière des mondes slave et turcique. La Turquie, otanienne mais autoritaire, devient un partenaire à égalité avec la République islamique d'Iran. Cette Troïka ainsi réunie par la Russie substitue son propre dispositif à celui de Genève, à l'encontre des déclarations de Vienne de 2012 pourtant soutenues par la Russie (résolution 2254 du Conseil de sécurité) qui appelaient à une transition politique par et pour les Syriens. Naturellement, l'opposition syrienne n'a pas accepté cette prise d'autorité de Moscou et a boycotté le sommet de Sotchi organisé en 2018 sur le territoire russe, dans le prolongement d'Astana.

Au-delà de la mise à l'écart magistrale des puissances occidentales et arabes, de la mise sur la touche de l'opposition démocratique syrienne et du retournement de la Turquie, Moscou parvient ainsi à désintégrer, au sens propre et presque figuré, les négociations sous l'égide de l'ONU en les externalisant sous son autorité de fait. De cette manière, la Russie se détache d'un droit international trop régulateur et se substitue qui plus est à l'ONU, dont l'envoyé spécial n'est plus qu'un invité. Médiateur, juge et partie, les trois nouvelles fonctions du Kremlin assurent ses intérêts syriens, mais aussi et surtout, elles créent un précédent où ses propres règles du jeu s'imposent au droit international.

L'Assemblée générale de l'ONU a bien tenté de se saisir de l'affaire syrienne, mettant en cause en 2012 le régime de Bachar al-Assad avec un soutien massif de 133 voix pour et 12 contre (dont la Russie, la Chine, l'Iran, la Biélorussie et la Corée du Nord)[10]. La résolution établit « la poursuite des violations flagrantes, généralisées et systématiques des droits de l'homme et de l'utilisation d'armes lourdes par les autorités syriennes contre le peuple syrien ». L'Assemblée générale se déclare par ailleurs, dès 2012, soit un an avant l'attaque majeure au gaz sarin de la Ghouta en 2013 par le régime syrien, « gravement préoccupée par la menace proférée par les autorités syriennes d'avoir recours aux armes chimiques ou biologiques ». L'organe onusien prévient aussi : « L'escalade de la violence a causé un afflux de réfugiés syriens dans les pays voisins[11]. » Vitali Tchourkine a considéré cette résolution comme « nuisible[12] ».

En réalité, l'Assemblée générale ne s'est pas résolue à s'arroger à nouveau des compétences subsidiaires vis-à-vis du Conseil de sécurité, comme elle l'avait fait avec la « résolution Acheson », durant la guerre de Corée, qui avait établi que « dans tout cas où paraît exister une menace contre la paix, une rupture de la paix ou un acte d'agression et où, du fait que l'unanimité n'a pas pu se réaliser parmi ses membres permanents, le Conseil de sécurité manque à s'acquitter de sa responsabilité principale dans le maintien de la paix et de la sécurité internationales, l'Assemblée générale examinera immédiatement la question[13] ». C'est aussi dans cette inaction internationale que l'« hyperactivisme » et l'intimidation de la Russie rencontrent le succès escompté.

La seule chose qui a véritablement fait plier le Kremlin, l'amenant à faire des concessions (qui ne seront, quoi qu'il en soit, pas respectées par la suite) sera la réaction de Washington, Londres et Paris aux attaques chimiques de 2013. L'éventualité d'une intervention militaire contre son allié syrien lui a fait faire une subite volte-face, concrétisée par une proposition d'accord négocié adressée aux États-Unis. Sans consulter ses partenaires, l'administration Obama décide de croire, malgré tous les signes contraires, à la sincérité de Moscou et de Damas. Elle accepte un accord qui restera un des plus grands camouflets de l'histoire diplomatique américaine, établi par la résolution 2118. Les conséquences possiblement coercitives prévues en vertu de l'article VII de la Charte des Nations unies, en cas de non-respect de l'accord, restent lettre morte, malgré la poursuite des attaques chimiques bien après l'accord. Non sans cynisme, Sergueï Lavrov déclare à ce moment-là : « Ceux qui appuient l'opposition syrienne doivent faire tout ce qui est en leur pouvoir pour empêcher que les armes chimiques ne tombent entre de mauvaises mains[14]. »

Pour Philip Remler, diplomate et ancien chef de mission pour l'OSCE, « la rhétorique spécifique qu'emploie la Russie à l'ONU sur la Syrie semble fondée sur autre chose : promouvoir la légitimité absolue des gouvernements sans lien avec leur gouvernance, leur légitimité populaire, leur bilan des droits de l'homme, leurs méthodes de sécurité intérieure, ou quoi que ce soit d'autre qui soit en lien avec l'imposition de normes extérieures[15] ». Moscou impose pourtant bien des normes, autocratiques, en refusant aux Syriens la possibilité d'organiser librement leur système politique. Elle impose aussi des normes d'emploi de la force indiscriminée contre des populations civiles sans craindre aucune conséquence majeure. La *pax Poutina* s'inscrit dans un cadre très westphalien de politique puissance entre États, et consacre l'autorité souveraine de l'autocrate, qui doit disposer de son peuple comme un nouveau *cujus regio, ejus religio* (« tel prince, telle religion »). Pourtant, la Russie ne cherche pas tant l'équilibre des puissances que la domination hégémonique. Et bien qu'elle défende le principe de souveraineté, elle s'arroge de fait un droit d'ingérence politique, plus ou moins discrétionnaire, dans les affaires intérieures des États.

Ancien ambassadeur en Syrie, Michel Duclos raconte son étonnement : « Je sais pour avoir parlé avec les diplomates à New York, y compris l'ambassadeur russe de l'époque, mort depuis [Vitali Tchourkine], qu'à deux ou trois reprises, les cinq membres permanents s'étaient mis d'accord sur un texte à New York. Et c'est au moment du vote que l'ordre venait de Moscou de refuser. Donc il y a eu de la part de Poutine – parce que ça ne pouvait venir que de lui – l'intention délibérée de faire capoter toute solution coopérative internationale en Syrie[16]. »

Barrage aux droits de l'homme

L'écueil principal, à la fois sur la scène intérieure et internationale, reste la question des droits de l'homme. Selon le métropolite Kirill de Smolensk et Kaliningrad, futur patriarche de Moscou et de toute la Russie, « sous couvert du concept de droits de l'homme se cachent le mensonge et l'insulte aux valeurs religieuses et nationales[17] ». En 2010, l'« Enseignement fondamental de l'Église orthodoxe russe sur la dignité humaine, la liberté et les droits », document clé validé après deux ans de réflexion par le Conseil des évêques, établit qu'« il est inadmissible et dangereux d'interpréter les droits de l'homme comme la fondation ultime et universelle de la vie en société[18] ». Malgré l'absence de valeur légale de ce texte, l'idéologue traditionaliste Alexandre Douguine, qui a participé à sa rédaction, le qualifie de « puissante institution philosophique destinée à influencer le modèle légal de l'État russe[19] ».

Ces éléments entrent en conflit avec l'article 17 de la Constitution de 1993[20] selon laquelle « sont reconnus et garantis les droits et libertés de l'homme et du citoyen conformément aux principes et normes universellement reconnus du droit international ». L'association Memorial n'en a pas moins été accusée par le ministre de la Justice de « porter atteinte aux fondements de l'ordre constitutionnel de la Fédération de Russie » car elle appellerait à un « changement de régime politique »[21].

La réforme constitutionnelle du 1er juillet 2020 relativise davantage encore l'importance du droit international. L'amendement du Kremlin introduit à l'article 79 stipule en effet que « les décisions des organes interétatiques adoptées sur la base des dispositions de traités internationaux [...], lorsqu'elles sont interprétées d'une manière contraire à la Constitution de la Fédération de Russie, ne seront pas soumises à exécution en Fédération de Russie[22] ». Cette disposition fait suite à la loi, adoptée dès 2015, qui permettait déjà à la Cour constitutionnelle de Russie de s'affranchir des décisions de la Cour européenne des droits de l'homme (CEDH), l'organe judiciaire du Conseil de l'Europe destiné à assurer le respect des engagements souscrits par les États signataires de la Convention européenne des droits de l'homme, pourtant ratifiée par la Russie en 1998[23].

Si cette loi de 2015 n'a pas empêché les plaintes déposées auprès de la CEDH contre l'État russe de proliférer (avec plus du quart de quelque 60 000 plaintes, devant la Turquie)[24], elle n'en a pas moins trouvé une traduction concrète en 2017, lorsque la Russie a refusé d'appliquer un arrêt de la Cour européenne jugeant contraire à l'esprit de la Convention la privation générale du droit de vote imposée de manière automatique à tous les detenus. Il sera quasiment impossible de revenir en arrière, relevait en juin 2020 la Commission de Venise, l'organe consultatif d'expertise en droit du Conseil de l'Europe.

Privée de son droit de vote au Conseil de l'Europe après l'annexion de la Crimée en 2014, la Russie obtient de Paris et Berlin son rétablissement cinq ans plus tard malgré l'absence de geste significatif de Moscou. Konstantin Kosachev, chef de la délégation russe à l'Assemblée parlementaire, se félicite alors que le Conseil de l'Europe « a reconnu ses erreurs[25] » en réintégrant la Russie.

Le droit international est un instrument de défense des intérêts, mais aussi un cadre pour faire valoir sa vision du monde. Défendant de manière rhétorique l'idée d'équilibre international et le principe de souveraineté des États, la Russie est loin de respecter ses propres préceptes. Sous couvert d'une position internationale légaliste en apparence, elle joue alternativement sur les principes de droit des peuples à disposer d'eux-mêmes et de souveraineté des États pour faire avancer ses propres intérêts. Et elle propage par-dessus tout une dérégulation internationale qui favorise l'autocratie. Dans l'esprit de Vladimir Poutine, une grande puissance, selon le concept russe de *velikaïa derjava*, est un État fort qui peut s'affranchir du droit international sans encourir de conséquences. Moscou tente d'accroître sa domination sur des pays affidés, parfois par la force, et s'autorise toutes les ingérences politiques, mais en paye le prix fort. Toute puissance nucléaire qu'elle est, la Russie n'a en effet pas évité des trains de sanctions dans tous les domaines : restriction d'achat d'armement russe, renvoi de diplomates, gel des avoirs et privation de visas de personnalités politiques, sanctions sectorielles, notamment dans les domaines financier et énergétique, interdiction pour cause de dopage d'État de participation olympique, etc. S'il peut paralyser la régulation onusienne par des pressions et sa politique de veto, le Kremlin ne peut éviter des répercussions importantes destinées à contenir son aventurisme.

5

Une guerre totale en temps de paix

Ancien haut responsable du KGB, l'ancien Premier ministre Evgueni Primakov disait, à propos de la nécessité d'un « nouvel ordre mondial » : « Ceux qui veulent rapprocher la Russie et l'Occident pensent que la seule alternative est le retour progressif de la confrontation[1]. » Vladimir Poutine semble lui donner raison et tort à la fois en menant vis-à-vis de l'Ouest un combat intrusif et déstabilisateur, donc hostile, mais sans affrontement armé.

Le rapport de force militaire entre la Fédération de Russie et l'Otan est en effet asymétrique. Dans tous les domaines, les capacités de l'Alliance atlantique sont supérieures à celles de la Russie, sauf en termes d'arsenal nucléaire, dont la stratégie répond toutefois aujourd'hui plus à la dissuasion qu'à la confrontation. Le Kremlin est parfaitement conscient de cet état de fait et développe une stratégie de contournement avec d'autres outils capables de réduire l'écart de puissance.

Vladimir Poutine réserve la force militaire à certains conflits des nouveaux confins, à l'intersection entre « voisinage européen » et « étranger proche », comme en Géorgie, en Ukraine, ou un peu plus loin en Syrie. Ailleurs, l'engagement est limité pour ne pas dilapider les capacités militaires et limiter l'impact sur la scène politique intérieure. Vladimir Poutine n'ignore pas l'influence qu'a eue le Comité des mères de soldats de Russie créé pendant la guerre d'Afghanistan, ni surtout l'image de ces mères allant chercher elles-mêmes leurs fils sur le terrain pendant la première guerre russo-tchétchène. Désormais, le silence est imposé aux familles des soldats. Le chef du Kremlin ordonne de plus par décret de taire toute information relative aux pertes de l'armée « lors d'opérations spéciales en temps de paix[2] ». Enfin, l'armée limite l'engagement des conscrits, remplacés de plus en plus par des contractuels, quand les intérêts de Moscou ne se sont pas assurés, officieusement du moins, par des mercenaires.

La préférence accordée aux outils non militaires contre l'Occident ne signifie pas pour autant que le conflit ouvert entre la Russie et les « partenaires occidentaux » soit moins intense ou même moins dangereux. Timothy Snyder, professeur à l'université de Yale, explique en effet que « la guerre de la Russie contre l'Ukraine a été nommée "guerre hybride". Le problème avec cette expression [...] est que cela sonne comme une "guerre moins" quand cela signifie en réalité une "guerre plus"[3] ».

La guerre contemporaine n'induit pas une baisse de la conflictualité, c'est même le contraire. L'évolution des équilibres internationaux, qui a mis en danger la mainmise russe sur des pays autrefois alignés, génère aussi de nouvelles opportunités d'influence pour renforcer sa présence.

Dès son arrivée au pouvoir à l'hiver 1999-2000, Vladimir Poutine voit en effet surgir à sa porte une première révolution de couleur. La chute de Slobodan Milosevic en 2000, sous l'influence du mouvement Otpor ! (Résistance !) en

Serbie, soutenu par des organisations américaines pro-démocratie, inaugure un cycle : la révolution des roses en Géorgie (2003), la révolution orange en Ukraine (2004), ou la révolution des tulipes au Kirghizistan (2005). Ces mouvements démocratiques populaires, spontanés et non violents, s'opposent aux mauvaises pratiques de gouvernance : corruption, clientélisme, oligarchie, concentration des richesses, absence d'État de droit, violation des libertés fondamentales, ou encore maintien autogénéré et indéfini du pouvoir en place. Or, pour Moscou, ils remettent non seulement en cause des pouvoirs amis dans quatre pays alignés, mais surtout ces griefs pourraient s'appliquer à la Russie.

Aux yeux de Vladimir Poutine, ces révolutions de couleur, comme plus tard les révolutions arabes, ne découlent pas de mouvements populaires légitimes exprimant un ras-le-bol face à des gouvernants corrompus, mais relèvent plutôt de complots occidentaux contre la Russie. Certes, ces mouvements servent les intérêts des démocraties. Certes, aussi, des structures associatives locales trouvent en Occident des liens coopératifs, voire des financements, mais il n'y a rien de secret à cela. Pour Moscou, ils sont d'autant plus dangereux qu'ils peuvent s'interconnecter, pour diffuser les méthodes d'activisme pro-démocratie, comme avec la création par des anciens d'Otpor ! du Centre pour les actions et stratégies non-violentes appliquées (Canvas).

Comme le soulignent les chercheurs et militaires russes Sergueï Tchekinov et Sergueï Bogdanov, « les "règles de la guerre" elles-mêmes ont significativement changé. Les options non militaires sont amenées à jouer un plus grand rôle dans la réalisation des objectifs politiques et stratégiques[4] ». Dans ce cadre, le Kremlin n'est pas sans atouts, car si la force était largement utilisée par l'Union soviétique, elle maîtrisait aussi parfaitement les outils non militaires.

Réinventer la guerre

Bien avant même les débuts de la guerre froide, la *maskirovka* (« déguisement », « camouflage ») faisait partie de la stratégie militaire russe pour contourner la force de l'adversaire, créer la surprise, le déstabiliser et finalement, le vaincre. Dès 1904, une École supérieure de la *maskirovka* voit d'ailleurs le jour. Avec la révolution d'octobre 1917, la théorie insurrectionnelle marxiste-léniniste modifie de plus les codes politiques. Les outils stratégiques non militaires, comme la propagande, deviennent la marque du nouveau régime, ce qui mènera aux accords de non-ingérence avec la France et le Royaume-Uni en 1924[5]. Sur le plan militaire, les commissaires politiques encadrent déjà l'armée pour être certains qu'elle réponde à l'idéologie, aux objectifs et aux impératifs d'efficacité du Kremlin. À partir des années 1960, une école de théorie se concentre sur l'étude du concept de « contrôle réflexif[6] », un processus appuyé sur des mythes[7] consistant à « prédéterminer la décision d'un adversaire en [sa] faveur, en altérant des facteurs clés dans la perception du monde de l'adversaire[8] ».

Après la Seconde Guerre mondiale, l'URSS comme les États-Unis essayent de déstabiliser leur ennemi en mettant sur pied des outils comme la guerre psychologique, la rivalité informationnelle, la compétition scientifique, la course à la supériorité économique ou les jeux d'influence politique. Les *mesures actives* des tchékistes se forgent et s'affinent en s'adaptant aux spécificités de leurs cibles. Cette évolution très idéologisée est qualifiée dès 1948 de « guerre politique », en « application logique de la doctrine de Clausewitz en temps de paix »[9], du nom du grand stratège prussien pour qui la guerre n'était autre que le prolongement de la politique par d'autres moyens.

Dans ce contexte international, souvent mus par des dynamiques locales, se développent la guérilla et le terrorisme, déplaçant la conflictualité vers les sociétés. Cette évolution vers une guerre dite de « quatrième génération[10] » dépend moins, selon les théoriciens William S. Lind et Gregory A. Thiele, de caractéristiques militaires que d'une « crise de légitimité de l'État. Partout dans le monde, les citoyens des États transfèrent leur prime allégeance de l'État à d'autres entités : à des tribus, des groupes ethniques, des religions, des gangs, des idéologies, et des “causes”. De nombreuses personnes qui ne se battront plus pour leur État veulent se battre en faveur de leur nouvelle première fidélité[11] ».

Les années 1990 ont réduit pour un temps les capacités d'adaptation de Moscou. Les penseurs de la stratégie russe saisissent néanmoins rapidement le retard sur les évolutions doctrinales occidentales, et incitent le pouvoir politique à réagir devant le risque de déclassement. Contrairement à une idée assez répandue, Vladimir Poutine n'est pas l'inventeur de ce que l'on appelle la « guerre hybride », qui « emploie simultanément et en s'adaptant un mélange intégré d'armes conventionnelles, de tactiques irrégulières, de terrorisme catastrophique et de comportement criminel sur le champ de bataille, afin d'atteindre les objectifs politiques désirés[12] ». Selon le spécialiste Keir Giles, les Russes ont calqué au milieu des années 2010 le terme traduit en russe par *gibridnaya voïna* sur les Occidentaux, ce qui leur permettait de dire que l'Occident la mettait en pratique depuis une vingtaine d'années. En Russie, on parlait de guerre de nouvelle génération, alors qu'au fond « ils pratiquaient juste la guerre comme ils l'ont toujours faite[13] ».

Le chercheur Vladimir Lepsky, un des fers de lance du *contrôle réflexif* dirige le Centre de recherche interdisciplinaire des processus et contrôle réflexifs (CIRRPC) de l'Institut de philosophie de l'Académie des sciences russe[14], sur lequel le Kremlin a récemment renforcé son contrôle[15]. Ce concept réunit les domaines du design social, du management de la société, des politiques publiques, de la communication de masse, de la guerre informationnelle ou encore de la prévision des conflits[16]. Le but de la théorie dite « cybernétique de troisième ordre », consiste à produire des lignes directrices face à des systèmes sociaux plus ou moins autonomes et interactifs[17]. Ce domaine illustre l'excellence de la recherche russe en sciences sociales, mais peut également révéler des angles politiques (moralistes, traditionalistes, antimondialistes)[18], et constitue surtout une clé de compréhension du fonctionnement des sociétés. L'état-major russe a ainsi parfaitement perçu l'intérêt stratégique du contrôle réflexif dans la guerre de l'information et les opérations d'influence, bien avant donc le développement du concept de guerre hybride par les Occidentaux[19].

Ce concept apparaît en réalité, en 2007, lorsque Frank G. Hoffman[20], lieutenant-colonel des Marines américains, qui se définit lui-même comme un « guerrier de la guerre froide », tente de repenser les conflits qui évoluent désormais vers ce qu'il appelle « le milieu désordonné » avec, d'un côté, des groupes armés qui montent en gamme et de l'autre, des États qui développent des outils non militaires. Si ces derniers sont maîtrisés par Moscou, « le potentiel pour des forces proxy et des SMP [sociétés militaires privées] de Russie et de Chine, dans le futur, comme moyen de minimiser l'escalade dans la compétition entre grandes puissances, renforce la conclusion du milieu désordonné[21] ». Ofer Fridman, du King's College de Londres, considère que « l'objectif principal de la *gibridnaya voïna* est d'éviter le champ de bataille traditionnel avec l'objectif de détruire l'adversaire au travers d'un mélange de méthodes [...] menant en fin de compte à la désintégration socioculturelle et, finalement, à l'effondrement social[22] ».

Pourtant, il ne faut pas sous-estimer l'importance de l'outil militaire dans le *mix stratégique* du Kremlin. Moscou rechigne d'autant moins à la confrontation directe et violente selon le théâtre d'opérations qu'elle reste profondément ancrée dans la culture militaire russe. L'armée a su s'adapter néanmoins aux besoins du politique.

Organiser le chaos

Dans les années 2010, l'évolution vers un abaissement du seuil conflictuel se poursuit par l'instrumentalisation de tout type de troubles capable d'ébranler le pouvoir politique. Certains veulent même voir dans cette évolution l'émergence d'une cinquième génération de guerre[23] caractérisée par des spirales de violence irrationnelle de groupes civils autonomes motivés par des antagonismes plus ou moins factices, dans des contextes de grande volatilité. Une « chaotisation » du monde.

Cela rejoint la théorie de la *myatej voïna*, « guerre de mutinerie », « de rébellion », théorisée par Evgueni Messner, russe blanc d'Allemagne au XXe siècle. Selon ce dernier, le déterminant psychologique des peuples permet de jouer sur les caractéristiques « religieuses, raciales, socio-organisationnelles, socio-éthiques, ethnographiques, tribales, idéologiques, illogiques, sans principes[24] ». « La tâche de la guerre psychologique est de semer la panique dans l'âme de l'ennemi et de préserver le moral de votre armée et de votre peuple[25] », explique-t-il. Messner n'est pas le stratège du Kremlin. Mais il est plus que probable que les penseurs russes actuels ont lu ses travaux. Le journal *Nezavissimaïa Gazeta* le décrivait, dès 1999, comme l'un des plus grands penseurs militaires russes[26].

La perpétuelle critique de Vladimir Poutine de la démocratie nourrit les antagonismes politiques, sociaux ou identitaires. De plus, la propagation du chaos conforte le discours de celui qui se positionne comme le défenseur de l'ordre. Il n'y a plus de frontière entre la guerre et la paix. Tout devient « ambigu[27] ». Comme l'expose le général américain Peter B. Zwack, en poste à Moscou entre 2012 et 2014, cela s'inscrit dans la notion de zones grises, au travers desquelles la Russie, qui se voit vulnérable, espère inverser la tendance et profiter de l'asymétrie[28].

Pour pouvoir tirer les subsides du désordre, il faut pouvoir le contrôler. Alexandre Bartoch, membre associé de l'Académie des sciences militaires et expert du Centre d'analyse militaro-diplomatique, travaille sur la théorie du chaos contrôlé qui prend pour cible principale les élites du pouvoir afin de provoquer une « spirale de confrontation[29] ». Il rejoint l'approche du professeur Igor Panarine, doyen de l'Académie diplomatique du ministère russe des Affaires étrangères dont les recherches concernent notamment le « contrôle social », la « manipulation de l'information », le « lobbying », et le « chantage »[30]. Les deux chercheurs analysent ce qu'ils considèrent en fait comme une stratégie déstabilisatrice de l'Occident vis-à-vis de la Russie. C'est précisément là que l'action se justifie comme une riposte : « La menace du chaos contrôlé en Russie et dans les pays voisins peut être neutralisée par une combinaison de mesures bien pensées pour la transformation interne du pays, et la mise en place d'une stratégie russe pour créer une Union eurasienne qui unit les peuples et les États proches par la culture et la civilisation de la Russie[31]. »

Risques d'escalade

Une « vraie » guerre est-elle alors possible ? Moscou n'a jamais abandonné la possibilité d'un conflit conventionnel majeur, ni réduit outre mesure ses forces armées. L'ancien vice-ministre de la Défense, Andreï Kokochine, a ainsi conçu une échelle de la conflictualité contemporaine qui va de la crise politique à l'utilisation des armes nucléaires, en passant par la guerre hybride et la guerre conventionnelle à plus ou moins grande échelle[32].

Au-delà de la guerre hybride planent donc des menaces lourdes. Selon le général français Guy Nuyttens, également en poste à Moscou entre 2012 et 2016, la plupart des armées occidentales ont supprimé les grandes divisions pour se concentrer sur de plus petites brigades plus flexibles. Sous l'ancien ministre de la Défense Anatoli Serdioukov, la même tendance avait été observée en Russie, mais son successeur, Sergueï Choïgou, a commencé à les recréer, notamment à la frontière biélorusse. « C'est à la fois de la communication et un retour à la "haute intensité"[33]. »

De son côté, Keir Giles envisage la forme que pourrait prendre une confrontation militaire : « La base de défense antimissiles de Redzikowo, en Pologne [où se trouvent les systèmes américains], à propos de laquelle la Russie est si contrariée, n'est qu'à cinq minutes par hélicoptère de la côte baltique… Un petit raid là-bas, puis la Russie déclare que les hostilités sont terminées dès qu'elle les a détruits. Est-ce que l'Otan lèverait le petit doigt ? Absolument pas. Alors, oui, il y a beaucoup d'opportunités partout[34]. » Île suédoise de Gotland en mer Baltique, archipel norvégien du Svalbard dans l'océan Arctique, Republika Srpska en Bosnie-Herzégovine, Biélorussie entière, corridor polonais de Suwałki jusqu'à l'enclave de Kaliningrad : les cibles potentielles d'une intervention militaire limitée de la Russie en Europe ne manquent pas.

Beaucoup d'actions de la *gibridnaya voïna* poursuivent d'ailleurs non seulement un objectif propre mais constituent par extension des tests dans le cas d'un conflit militaire direct : coupure de câbles sous-marins, pénétration des espaces souverains pour contrôler le temps et les modalités de réaction des armées adverses, jeu avec les règles du droit *à* la guerre, transgression du droit *dans* la guerre, cyberattaques, démoralisation des populations, ou espionnage[35]. C'est cette politique d'intimidation que suit le Kremlin, flirtant avec les espaces aériens ou maritimes des pays européens : les chasseurs des pays de l'Otan ont ainsi intercepté des aéronefs militaires russes à près de trois cents reprises rien qu'en 2019[36]. En février 2020, des agents du GRU ont été repérés par le renseignement irlandais en train de cartographier les câbles sous-marins de fibre optique reliant les États-Unis à l'Europe, liens de communication stratégiques, surtout en cas de conflit armé[37].

Aujourd'hui, c'est donc le militaire qui se soumet au politique pour lui offrir des outils adaptés à ses nouveaux besoins. En 2013, un article du chef d'état-major russe publié dans la revue militaire *Voenno-Promychlennyi Kourier* avait eu un écho retentissant. L'exposé du général Valeri Guerassimov reconnaissait le rôle proéminent des outils non militaires, au point même d'apparaître comme une « doctrine Guerassimov », selon l'expression accrocheuse employée par Mark Galeotti sur son blog et reprise dans le monde entier. Or, il n'y avait en réalité rien de novateur par rapport aux concepts de guerre hybride déjà établis à l'époque, ce qui a finalement poussé le chercheur britannique à publier un honnête *mea culpa* titré, en anglais, « Je suis désolé d'avoir créé la "doctrine Guerassimov"[38] ». Le chef d'état-major russe exposait en revanche dans ce texte un élément fondamental : la soumission totale des forces armées au Kremlin, et leur adéquation dans la mise en œuvre de sa stratégie.

La *gibridnaya voïna* mise en œuvre par Moscou nourrit les crises et provoque des frictions, jusqu'à accroître le risque d'accrochages militaires inopinés, ainsi que la possibilité d'escalades volontaires ou non, maîtrisées ou non. Le Kremlin joue avec en permanence sur les tensions de tous ordres, repoussant les limites de l'acceptable, conscient, comme le dit le colonel britannique Thomas X. Hammes, qu'« une volonté supérieure, lorsqu'elle est employée convenablement, peut mettre en défaite une plus grande puissance économique et militaire[39] ». L'ennemi a été ouvertement identifié : l'Occident. Les États-Unis d'abord, l'Europe ensuite. Ce combat historique s'apparente à une nouvelle « guerre totale », mobilisant l'ensemble de l'appareil d'État, le domaine privé, la population civile, et les alliés étrangers pour mener à bien les objectifs stratégiques décidés par le Kremlin. La Russie est en guerre, et cette dernière se décline dans tous les domaines.

6

Le retour en force de l'armée

Lorsque Vladimir Poutine raconte l'exfiltration par les forces spéciales russes, le 28 février 2014, de l'ex-président ukrainien Viktor Ianoukovitch, réfugié encore aujourd'hui en Russie, il ne peut dissimuler son mépris : « Il a dit : "Je ne pouvais pas signer le décret autorisant l'usage des armes, ma main n'a pas pu se lever." J'ignore s'il peut être blâmé pour cela. Est-ce bien ou mal, les conséquences de l'inaction sont graves, c'est évident[1]. » Le chef du Kremlin n'aurait certainement pas hésité, lui, à employer la force pour faire taire les manifestations de Maïdan, la place de l'Indépendance à Kiev, qui ont abouti à la fuite du dirigeant ukrainien. La violence est constitutive de la présidence de Vladimir Poutine.

Il le prouve dès son arrivée au pouvoir avec la deuxième guerre russo-tchétchène (1999-2000, et s'étendant au-delà). Déjà considérablement meurtri par la première guerre menée par son prédécesseur, Boris Eltsine, ce petit territoire du Caucase à majorité musulmane, qui réclame son indépendance, va vivre un enfer. Pour la première fois, en octobre 1999, alors que Vladimir Poutine n'est encore officiellement « que » le chef du gouvernement russe, des missiles s'abattent sur Grozny, la capitale tchétchène. Les bombardements intensifs lancés par la Russie n'épargnent ni les marchés, ni les écoles, ni les hôpitaux, ni les quartiers résidentiels. Pour atteindre les combattants rebelles, les civils deviennent des cibles, en dépit de « corridors » censés leur permettre d'évacuer les zones de tir. Cette deuxième guerre, au bilan plus meurtrier encore que la première (au terme des deux conflits, on estime entre 150 000 et 200 000 le nombre de morts tchétchènes sur une population totale qui ne dépassait pas, alors, un million), a changé de registre. Elle est considérée comme une opération antiterroriste, et non plus comme un rétablissement de l'ordre constitutionnel sous Boris Eltsine. Il n'est plus question de s'opposer à des indépendantistes ou à des rebelles, mais à des « terroristes ».

Devant les caméras, Vladimir Poutine le formalise le 24 septembre 1999 dans ce qui deviendra l'une de ses plus célèbres reparties. Il promet de poursuivre « les terroristes partout, dans les aéroports s'ils sont dans les aéroports, et, excusez-moi, s'il le faut, on les attrapera dans les toilettes, on les butera jusque dans les chiottes, la question est close[2] ». Une série d'attentats meurtriers, attribués à des militants tchétchènes, mais sur laquelle plane un doute sur l'implication du FSB, a favorisé la reprise des hostilités en Tchétchénie. Ce contexte et le discours martial dont Vladimir Poutine fait alors preuve faciliteront son accession à la présidence, après la démission surprise de Boris Eltsine, en décembre 1999.

De Grozny à Alep

La destruction quasi totale de Grozny en rappelle une autre : Alep. La superposition des images entre la capitale tchétchène et la grande métropole du nord de la Syrie défigurée en 2016 est saisissante. Mêmes images d'immeubles en ruine, de quartiers rasés et de personnes hagardes surgissant des décombres, mêmes hôpitaux, écoles, marchés dévastés. Même terreur chez les civils. Même tactique employée : forcer les Alépins des quartiers Est à fuir à travers des corridors afin de prendre le contrôle total sur la ville. Même discours chez Vladimir Poutine. Comme hier, le chef du Kremlin affirme lutter contre des « terroristes » et ce but autorise tous les moyens. « Je me souviens, comme président, d'une dernière réunion avec lui où Alep était en cause, rapporte François Hollande. Ce devait être en 2017. Il me disait : "Vous nous reprochez de bombarder Alep mais en fait à Alep, il n'y a que des terroristes, et des civils bien sûr." Mais les civils, ça ne compte pas pour Poutine. Je ne dis pas qu'il n'a pas d'état d'âme, mais dès lors qu'il faut libérer un territoire et éradiquer les groupes qui l'occupent, la stratégie militaire de Poutine et des Russes est assez simple : on bombarde, on bombarde, on bombarde[3]. »

L'armée russe qui intervient en Syrie au milieu des années 2010 n'est pourtant plus la même que celle qui, à la fin des années 1990, écrasait les insurgés tchétchènes. En près de vingt ans, la modernisation opérée dans ses rangs est considérable. La déliquescence, dans laquelle s'étaient trouvées plongées ses forces depuis la fin de l'URSS, marquées encore par le naufrage le 12 août 2000 du sous-marin nucléaire *Koursk* dans la mer de Barents, avec 118 hommes à bord, n'a plus cours. Le tournant s'amorce en mars 2001 : profitant du conflit qui oppose le ministre de la Défense, le maréchal Igor Sergueïev, et le chef d'état-major Anatoli Kvachnine, Vladimir Poutine limoge le ministre et le remplace par Sergueï Ivanov, un proche, un ancien, comme lui, du KGB, et son adjoint à la direction du FSB en 1998. C'est le premier acte, fondamental, d'une reprise en main de l'armée, et le début d'un changement de paradigme.

Sa force de dissuasion nucléaire ne lui étant d'aucun secours dans les conflits modernes, l'armée russe doit se réorganiser pour rattraper son retard dans le secteur des armes de pointe, des robots, du cyber, et des relations publiques. La guerre éclair d'août 2008 avec la Géorgie n'est qu'une ébauche de ce changement. Certes, l'ancienne république soviétique caucasienne se voit amputée en un temps record – à peine une semaine – de 20 % de son territoire après la séparation de l'Ossétie du Sud et de l'Abkhazie, reconnues « indépendantes » dès le 26 août 2008 par la Russie. Mais l'état de l'armée russe laisse encore à désirer.

Lancée par Anatoli Serdioukov, un civil issu du « clan de Saint-Pétersbourg », nommé en remplacement de Sergueï Ivanov, la réforme de l'armée s'accélère. Le service militaire est ramené à un an au lieu de deux. Toute la chaîne de commandement est revue et des milliers d'officiers prennent le chemin de la retraite ou sont mis à pied. Les grandes divisions traditionnelles sont transformées en brigades au sein du territoire découpé en cinq grandes régions militaires, Nord, Sud, Centre, Est et Ouest. L'équipement est modernisé et les achats de matériel se multiplient – dont la commande de deux navires porte-hélicoptères à la France, les fameux Mistral. En contrepartie du relèvement des retraites et des salaires, des économies doivent être réalisées par la vente d'actifs jugés superflus et d'une partie d'un patrimoine foncier gigantesque que possède l'armée. En 2011, pour la première fois depuis deux décennies, le budget militaire de la Russie dépasse celui de la France et du Royaume-Uni.

La véritable transformation de l'armée russe s'opère cependant en 2012 avec l'arrivée à la tête du ministère de la Défense de Sergueï Choïgou, un autre civil, précédemment ministre des Situations d'urgence. Originaire de Touva, une région située à l'extrémité méridionale de la Sibérie, où le bouddhisme tibétain et le chamanisme dominent, cet ancien patron d'usine est d'abord un politique. C'est lui qui dirige Edinstvo (« Unité », en russe), le parti créé de toutes pièces pour porter au pouvoir Vladimir Poutine en 1999, avec Boris Berezovski, l'oligarque déchu contraint par la suite à l'exil en Grande-Bretagne. Sergueï Choïgou est aussi le *spin doctor*, en matière de communication du président, celui qui organise les photos « viriles » bien connues du chef du Kremlin, chevauchant torse nu sa monture, ou nageant dans les eaux glacées de la rivière Khenchik dans sa région de Touva[4].

Sergueï Choïgou est surtout celui qui introduit la religion orthodoxe dans l'armée. Premier ministre de la Défense à faire le signe de croix lorsqu'il pénètre sur la place Rouge les jours de grande parade militaire, il inaugure dans le parc Patriot dédié aux forces armées, le 22 juillet 2020, en présence de Vladimir Poutine et du patriarche de Moscou, la cathédrale des forces armées[5]. Les plaques en métal sur les façades de cet immense édifice, consacré au « 75e anniversaire de la victoire dans la Grande Guerre patriotique, ainsi qu'aux hauts faits militaires du peuple russe dans toutes les guerres », lui donnent sans conteste un aspect militaire. L'architecture n'a pas non plus lésiné sur les symboles : le diamètre du principal dôme est précisément de 19,45 mètres (comme 1945, année de la victoire). À l'intérieur, les fresques et les vitraux mêlent la religion et la guerre, les saints et les commandants des forces armées. Le portrait de Vladimir Poutine a été retiré *in extremis* de l'une des mosaïques devant la polémique. Le visage de Staline y figure cependant, en dépit des terribles persécutions qu'il a fait subir à l'Église. En insistant sur la continuité historique de l'URSS, Vladimir Poutine installe « un état d'esprit pré-guerre en permanence, confie le général Guy Nuyttens, attaché militaire français en Russie de 2012 à 2016. Tous les jours, on répète aux Russes que l'ennemi est à leur porte, voire qu'il est déjà à l'intérieur avec la cinquième colonne. C'est un ennemi dépersonnalisé qui permet de substituer les fascistes ukrainiens aux Américains comme bon lui semble[6] ».

Avec son fidèle second, le chef d'état-major Valeri Guerassimov – qui a commandé la 58e armée russe dans le district militaire du Caucase du Nord lors de la deuxième guerre de Tchétchénie, également nommé en 2012 –, Sergueï Choïgou remplit sa mission. Pour la première fois, sans doute, une attention particulière est portée aux ressources humaines, au déroulement des carrières et au moral des soldats dont le nombre se stabilise autour d'un million d'hommes. Les casernes sont refaites, le bizutage diminue, l'équipement de chacun est modernisé, la proportion des contractuels (les *kontraktniki*) augmente. « Les militaires et les officiers soignés, ordonnés, disciplinés et, notons-le aussi, absolument sobres, diffèrent complètement de ceux de 2008 », relève Alexandre Golts, l'un des experts militaires russes les plus critiques[7]. Point d'orgue de cette politique, l'annexion sans faille de la Crimée est mise en scène avec des « petits hommes verts », les forces spéciales, disciplinées et bien encadrées.

Pour la première fois, aussi, une nouvelle catégorie fait son apparition dans les rangs des forces terrestres : la police militaire. Inexistantes jusqu'ici en Russie, ces unités spécifiques apparaissent avec l'intervention en Syrie, reconnaissables à leurs bérets rouges flambant neufs et à leurs brassards « MP » pour Military Police. Recrutés dans les rangs des « Spetsnaz » d'Ingouchie et de Tchétchénie, deux régions à majorité musulmane de Russie, ces militaires assurent des missions de patrouille et de renseignement, négocient avec les rebelles syriens, et participent à la distribution d'une aide alimentaire filmée avec soin[8].

Jeux de guerre

En parallèle, les écoles militaires sont réinvesties, la formation est privilégiée. « Le plus étonnant, raconte Guy Nuyttens, concerne la recréation d'un département militaro-politique à l'état-major, pour l'instruction et la formation de militaires afin de s'assurer de leur étanchéité au discours occidental "antirusse". Elle procède de la transformation d'une direction d'instruction qui, autrefois, portait le nom de "travail sur le personnel", mais sans dimension politique. Là, elle a été créée sous la forme d'une direction principale pour la formation, chez le militaire, d'une personnalité idéologique convaincue "contre les campagnes de mensonge qui déferlent sur la Russie". Tout se tient car l'aspect religieux y est rappelé. La nouvelle cathédrale est le point d'orgue. C'est énorme[9]. » Aboli en 1991, ce département militaro-politique, autrefois chargé de veiller sur l'adhésion des troupes au soviétisme, fait donc son grand retour par un décret signé le 30 juillet 2018 par Vladimir Poutine. Sa direction est confiée au général Andreï Kartapolov. Né dans l'ex-RDA, ce dernier, qui dirigea le début des opérations en Syrie, se voit promu à cette occasion vice-ministre de la Défense.

À des niveaux inférieurs, l'armée pénètre dans toutes les écoles, où les enfants sont invités à défiler le 9 mai avec un uniforme dès le plus jeune âge. Les classes de cadets ont fait leur apparition partout sur le territoire. Dès onze ans, filles et garçons y sont entraînés au maniement des armes[10] et les stages militaires deviennent obligatoires pour les garçons en classe de terminale. Les « académies » militaires pullulent et d'anciennes structures renaissent, comme Dosaaf, la Société volontaire d'assistance à l'armée, l'aviation et la flotte, pour préparer les jeunes au service militaire. Créée en 1927, abandonnée en 1991, elle est de retour en 2009. Mais le plus grand mouvement militaire naît avec Younarmia, l'armée des jeunes, fondée en association avec Dosaaf, l'Association des anciens combattants, ou bien encore le Club de football de l'armée, le CSKA. Accessible de « huit à dix-huit ans », cette armée possède son propre uniforme, un béret rouge, un QG, et un stand au parc Patriot. En l'inaugurant en 2016, Sergueï Choïgou promet aux jeunes recrues qu'ils pourront s'entraîner à tirer « avec tout ce qui est possible, sauf les missiles[11] ». Quatre ans plus tard, Younarmia, où l'on apprend le maniement des armes mais aussi celui d'une caméra, revendique plus de 700 000 adhérents. Toutes les formations ici citées fournissent des points supplémentaires à l'entrée dans les universités.

L'instruction idéologique est complétée, sur le terrain, par de multiples opérations. Les exercices militaires, tout d'abord, dont le nombre s'est accru de près de 30 % entre

2012 et 2017[12], du Caucase aux rives de la mer Baltique, de Kaliningrad, à l'extrême est du pays, et jusqu'en Arctique, gagnent en ampleur. En 2017, affirme l'Otan, la Russie a mené ces exercices « au cours des dix dernières années de façon déstabilisatrice [...] en [les] utilisant à des fins d'intimidation ou pour dissimuler des agressions imminentes. Ces impressions se trouvent renforcées par le contexte d'érosion de la stabilité et de la sécurité que la Russie a créé en suspendant sa participation au Traité sur les forces armées conventionnelles en Europe en 2007, puis en agressant la Géorgie en 2008 et l'Ukraine en 2014[13] ».

Coup sur coup, deux de ces exercices, organisés comme des démonstrations de force, vont en effet marquer les esprits. Le premier, baptisé « Zapad » (Ouest), qui se tient du 14 au 20 septembre 2017, doit simuler une lutte contre des « groupes extrémistes » ayant infiltré la Biélorussie et l'enclave russe de Kaliningrad à partir de trois pays imaginaires, mais aisément identifiables comme étant la Lituanie, la Lettonie et la Pologne. Officiellement, cette opération engage sur dix terrains différents, selon Moscou, 12 700 soldats (soit juste en dessous du seuil de 13 000 soldats au-delà duquel l'OSCE impose d'inviter des observateurs étrangers), 70 aéronefs, 680 pièces d'équipement militaire, dont 250 chars, et 200 systèmes de roquette et d'artillerie. L'Otan évalue pour sa part entre 60 000 et 70 000 le nombre réel d'hommes engagés[14].

En septembre 2018, le deuxième exercice, Vostok 2018 (Est 2018), se veut encore plus gigantesque. Cette fois, il mobilise en Sibérie orientale, selon les chiffres avancés par Moscou, 297 000 hommes, 36 000 chars, blindés et véhicules, un millier d'avions et d'hélicoptères et 80 navires, en association avec l'armée chinoise. D'une ampleur inégalée depuis l'exercice Zapad 81 réalisé du temps de l'URSS, ces manœuvres poursuivent un but bien précis : apporter la preuve d'une alliance de choc entre la Russie et la Chine. « Nous le faisons pour que nos "partenaires" [occidentaux] puissent voir ce dont nous sommes capables [...] sur n'importe quel théâtre de guerre. Et croyez-moi, ils vont recevoir le message[15] », proclame le général Kartapolov.

Mais c'est sans conteste la Syrie qui fournit le vrai théâtre pratique d'opérations. Le 22 août 2018, trois ans après le début de son intervention militaire, le ministère de la Défense précise, dans une vidéo disponible sur YouTube, que 63 012 militaires, dont 434 généraux et 25 738 officiers, ont participé aux combats sur le terrain syrien[16], à raison de courtes rotations. La même année, Sergueï Choïgou se félicite que « tous les commandants de régions militaires, d'armées combinées, d'armées de l'air et de défense antiaérienne, les commandants de division, ainsi que 96 % des commandants de brigades et de régiments [aie]nt une expérience du combat[17] ».

La logistique a suivi. Le transfert des hommes et du matériel, le ravitaillement permanent de la base russe de Hmeimim, protégée par un statut qui lui assure une immunité totale, tout comme les autres installations situées à Tartous, sur les bords de la Méditerranée, sont rondement organisés par air ou par mer, à travers le détroit du Bosphore. Une organisation, baptisée par les médias « Syrian Express », qui bluffe plus d'un observateur. Tout comme le déploiement de la gigantesque parade militaire Vostok 2018, aux confins du territoire russe, avait, déjà, impressionné les attachés militaires étrangers et les journalistes.

Les moyens sont décuplés. Les dépenses militaires russes en constante augmentation atteignent un pic en 2016, avec

79 milliards de dollars, soit 5,5 % du PIB, selon les données de l'Institut international de recherche sur la paix de Stockholm (Sipri)[18]. Depuis, ces dépenses se sont légèrement contractées à 65,1 milliards de dollars en 2019 (3,9 % du PIB). Mais, bien que très éloigné du budget que les États-Unis consacrent à l'armement (731,1 milliards en 2019), celui de la Russie a progressé de façon spectaculaire : + 175 % entre 2000 et 2019.

« Tout ceci a abouti à la restauration du prestige des forces armées qui s'étaient complètement effondrées, c'est valorisant aujourd'hui de faire carrière dans l'armée en Russie, estime Guy Nuyttens. Mais tout cela s'est fait aussi “à la russe” sous couvert d'une communication fanfaronne, bravache, agressive et qui cache parfois des défaillances. L'armée russe n'est jamais aussi forte, ni aussi faible qu'on ne le croit. » La marine russe en particulier, avec ses quatre flottes (Baltique, Pacifique, Nord et mer Noire), n'a pas récupéré son retard. « Leur armée est nettement meilleure qu'elle ne l'était en 2014, et deux fois meilleure depuis 2008, en Géorgie, appuie le général américain Peter B. Zwack. Elle n'est pas si grande numériquement, et ils ont une nation de onze fuseaux horaires, composée de républiques, dont ils doivent s'inquiéter[19]. »

Consciente que la bataille des images avait été gagnée haut la main par les rebelles tchétchènes au début des années 2000, l'armée russe investit aussi énormément dans le domaine des relations publiques. Sergueï Choïgou ne se contente pas de modeler l'image « pêche et nature » de Vladimir Poutine ; il modifie profondément celle de son ministère. En décembre 2014, un nouveau Centre de contrôle de la défense nationale émerge donc dans la capitale, quai Frounzenskaïa, sur les bords de la Moskova.

Un nouveau QG doté de moyens ultramodernes qui « surpasserait le Pentagone[20] ».

En Syrie, un Centre russe pour la réconciliation des parties en conflit, créé en février 2016, ne collecte pas seulement des renseignements utiles à l'adaptation de la stratégie russe. Il « informe », avec tous les guillemets nécessaires. Quotidiennement, les journalistes basés à Moscou reçoivent ainsi dans leur boîte e-mail le décompte, invérifiable, des violations du cessez-le-feu par les « terroristes » dans les zones de désescalade mises au point par Moscou et ses alliés, le nombre de rations alimentaires distribuées, de familles retournées chez elles. À plusieurs reprises, des journalistes russes et étrangers sont même embarqués depuis Moscou à bord d'avions militaires pour être transportés sur place, dans la base de Hmeimim ou à Damas, sous étroite surveillance. Cette communication atteint des sommets avec l'organisation, en mai 2015, du concert dans les ruines de Palmyre. Les images sont fournies par VGTRK, la radiotélévision russe.

Sur le plan matériel, la Syrie permet surtout de tester plus de deux cents armes nouvelles ou adaptées. Présenté pour la première fois au public sur la place Rouge, le 9 mai 2015, le char T-14 Armata, y a ainsi été expérimenté. Muni d'une capsule blindée à multiples couches, et d'une tourelle téléguidée sur laquelle est monté un canon de 125 mm, il est équipé de capteurs, de radars et de caméras à haute résolution et peut être armé de missiles antichars Sokol. Les nouveaux chasseurs russes, des SU-57 de cinquième génération, sont également déployés en opération. Pour la première fois aussi, le 7 octobre 2015, l'armée russe tire depuis la mer Caspienne une salve de Kalibr (SS-N-30), des missiles de croisière navals jusqu'alors connus au seul stade de prototype, équivalents à des Tomahawks américains. Depuis le large du Kazakhstan, la frégate *Daghestan* envoie ainsi 26 missiles à destination de cibles en Syrie, parcourant au passage 1 500 kilomètres au-dessus de l'Iran et de l'Irak. Pour les experts occidentaux, le message est clair.

Tous ces tests grandeur nature sur le terrain connaissent des bonheurs divers, en particulier pour la nouvelle génération des Soukhoï, mais l'armée russe en tire des enseignements précieux, et ils offrent une vitrine promotionnelle exceptionnelle pour son armement.

Sur cette lancée, Vladimir Poutine va lui-même se prêter à une incroyable scénographie en vantant les armes russes du futur. Le 1er mars 2018, devant le Conseil de la Fédération de Russie réuni à quelques jours de sa réélection au poste de président, il se livre pendant une demi-heure à une longue démonstration sur les nouvelles armes « invincibles » capables de déjouer tous les systèmes de défense au monde[21]. Dans un silence recueilli, six vidéos, mêlant images réelles et de synthèse, sont projetées sur un écran géant en appui de son discours. On y voit un missile filant au-dessus de l'Atlantique en direction des États-Unis, capable de contourner toutes les interceptions ; un système de défense hypersonique rapide « comme une météorite » ; un drone à propulsion nucléaire, une mystérieuse arme laser « dont il est trop tôt pour évoquer les détails »… La menace envers l'Occident n'est même pas voilée. « La Russie reste la première puissance nucléaire au monde, mais non, personne n'a voulu nous parler de manière constructive, personne n'a voulu nous écouter, écoutez-nous maintenant ! » lance le chef du Kremlin.

L'intervention de Vladimir Poutine du 1er mars n'est pas sans conséquences et précipite l'effondrement du système traditionnel de contrôle des armements. Huit mois plus tard, en octobre, Donald Trump annonce son intention de retirer les États-Unis du Traité sur les forces nucléaires à portée intermédiaire (FNI) signé en 1987 par Ronald Reagan et Mikhaïl Gorbatchev. Cette décision, explique Washington, est motivée par les violations de la Russie concernant le déploiement de missiles terrestres, mais aussi par le fait que les nouveaux systèmes russes rendraient le traité caduc. Dans la foulée, la prolongation en 2021 du nouveau traité Start sur la réduction des armes stratégiques, signé en 2010 à Prague pour une période de dix ans, n'est plus assurée.

L'espace, domaine d'excellence soviétique – et de coopération internationale –, a aussi sa part dans les manœuvres inamicales qui rythment désormais la relation dégradée qu'entretient la Russie avec l'Occident. En juillet 2020, les États-Unis dénoncent une escalade militaire en accusant la Russie d'avoir testé une arme antisatellite lancée depuis l'espace, une possibilité restée jusqu'ici théorique. Washington se fonde sur l'observation d'un sous-satellite, Cosmos 2543, qui a libéré un tout petit objet à la vitesse de deux cents mètres par seconde. Un projectile. L'équivalent d'une « balle » dans l'espace, affirme le Département d'État[22]. Moscou nie tout.

Soldats fantômes

Dans le puissant secteur militaro-industriel, le chef du Kremlin peut compter sur quelques soutiens de poids. Son ancien camarade du KGB, en poste en même temps que lui à la fin des années 1980 dans l'ex-RDA, Sergueï Tchemezov, dirige Rostec, un immense conglomérat présent dans le domaine des produits industriels de haute technologie destinés aux secteurs militaire et civil. Autre compagnon des années KGB en ex-RDA, Nikolaï Tokarev préside pour sa part le conseil d'administration de Transneft, puissant groupe spécialisé dans le transport de pétrole.

Mais l'influence des tchékistes, jusque dans les rangs de l'armée, se traduit surtout dans l'implication croissante des agents du GRU dans la guerre informationnelle, sans se départir, à l'évidence, de leurs autres missions telles que l'élimination des « traîtres ». En théorie subordonné à l'état-major des armées, le GRU bénéficie d'une réelle autonomie et multiplie les cyberattaques, et les manœuvres d'ingérence dans les élections américaines, mais aussi européennes. L'état-major russe ne décide pas de toutes les actions des agences, qui ont leurs propres dynamiques internes. « Certes, le GRU dépend de l'état-major, confirme le chercheur américain Michael Kofman, mais Guerassimov n'est pas chargé de leurs opérations. Guerassimov n'a pas donné l'ordre de tuer Skripal. C'est au leadership national de prendre cette décision. Et personne n'est allé le voir, non plus, pour lui demander comment "hacker" les élections américaines[23]. » Le développement de la dimension cyber dans la culture stratégique russe a depuis obligé les agences européennes et américaines à élever le niveau d'alerte et à contrecarrer ces opérations. « Le président Poutine n'est pas contraint par les règles avec lesquelles nous [l'Occident], nous opérons sur le champ de bataille du monde informationnel, en fait, il n'est contraint par rien[24] », constate Frank Gorenc, ex-commandant des forces aériennes de l'Otan.

L'action du GRU est aussi déterminante dans un tout autre domaine : l'émergence de combattants privés utilisés comme supplétifs. Ces « soldats fantômes[25] » sont entraînés par des professionnels sur la base de Molkino, un territoire militaire appartenant au GRU dans la région de Krasnodar, non loin de la mer Noire, au sud de la Russie. Leur responsable, Dmitri Outkine, est lui-même un ex-officier du GRU. Le surnom qui lui est accolé, « Wagner », pour son penchant pour le compositeur allemand, deviendra un nom générique pour désigner ces combattants russes qui croissent à une vitesse stupéfiante sur les théâtres de guerre.

Totalement interdites par la législation russe, selon l'article 359 du Code pénal, des sociétés militaires privées russes, qui se dissimulent souvent sous des appellations commerciales, existent en réalité depuis de nombreuses années, avec dans leurs rangs d'anciens soldats expérimentés, comme Antiterror Orel Group, Moran Security (immatriculée au Belize), RSB Group, créé à Moscou par un ex-KGB, Tigre, etc. La plus connue d'entre elles à l'international, Slavonic Corps, est pour sa part enregistrée à Hong Kong. C'est cette dernière d'ailleurs qui intervient la première en Syrie.

Mais les Wagner semblent d'une tout autre nature, et sont clairement protégés. Apparus d'abord en Ukraine, au côté des séparatistes du Donbass, ils deviennent soudain de plus en plus visibles en Syrie. Parmi leurs « faits d'armes » les plus retentissants : leur présence dans les combats pour reprendre Palmyre en 2015 et 2016, au prix, semble-t-il, de lourdes pertes mais dont l'ampleur n'est pas révélée ; et la confrontation armée qui les oppose, dans la nuit du 7 au 8 février 2018, dans la région de Deir ez-Zor, à l'est de la Syrie, aux forces américaines et à leurs alliés kurdes. Cible de l'offensive, la prise de contrôle de l'usine pétrolière Coneco est un échec, et des dizaines de Wagner périssent.

Les blessés sont rapatriés dans des hôpitaux de Moscou, à l'abri des regards.

Le porte-parole du Kremlin, Dmitri Peskov, a beau jeu de prétendre que ces *contractors* n'ont pas de lien avec l'État, plusieurs éléments contredisent cette affirmation. Un an après l'intervention militaire russe en Syrie, en décembre 2016, le patron des Wagner, Dmitri Outkine, est présent à une cérémonie organisée au Kremlin pour la Journée des héros de la patrie, comme en atteste une photo où il pose, décorations sur la poitrine, au côté de Vladimir Poutine. Les Wagner ont aussi un financier bien connu, Evgueni Prigojine, déjà impliqué dans l'usine de trolls, l'Agence de recherche sur Internet. Le dernier doute est définitivement levé le 7 novembre 2018 : ce jour-là, le ministre de la Défense Choïgou reçoit à Moscou le maréchal libyen Khalifa Haftar pour discuter de la crise en Libye. À son arrivée au ministère de la Défense russe, l'homme fort de la Cyrénaïque, dont les partisans affrontent les armes à la main le gouvernement de Tripoli reconnu légitime par l'ONU, est accueilli par Valeri Guerassimov. Mais, surprise, tandis que le chef de l'état-major escorte l'hôte du jour vers la salle de réunion, Evgueni Prigojine apparaît dans le champ de la caméra qui filme la scène, comme le relèvent de nombreux internautes[26]. La présence de centaines de Wagner en Libye sera attestée par la suite, avant qu'ils ne prennent pied plus profondément en Afrique.

La guerre implique donc, dans ces zones grises, le recours à des hommes armés désignés communément comme des mercenaires ou l'utilisation de trolls et hackers à des fins militaires. Mais, la menace concernant aussi la Russie, à l'intérieur de ses propres frontières, le commandant militaire russe doit accepter bon gré mal gré, en 2016, une réforme majeure : la création par un décret présidentiel d'une nouvelle force paramilitaire, Rosgvardia, la Garde nationale russe. Très lointaine héritière du corps spécial créé par le tsar Alexandre Ier qui avait, notamment, combattu pendant la guerre de Crimée en 1854, elle accapare aujourd'hui une bonne partie des ressources militaro-sécuritaires.

Née de la fusion des troupes du ministère de l'Intérieur et des forces spéciales de la police, dont les Omon ou les Sobr, cette nouvelle force de 350 000 hommes a, outre la lutte contre la criminalité organisée et le contrôle de la circulation des armes dans le pays, le pouvoir de tirer sur les foules en cas « d'attaques terroristes, de troubles à grande échelle ou d'attaques armées sur une propriété d'État[27] ». Sa direction est confiée à Viktor Zolotov, anciennement rattaché au « Département 9 » du KGB, chargé de la sécurité des dirigeants soviétiques, avant de devenir le garde du corps de Boris Eltsine puis celui de Vladimir Poutine. « L'idée de la sécurité personnelle [du président] devient synonyme de la sécurité de l'État en général. Ce n'est pas pour rien que le concept "Poutine est la Russie" a été inventé, commente le politologue Stanislav Belkovski. Il a besoin d'une armée personnelle qui résout les problèmes à l'intérieur du pays[28]. »

Cette dernière étape marque non seulement l'emprise des structures de force en Russie, mais aussi sur des théâtres étrangers. Pour le Kremlin, l'usage politique de la coercition forme un tout, dont doit émerger un rapport d'adhésion de la société à la force armée. Cet héritage soviétique tombé en disgrâce dans les années 1990 a fait l'objet d'un important effort de revalorisation, au point que la société Voentorg, fournisseur officiel de l'armée russe, commercialise des biens dérivés de grande consommation à ses couleurs[29]. Sous la direction d'un ministre qui vient du monde politique, l'armée est devenue un vecteur majeur de la transformation nationaliste du pays et de la projection de puissance de la Russie à l'étranger.

GÉOPOLITIQUE DU DÉSORDRE

7

En Ukraine, halte aux révolutions

Tandis qu'à l'est de l'Europe, on déboulonne à tour de bras les statues militaires soviétiques, la version moderne du soldat russe est érigée à Simferopol, capitale de la Crimée. Tout en bronze, elle symbolise l'un de ces « petits hommes verts » tels que les ont surnommés les habitants de la péninsule qui, lourdement armés, vêtus d'uniformes mais sans insignes ni emblèmes nationaux, ont investi le territoire le 17 février 2014. La version russe préférant les désigner comme des « hommes polis » car ayant agi sans effusion de sang, l'homme de troupe, Kalachnikov sur l'épaule, fait ici face à une petite fille qui lui tend un bouquet de fleurs, tandis qu'un chat se frotte à ses jambes. Inauguré le 11 juin 2016, à deux pas du Parlement local, le monument témoigne du coup de force du Kremlin : l'annexion de la Crimée, cas unique en Europe où un État s'empare d'une partie du territoire d'un autre au mépris de tous les accords internationaux.

« J'étais dans notre ambassade lorsque l'annexion illégale de la Crimée a commencé, et on nous a dit dès le début qu'il n'y avait pas de forces russes en Crimée, se souvient

Peter B. Zwack, attaché militaire américain en Russie entre 2012 et 2014. Nous étions assis là, avec l'attaché français [le général Nuyttens] : “Qui sont ces gars ?! De quelle façon sont-ils habillés ?” On nous a menti en face, les yeux dans les yeux, et puis après, ils [les militaires russes] ont dit : “D'accord, nous étions effectivement là.” Ils n'ont jamais admis qu'ils avaient des forces régulières, conventionnelles, dans le Donbass, ni qu'ils avaient formé des unités entre juin et juillet 2014 pour briser la contre-offensive ukrainienne. Cela vous rend fou[1] ! »

L'habillage de cette opération hors norme qui débute en Crimée, au cours de laquelle les Spetsnaz, les forces spéciales russes, s'emparent *de facto* d'une région de plus de 2 millions d'habitants, est varié. La défense d'une population « russophone », et le « rattachement » volontaire validé par un référendum local avec 96,6 % de « oui » et un taux de participation de 82 %, sans contrôle international de l'OSCE, et contre la loi ukrainienne, sont mis en avant. Pendant un mois, cependant, les *petits hommes verts* ont pris le contrôle de tous les bâtiments stratégiques civils et militaires de la péninsule, à commencer par le siège du Parlement. Réunis à huis clos, les députés votent dans la foulée l'organisation du référendum le 16 mars 2014, alors que plusieurs milliers de Criméens ont déjà quitté la péninsule. Deux jours plus tard, le 18 mars 2014, dans la grande salle d'apparat du Kremlin, Vladimir Poutine entérine, devant une assemblée survoltée, l'intégration de la Crimée et de la ville de Sébastopol comme nouveaux sujets de la Fédération de Russie. Leur sort est vite plié.

Une annexion planifiée

Depuis la fin de l'année 2013, les événements se sont accélérés en Ukraine. En novembre, des milliers de manifestants commencent à se rassembler dans la capitale, à Kiev, et à occuper la place de l'Indépendance, Maïdan, pour protester contre le choix du président Viktor Ianoukovitch de rejoindre l'Union douanière avec la Russie au détriment d'un accord d'association négocié avec l'UE.

Le renoncement, en septembre 2013, de Barack Obama de frapper le régime syrien après l'attaque chimique dans la banlieue de Damas, ce « fil rouge » que le président américain avait lui-même fixé, a pesé lourd selon François Hollande. « Nous sommes sur deux situations très différentes, dit-il, et pourtant la décision de Barack Obama de ne pas répondre à l'usage des armes chimiques par le régime de Bachar al-Assad a été interprétée par Poutine comme, en définitive, le refus de l'Occident et notamment des États-Unis d'une quelconque intervention militaire ailleurs [...]. Ce qu'il a fait en Ukraine, c'était finalement la suite logique de ce que nous, nous n'avions pas fait en Syrie[2]. »

Début 2014, en Ukraine, les affrontements qui opposent les forces policières aux manifestants pro-Europe font plusieurs morts. Vladimir Poutine est alors paralysé car les Jeux olympiques d'hiver de Sotchi, pour lesquels des sommes pharaoniques ont été investies, se déroulent au même moment du 7 au 23 février 2014 et tous les regards sont dirigés vers la station balnéaire du bord de la mer Noire. Il doit ronger son frein.

Selon le Kremlin, il fallait néanmoins protéger Sébastopol, siège de la flotte de la mer Noire, l'une des composantes essentielles de la marine russe – bien que celle-ci bénéficiât d'un bail jusqu'en 2042. Le Kosovo sert également de paravent. Vladimir Poutine établit très vite un parallèle avec la séparation d'avec la Serbie de ce petit territoire des Balkans à majorité albanaise, officialisée avec la proclamation de son indépendance en 2008, « un précédent, argue-t-il, que nos collègues occidentaux ont créé de leurs propres mains[3] ». Cette sécession justifierait à elle seule le droit pour la Russie de prendre la Crimée, malgré l'absence sur place de violences, et en dépit du fait même que Moscou ne reconnaisse pas l'existence du Kosovo.

L'histoire, enfin, est convoquée. La Crimée aurait « toujours » été russe – en réalité de 1783 à 1954 – et Vladimir Poutine est le premier à mettre en avant, dès avril 2015, l'expression impérialiste *Novorossia*. Outre la péninsule ukrainienne, le projet devait surtout consacrer la fusion politique, à l'est de l'Ukraine, des « républiques » autonomes autoproclamées de Donetsk et de Louhansk, dans la région du Donbass, après, ici aussi, des « référendums d'autodétermination ».

En annexant la Crimée, le Kremlin a surtout violé trois accords internationaux. Au travers du Mémorandum de Budapest signé le 5 décembre 1994 avec la Russie, les États-Unis et le Royaume-Uni, l'Ukraine accepte de se défaire du stock d'armes nucléaires dont elle avait hérité de l'URSS. En contrepartie, les signataires s'engagent à respecter « l'indépendance, la souveraineté et les frontières existantes de l'Ukraine », à « s'abstenir de recourir à la menace ou à l'emploi de la force contre l'intégrité territoriale ou l'indépendance de l'Ukraine », et promettent qu'« aucune de leurs armes ne sera jamais utilisée contre l'Ukraine, sauf en cas de légitime défense ou en conformité avec la Charte des

Nations unies »[4]. Bien que rappelé par les autorités ukrainiennes, ce texte est sans effets.

Le Traité d'amitié, de coopération et de partenariat, signé entre la Russie et l'Ukraine le 31 mai 1997 lors de la première visite officielle du président Eltsine en Ukraine, stipule pour sa part que « les hautes parties contractantes, conformément aux dispositions de la Charte des Nations unies et des obligations de l'acte final de la Conférence sur la sécurité et la coopération en Europe, respectent mutuellement leur intégrité territoriale et confirment l'inviolabilité de leurs frontières communes[5] ». Les relations mutuelles sont fondées « sur les principes du respect réciproque, de l'égalité souveraine, de l'intégrité territoriale, de l'inviolabilité des frontières, du règlement pacifique des différends, du non-recours à l'emploi ou à la menace de la force, y compris au moyen de pressions économiques… ». Établi sur une période de dix ans avec renouvellement tacite à compter de son entrée en vigueur en 1999, ce document n'a été dénoncé par aucune des parties.

Le troisième accord, enfin, est lié à un nouveau traité signé par la Russie et l'Ukraine en 2003, par Vladimir Poutine lui-même et son homologue de l'époque, Leonid Koutchma. La mer d'Azov, frontalière des deux pays, ainsi que le détroit de Kertch qui sépare cette mer intérieure de la mer Noire devaient être gérés conjointement et les bateaux de commerce y circuler librement, ce qui revenait à reconnaître la Crimée comme partie intégrante de l'Ukraine.

Depuis longtemps, en réalité, Vladimir Poutine songe au moyen de récupérer ce bout de terre « russe ». Dès 1994, alors qu'il n'est que l'adjoint au maire de Saint-Pétersbourg, il fait cette déclaration inattendue dans le contexte de l'époque : « N'oubliez pas que, dans l'intérêt de la sécurité générale et de la paix en Europe, la Russie a renoncé volontairement à des territoires gigantesques au profit des ex-républiques de l'URSS, y compris des territoires qui, historiquement, ont toujours appartenu à la Russie. Et là, je ne pense pas seulement à la Crimée[6]. » Vingt ans plus tard, il passe aux actes. « La Crimée, dit-il, est une terre historiquement russe et Sébastopol, une ville russe. Oui, nous le savions tous dans nos cœurs et nos esprits[7]. »

L'intervention militaire russe dans la péninsule ukrainienne – car c'en est une, malgré les premières dénégations de Moscou – n'a pas commencé le 27 février 2014. Elle est en germe depuis 2004, et les vastes manifestations qui entourent cette année-là l'élection présidentielle du 23 novembre en Ukraine, opposant Viktor Ianoukovitch à Viktor Iouchtchenko, dans un climat délétère, sur fond de soupçon d'empoisonnement du second et de fraudes. La révolution orange, comme on nomme le mouvement populaire de l'époque en Ukraine, aboutit à l'organisation d'un nouveau second tour, et à la défaite, *in fine*, de Viktor Ianoukovitch. Elle marque aussi le début du rapprochement de l'Ukraine avec l'Europe et les États-Unis. Pour le Kremlin, c'est une « révolution de couleur » menaçant ses intérêts. Dès lors, la Crimée devient une obsession. La présence des services de sécurité russes, en plus des forces de la flotte de la mer Noire, s'y intensifie dès le début des années 2000.

Pour l'opposant Boris Nemtsov, auteur du rapport *Poutine et la guerre*, achevé par ses collaborateurs peu après son assassinat en 2015, « le scénario du "retour de la Crimée à la Russie" a sans doute été planifié et soigneusement préparé à l'avance ». « Avant l'invasion de la Crimée, les services spéciaux russes ont recruté des généraux et des officiers de l'armée ukrainienne, des dirigeants et des forces de l'ordre qui, au moment crucial, ont renié leur serment et ont choisi le camp de la Fédération de Russie [...]. Le monde des affaires de la Crimée, ayant obtenu des prêts favorables défiant toute concurrence auprès des banques russes, a également fait preuve d'une allégeance intéressée »[8]. En 2014, les forces spéciales russes ne débarquent donc pas en territoire inconnu : des « forces locales d'autodéfense », des milices, sont déjà préparées et entraînées.

Le chef du Kremlin justifiera l'usage de la force armée, couvert *a posteriori* par un vote du Parlement russe, le 1er mars, qui autorise le recours aux forces armées russes sur le territoire ukrainien par un habile subterfuge : « Les forces armées russes ne sont jamais entrées en Crimée, elles étaient déjà là conformément à un accord international, affirme-t-il le 18 mars 2014, en référence aux textes régissant la présence de flotte de la mer Noire. Nous n'avons pas dépassé la limite en personnel pour nos forces armées en Crimée, qui est fixée à 25 000 hommes, parce qu'il n'y avait pas besoin de le faire[9]. » Un an plus tard, contrairement à ce qu'il avait affirmé, Vladimir Poutine déclare sans craindre la contradiction qu'il a lui-même dirigé les opérations militaires sur la péninsule. « Dans la nuit du 22 au 23 février 2014, assure-t-il, j'ai donné l'ordre au ministère de la Défense de transférer là-bas des unités spéciales des services secrets, des forces d'infanterie de marine, ainsi que des parachutistes[10]. »

Les militaires ne sont pas les seuls concernés par ces « transferts ». Vladimir Poutine indique aussi avoir, à ce moment-là, envisagé toutes les hypothèses, y compris le recours à l'arme nucléaire, en cas de réactions militaires internationales. Des missiles mobiles de type K-300P Bastion ont été installés. « Nous les avions déployés de telle façon qu'ils étaient clairement visibles depuis l'espace. » Le chef du Kremlin peut le dire alors sans risque. Les réactions occidentales se limitent à des sanctions économiques. Il a gagné.

Très rapidement, la Crimée se vide de tous les opposants à l'annexion. Les principales figures des Tatars de Crimée, une communauté turcophone originelle déportée massivement par Staline en 1944, partent se réfugier à Kiev. En moins d'un an, la télévision tatare, créée en 2005, doit cesser d'émettre. Le cinéaste ukrainien Oleg Sentsov, opposé à l'annexion et qui refuse de prendre la nationalité russe, est condamné à vingt ans de prison et expédié dans le Grand Nord russe. Aucune des protestations internationales n'ébranle le chef du Kremlin.

Dans l'est de l'Ukraine, la situation a déjà empiré. Sitôt la fête des JO terminée, les forces spéciales russes exfiltrent le président Ianoukovitch pour le ramener en Russie – où il réside toujours. Les premières manifestations anti-Maïdan surgissent à Donetsk, Louhansk, Marioupol, Sloviansk, soutenues par les médias russes. Réputée russophone, la région du Donbass, à l'est de l'Ukraine est un territoire à « défendre ». « C'est là qu'il fait dégénérer le processus ukrainien et le conflit dans l'est de l'Ukraine[11] », assure François Hollande.

Fuite en avant dans le Donbass

Le conflit, qui va naître sur le territoire continental de l'Ukraine, entre combattants pro-russes et forces armées de Kiev, aura un terrible coût : plus de 13 000 morts, des villes et des villages ravagés, des familles divisées et réduites à la pauvreté, l'exode de populations, une économie à terre, l'unité d'un pays détruite. Mais l'Ukraine est un symbole, un enjeu considérable pour le Kremlin. Le pays marque le premier coup d'arrêt signifié par Vladimir Poutine aux révolutions de couleur dont il impute directement la responsabilité aux Occidentaux et à leur politique de *regime change*. En 2008, la guerre éclair avec la Géorgie n'avait été qu'un prélude. En 2014, l'Ukraine devient un acte fondamental de sa détermination à contester l'ordre international hérité de la fin de la guerre froide. Le contexte s'y prête. Bousculé par de vastes manifestations, à Moscou et à Saint-Pétersbourg lors de sa réélection en 2012 à la présidence russe, le chef du Kremlin a besoin d'un projet d'envergure pour se relancer sur la scène politique intérieure. Et il redoute plus que tout de perdre le pouvoir sous la pression d'une révolution.

Tous les outils préparés pour une guerre multiforme, sans déclaration ni engagement officiel, seront utilisés en Ukraine. Immédiatement, la guerre de la désinformation est lancée avec une violence inouïe par les chaînes de télévision russe et par les supports multimédias du pouvoir à l'extérieur de ses frontières. L'exemple le plus célèbre reste celui du « récit » recueilli le 16 juillet 2014 par la chaîne Perviy Kanal (et repris par RT) auprès d'une femme ukrainienne réfugiée en Russie qui prétend avoir été témoin de la « crucifixion » d'un enfant par des soldats ukrainiens à Sloviansk[12]. Il y en a bien d'autres : un charnier de 1995 en Tchétchénie, présenté comme une tombe commune en Ukraine ; ou de prétendus « crématoires portatifs emmenés par les forces ukrainiennes[13] » dans le Donbass.

Le nouveau pouvoir qui s'installe à Kiev est le fruit d'un « coup d'État » et ses représentants sont uniquement présentés sous les traits d'une « junte », de « fascistes » téléguidés par le groupe ultranationaliste ukrainien Pravy Sektor (qui réalise moins de 2 % aux élections législatives de 2014), ou de marionnettes manipulées par l'Occident. L'impulsion est donnée au plus haut niveau. Dans son discours du 18 mars 2014, lors de la cérémonie officielle à Moscou consacrée à l'annexion de la Crimée, Vladimir Poutine déclare : « Des nationalistes, des néonazis, des russophobes et des antisémites ont exécuté ce coup d'État. Ils continuent à donner le ton en Ukraine jusqu'à ce jour[14]. »

Le président cite aussi « les héritiers idéologiques de Bandera[15] », du nom de l'extrémiste nationaliste ukrainien Stepan Bandera (1909-1959) qui collabora activement avec l'Allemagne nazie, au prix d'horreurs commises contre les juifs et les opposants, avant d'être assassiné par empoisonnement par un agent soviétique. Son nom, décliné sous toutes les formes possibles, devient un passe-partout repris par l'ensemble des acteurs russes qui exploitent *ad nauseum* les tentatives partielles de réhabilitation du personnage en Ukraine.

Cette propagande effrénée des médias russes se double d'une autre campagne relayée par les trolls sur les réseaux sociaux, destinée à dépeindre l'Ukraine comme un État fragile en proie au chaos, peu fiable, corrompu, animé d'intentions belliqueuses, où les élections sont entachées d'illégitimité. Le monde entier est pris à témoin.

En parallèle, dès le début du conflit, les cyberattaques se multiplient en Ukraine. Le 21 mai 2014, quatre jours seulement avant l'élection présidentielle qui doit permettre d'élire Petro Porochenko à la place de Viktor Ianoukovitch, des hackers pro-russes, les CyberBerkut, sèment la pagaille dans le réseau de la Commission électorale censée afficher le résultat final. La manœuvre est déjouée à temps. Le 23 décembre 2015, la centrale électrique de Ivano-Frankivsk, à l'ouest du pays, est la cible de hackers qui parviennent à la perturber pendant quelques heures, plongeant 80 000 personnes dans le noir ; le 16 décembre 2016, une autre tentative prive momentanément d'électricité Kiev, la capitale ; le 27 juin 2017, le virus NotPetya affecte 30 % des systèmes informatiques du pays... Les agressions numériques abondent, mais elles sont toujours compliquées à retracer, et Moscou nie toute implication.

Combinés, tous ces éléments d'une fuite en avant instillent la peur, puis la haine côté ukrainien, tandis qu'en Russie, la popularité de Vladimir Poutine, dans les sondages, est au plus haut. La propagande pousse la société russe, chauffée à blanc par l'autoproclamation de « Républiques autonomes » de Donetsk et de Louhansk en avril 2014, à se rassembler derrière son armée contre les troupes ukrainiennes envoyées dans le Donbass. L'été suivant, la tentative de Kiev de reprendre les territoires occupés se heurte, à Avdiivka, sur la ligne de front, au renforcement significatif des forces adverses[16].

Car malgré les dénégations répétées du Kremlin, l'armée russe intervient bien, aussi, dans l'est de l'Ukraine. Les chefs d'État occidentaux en ont d'ailleurs la preuve sous les yeux, *via* les systèmes de surveillance. Aucun dirigeant n'en fera pourtant mention publiquement, préférant émettre quelques inquiétudes sur l'envoi, hors de tout contrôle, de nombreux « convois humanitaires » de Russie vers le Donbass. Dès le 26 février, Moscou avait pourtant annoncé la mise en alerte des troupes russes à la frontière ukrainienne et massé des colonnes de blindés dans la région de Rostov-sur-le-Don, mitoyenne du Donbass.

Mais les choses se gâtent avec le drame du MH17. Le 17 juillet 2014, peu après 16 heures, le Boeing 777 de la compagnie Malaysia Airlines parti d'Amsterdam pour Kuala Lumpur s'écrase non loin du village de Hrabove, dans la région de Donetsk avec 298 personnes à bord, dont trois enfants. Parmi les victimes figurent 193 Néerlandais, mais aussi des Malaisiens, des Australiens, des Indonésiens, des Belges, des Britanniques ou encore des Allemands. Il ne fait aucun doute, alors, que l'avion, qui volait à 10 000 mètres d'altitude, a été la cible d'un tir. La première réaction de Vladimir Poutine est d'imputer la responsabilité à Kiev. Rien de tel ne serait arrivé, dit-il, si l'Ukraine n'avait pas repris les combats.

Mais très vite, c'est un autre scénario qui se dessine. À peine une heure et demie après le crash du MH17, Igor Strelkov se félicite sur Vkontakte, le Facebook russe, avant que ce message ne soit rapidement effacé, que ses troupes aient abattu un avion de transport militaire ukrainien AN-26, en indiquant un point d'impact identique à celui où sera retrouvé le Boeing. De son vrai nom Igor Guirkine, cet officier supérieur du FSB est sur place. Il dirige les opérations militaires des séparatistes en tant que « ministre de la Défense » de la République autonome autoproclamée de Donetsk.

Il fera partie des quatre individus, trois Russes et un Ukrainien, mis en accusation lors du procès qui s'est ouvert en mars 2020 au tribunal de Schiphol, aux Pays-Bas[17]. L'enquête internationale conduite par les Néerlandais a abouti à l'implication de ces hommes dans le drame, tout comme elle a établi que le missile sol-air qui a désintégré le MH17 provenait d'un système de missiles antiaérien BUK appartenant à la 53e brigade de défense antiaérienne stationnée dans la ville de Koursk, une ville russe située tout près de la frontière avec l'Ukraine. Acheminé peu avant le drame dans le Donbass, le BUK 9M38-1 est reparti en sens inverse aussitôt après le crash de l'avion. Strelkov, lui, est rapatrié en Russie un mois et demi après. Comme ses trois autres coaccusés, il est jugé par contumace. Plusieurs autres suspects qui auraient pu témoigner dans ce qui est présenté désormais comme une « erreur » commise à l'époque par les séparatistes, font également défaut. En septembre 2020, la libération de Volodymyr Tsemakh, un ancien commandant séparatiste placé sous les verrous en Ukraine, puis sa présence dans un contingent de prisonniers échangés avec Moscou ont valu de sévères critiques à Kiev.

Cette catastrophe du MH17 va donner lieu, de nouveau, à une gigantesque campagne de désinformation et à une confrontation exceptionnelle entre Moscou et les capitales occidentales. Les autorités russes ne nient pas seulement toute responsabilité, puisque, officiellement, la Russie n'est pas engagée dans le conflit en Ukraine, elles réfutent aussi l'idée d'une erreur commise par les séparatistes du Donbass dont la dépendance vis-à-vis de Moscou devient chaque jour plus évidente. Toute la panoplie des outils est déployée. Médias, trolls, « idiots utiles » sont mobilisés contre l'enquête « politiquement motivée » selon Moscou que mènent, sur le terrain, les représentants de l'OSCE et la justice des Pays-Bas. Une déferlante d'histoires plus invraisemblables les unes que les autres – dont certaines ont depuis été effacées ou renvoient au message « 404 error » – envahit le Web : les Ukrainiens auraient visé en fait ce qu'ils croyaient être l'avion de Vladimir Poutine, l'appareil aurait été abattu par un missile israélien, un contrôleur aérien espagnol fantôme basé à Kiev témoigne…

Images truquées et photomontages grossiers fleurissent. Des sites « indépendants » se créent, comme Bonanza Media, fondé par le blogueur néerlandais Max van der Werff et l'ex-journaliste de RT, Yana Yerlachova, dont les « scoops » sur l'enquête « de la honte » aux Pays-Bas sont repris par d'autres, sous différentes signatures, tels Agoravox ou Donbass Insider – « indépendant » lui aussi[18]. Sur la foi d'un obscur « témoin oculaire », l'hypothèse de la responsabilité d'avions de chasse ukrainiens, déjà avancée, revient ainsi en boucle.

Exclusivement dédié au MH17, Bonanza Media, qui organise, en parallèle au procès de Schiphol, des conférences aux Pays-Bas, oriente aujourd'hui ses travaux sur le Covid-19. Un autre site, AntiBellingcat, s'est adjugé pour sa part le rôle de contre-feu en réponse au site d'investigation réputé, Bellingcat, dont les enquêtes fouillées, sur le MH17 comme dans l'affaire Skripal, ont souvent mis à mal la version de Moscou. À plusieurs reprises, le fabricant des systèmes BUK, l'entreprise publique Almaz-Anteï, est mis à contribution par Moscou pour expliquer publiquement que les modèles du système BUK incriminé n'existaient plus sur le sol russe.

Ce rideau de fumée ainsi déployé à grande échelle s'ajuste parfaitement à l'action diplomatique sur le plan international. Dès juillet 2015, un an après le crash de l'avion, la Russie a mis son veto à une résolution du Conseil de sécurité de l'ONU visant à créer un tribunal pour identifier et juger les coupables de cette tragédie. En multipliant les hypothèses, jusqu'aux théories de complots les plus absurdes, le bouclier numérique doit permettre de brouiller les pistes, d'introduire partout le doute mais surtout de gagner du temps en laissant la vague d'émotion retomber.

En août 2014, alors que les combats ont déjà fait plus de deux mille morts en à peine quatre mois, les preuves de l'intervention militaire russe continuent néanmoins de s'accumuler. Dix parachutistes russes capturés sur le sol ukrainien sont exhibés à la télévision. Des soldats « perdus parce qu'il n'y a pas de frontière délimitée là-bas[19] », assure Vladimir Poutine lui-même, le 29 août, lors d'un forum de la jeunesse à Moscou. En parallèle, l'Otan diffuse pour la première fois une photo satellite d'une unité d'artillerie russe sur les routes ukrainiennes. Par un glissement sémantique, les soldats russes deviennent des « volontaires ». Puis, en décembre 2015, lors de sa conférence de presse annuelle, le chef du Kremlin, interpellé par un journaliste ukrainien, répond : « Nous n'avons jamais dit qu'il n'y a pas de personnes engagées dans la résolution de certains problèmes là-bas, y compris dans le domaine militaire. Mais cela ne veut pas dire qu'il y a des troupes régulières, vous voyez la différence[20]. »

Rien n'est plus faux. Certes, l'Ukraine devient le premier champ d'opération de « mercenaires » russes que l'on retrouvera, plus structurés et mieux équipés, en maints endroits sur la planète par la suite, mais ils ne sont pas seuls. L'entretien réalisé par une journaliste de *Novaïa Gazeta* dans un hôpital de Donetsk, dans la zone rebelle du Donbass, avec le soldat russe Dorji Batomounkouev, et publié le 4 mars 2015, le confirme. Grièvement blessé aux portes de la ville clé de Debaltseve où les combats font rage, ce tankiste bouriate – une ethnie de Sibérie orientale – raconte tout[21]. Son matricule, 2609999, la formation de son bataillon avec trente et un tanks, le cheminement de ce convoi depuis la ville sibérienne d'Oulan-Oudé, l'attente dans la ville de Rostov, près de la frontière ukrainienne, le départ pour le front, son grade et son insigne qu'il a dû laisser derrière lui comme ses camarades, de même que son livret militaire, les numéros des blindés recouverts de peinture… Malgré les souffrances de ses brûlures au visage, ce témoin est formel : il est un soldat engagé depuis 2013, sous contrat avec l'armée russe depuis le mois de juin et déployé en Ukraine.

La blessure permanente

La situation sur le terrain s'aggravant, Paris décide de suspendre, en septembre 2014, puis d'annuler, la livraison des deux navires de guerre Mistral que la France devait fournir à la Russie selon les termes d'un accord conclu en 2011 entre Nicolas Sarkozy et Dmitri Medvedev. La dureté des combats dans l'est de l'Ukraine pousse également les Européens, outre le durcissement des sanctions, à tenter une médiation. Ce sera Minsk II, du nom des accords de paix signés en présence de l'Ukrainien Petro Porochenko et du Russe Vladimir Poutine, le 12 février 2015, sous le patronage de François Hollande et d'Angela Merkel.

À l'issue de seize heures de négociations tendues, un texte établit en treize points les conditions d'un cessez-le-feu, le retrait des armes lourdes, l'échange de prisonniers, l'existence de « zones de sécurité » dans le Donbass ou bien encore la nécessité d'une politique de décentralisation ukrainienne. Mais pas plus qu'avec le protocole Minsk I signé par les belligérants six mois plus tôt au même endroit, la paix n'est rétablie dans l'est de l'Ukraine. Une semaine après Minsk II, de violents combats provoquent de nombreuses victimes à Debaltseve, une ville de 25 000 habitants mais surtout une poche de résistance tenue par l'armée ukrainienne située entre Donetsk et Louhansk.

De pourparlers en pourparlers, dans le cadre du format « Normandie », qui réunit les quatre pays protagonistes de Minsk (France, Allemagne, Russie, Ukraine), le conflit s'enlise. Les affrontements armés ont certes diminué d'intensité mais le Donbass reste une zone de guerre et un formidable levier de pression sur Kiev et ses alliés. Le changement à la tête de l'Ukraine, avec l'arrivée en avril 2019 de Volodymyr Zelensky, en remplacement de Petro Porochenko, ne change rien à la situation. D'emblée, Vladimir Poutine teste l'humoriste élu, jeune et sans expérience politique mais décidé à privilégier la voie diplomatique : le 24 avril 2019, le Kremlin publie un oukase annonçant la distribution de passeports russes, selon des procédures simplifiées, pour les personnes résidant dans les républiques autoproclamées de Donetsk et de Louhansk, « à des fins humanitaires[22] ». L'obtention de la nationalité russe, longue et compliquée à obtenir à l'ordinaire, s'apparente ici à une simple formalité : nul besoin de résider pendant cinq ans sur le territoire russe, de justifier d'un emploi ou d'une source légale de revenus, de passer un examen de langue, ou même de prouver l'abandon de la citoyenneté ukrainienne. Des bureaux sont spécialement aménagés dans la petite localité russe de Matveïev Kourgane, toute proche de la frontière poreuse que Kiev ne contrôle plus.

Nul ne connaît l'impact de ce programme, mais le Kremlin peut compter sur l'appui de ses relais, russes et étrangers, pour applaudir cette nouvelle opération de déstabilisation. Dans une vidéo diffusée sur un site qu'il a cofondé, Xavier Moreau, thuriféraire patenté du Kremlin, parle d'un « coup de maître de Vladimir Poutine[23] ». Pour ce Français, ancien parachutiste proche de l'extrême droite installé depuis quinze ans à Moscou, qui posera sur les Champs-Élysées avec le drapeau de la « république de Donetsk » lors des manifestations de Gilets jaunes à Paris, « il est évident que les chefs de guerre ukrainiens vont réfléchir à deux fois avant de bombarder des citoyens [...] russes ». Et pourquoi ne pas étendre la distribution de passeports à tous les Ukrainiens, fait-il mine de s'interroger, « puisque les Russes et les Ukrainiens ne forment qu'un seul peuple ? ». Cette rhétorique, reproduite sur bien d'autres sites, vient, ici aussi, du plus haut niveau. « Nous ne sommes pas simplement de proches voisins, comme je l'ai dit plusieurs fois, nous sommes un même peuple[24] », a affirmé le président russe.

Puis le conflit politique et militaire avec l'Ukraine se déplace sur le terrain de la religion et l'Église orthodoxe ukrainienne finit par rompre avec le patriarcat de Moscou dont elle dépendait depuis la fin du XVIe siècle. À Kiev, le président ukrainien Petro Porochenko et son gouvernement mènent une campagne active pour obtenir gain de cause et « couper tous les tentacules du pays agresseur[25] ». Cette revendication rencontre, à Istanbul, siège du patriarcat orthodoxe de Constantinople, *primus inter pares*, un écho d'autant plus favorable que les multiples incursions de Vladimir Poutine dans le domaine de la religion, à des fins politiques, et la participation active de Kirill Ier, le patriarche russe, dans la construction du *Rousskii mir*, ont fini par irriter. En octobre 2018, le patriarcat de Constantinople annonce ainsi son intention d'octroyer l'autocéphalie à l'Église ukrainienne, autrement dit son indépendance. Cette décision ne se contente pas de révoquer le décret de 1686 qui avait placé les croyants ukrainiens sous la tutelle directe de Moscou. Elle rétablit aussi dans ses fonctions Philarète, excommunié en 1997 pour s'être autodéclaré patriarche de Kiev. C'est un coup sévère porté au magistère russe exercé jusqu'ici sur la communauté orthodoxe. Et une perte substantielle : avec 11 932 édifices religieux, l'Ukraine représente en effet un tiers du patrimoine du patriarcat de Moscou. La rupture est, ici aussi, consommée.

Sept ans après le début du conflit, l'Ukraine reste un terrain majeur de confrontation entre la Russie et l'Ouest. Inauguré en mai 2018 par le président russe, le pont de Kertch et ses dix-huit kilomètres d'asphalte reliant la Crimée à la Russie est devenu l'emblème de l'annexion de la péninsule, comme un trait indélébile et le signe évident que le Kremlin n'envisage aucun retour en arrière possible. Construit par l'ami personnel de Vladimir Poutine, Arkadi Rotenberg, pour un coût global évalué à 3 milliards d'euros, ce pont permet aussi à Moscou d'asseoir sa domination sur le transport maritime et de resserrer son étau sur la mer d'Azov, hier encore partagée avec l'Ukraine et désormais sous contrôle, *de facto*, de la Russie. Les tensions y sont récurrentes et la situation empire pour les ports ukrainiens de plus en plus isolés. En novembre 2018, deux petits navires militaires et un remorqueur ukrainiens avaient ainsi été arraisonnés de force et leurs équipages capturés par le FSB pour « franchissement illégal » des eaux territoriales russes. La détention des vingt-quatre marins ukrainiens interpellés, dont trois avaient été blessés au cours de l'opération, a duré dix mois malgré les protestations internationales. Ils ont été échangés en septembre 2019 contre des prisonniers en Ukraine – en même temps que le cinéaste ukrainien Oleg Sentsov après 2 310 jours passés pour sa part en détention et une éprouvante grève de la faim.

Dans le Donbass, le nouvel accord de cessez-le-feu signé le 27 juillet 2020 n'a tenu que quelques minutes. L'ingérence russe empêche les plaies de guérir.

En Ukraine, le Kremlin a fait la démonstration qu'on peut annexer en toute illégalité et par le déploiement de ses forces armées une partie du territoire souverain d'un État voisin et déstabiliser une de ses régions afin d'influer sur les décisions du pouvoir central. À travers ce conflit irrésolu, il peut à tout moment accroître le niveau de conflictualité en fonction des circonstances, et maintient ainsi Kiev sous pression. Ce qui pourrait être vu comme un bon coup stratégique s'est avéré en réalité une opération passablement contre-productive. Les sanctions internationales handicapent son économie, l'UE et l'Otan adaptent leurs stratégies en considérant la Russie comme une menace potentielle, l'image du pays en ressort profondément ternie, y compris chez ses plus proches alliés qui n'ont pas reconnu l'annexion de la Crimée. Le divorce, enfin, est durablement consommé avec l'État et le peuple ukrainiens. Si Vladimir Poutine a pu capitaliser politiquement sur la scène intérieure russe, l'euphorie de l'annexion est retombée. Une étape de plus n'en a pas moins été franchie dans sa stratégie du désordre, sous le regard atterré de la communauté internationale.

8

L'étranger proche, un espace de frictions

Sans attendre l'acte de décès de l'URSS, officiellement entériné le 25 décembre 1991 par la démission de son dernier dirigeant, Mikhaïl Gorbatchev, et l'abaissement, la veille, du dernier drapeau rouge marqué de la faucille et du marteau au Kremlin, quinze républiques ex-soviétiques ont déjà proclamé leur indépendance. Quinze pays, liés pendant soixante-dix ans dans un même espace politique fermé, émergent d'un coup sur la carte du monde dans un état de faiblesse extrême. Pour affronter la situation, à Minsk, le 8 décembre 1991, la Russie, l'Ukraine et la Biélorussie posent les bases d'une nouvelle alliance, une Communauté des États indépendants (CEI), fondée, insiste la partie ukrainienne, sur le principe de l'égalité. Treize jours plus tard, le 21 décembre, huit autres ex-républiques soviétiques adhèrent aux accords d'Alma-Ata, au Kazakhstan, qui donnent formellement naissance à la CEI. Trois d'entre elles seulement ont refusé, les pays baltes, et une hésite encore. La Géorgie adhérera finalement en 1993.

Pendant des années, l'ensemble se maintient tant bien que mal. Moscou doit d'abord se concentrer sur son propre territoire menacé d'éclatement. La Russie devient une fédération, en proposant à ses « sujets » une certaine dose d'autonomie inscrite dans la Constitution de 1993. Quarante-six régions en bénéficient, dont vingt-deux « républiques ». Après la guerre en Tchétchénie, seul territoire à s'être arc-bouté sur sa revendication d'indépendance, la première tâche de Vladimir Poutine à son arrivée au pouvoir sera de remettre au pas toutes les régions russes, en supprimant les élections des gouverneurs d'abord, puis en mettant fin, les uns après les autres, aux contrats qui leur octroyaient un peu d'autonomie. Le dernier, le Tatarstan, un territoire à majorité musulmane situé dans le bassin de la Volga, perd ce précieux sésame en 2017[1]. Seul perdure, en quelques endroits, comme en Ingouchie, au Daghestan ou au Tatarstan, et désormais en Crimée, le titre purement honorifique de « président ». Le centralisme de Moscou est revenu en force.

L'attention du chef du Kremlin se fixe ensuite sur son « étranger proche » dont le désir d'émancipation croît à mesure que les pays de la CEI recouvrent leur identité nationale et que le modèle russe pâlit. Certes, Moscou reste le premier partenaire économique et un soutien financier indispensable, mais l'allégeance exigée en retour sur la scène internationale irrite ces alliés de plus en plus à cheval sur leur souveraineté et désireux de nouer des relations avec d'autres espaces géopolitiques. La guerre éclair de 2008 avec la Géorgie agit comme un premier signal d'alerte sur la latitude de leur autonomie. Puis l'intervention militaire en Ukraine de 2014 achève de convaincre les « ex ». Chacun comprend bien, alors, que le Kremlin ne reculera devant rien pour imposer ses vues et barrer la route à un rapprochement avec l'UE. Le résultat de cette politique de force est désastreux pour la CEI : sur les onze pays unis par les accords d'Alma-Ata, deux, la Géorgie et l'Ukraine, l'ont définitivement quittée. Puis, à l'été 2020, c'est au tour de la Biélorussie, cofondatrice de l'alliance postsoviétique, d'entrer en ébullition, tandis qu'à nouveau, Vladimir Poutine se dit prêt à intervenir par la force. Après l'Ukraine, la Biélorussie fait partie à ses yeux des « pays qui n'existent pas ».

La fronde biélorusse

Dans le vocabulaire du chef du Kremlin, il ne s'agit pas en effet d'un État ni d'un pays, mais d'une « nation » au sens étymologique du terme, qui regroupe un peuple d'une même origine. Comme les Ukrainiens, les Biélorusses seraient donc indissociables des Russes. « Cette nation est très proche de nous et est peut-être la plus proche, à la fois en termes de proximité ethnique, de langue, de culture, de spiritualité et d'autres aspects, explique Vladimir Poutine le 27 août 2020. Nous avons des dizaines, des centaines de milliers, voire des millions, de liens familiaux directs avec la Biélorussie et une coopération industrielle étroite[2]. » Peu importe alors l'aspiration à la liberté du peuple biélorusse, descendu massivement dans la rue pour protester contre la réélection frauduleuse d'Alexandre Loukachenko, au pouvoir depuis 1994. Le président russe a parfaitement compris que cette soif de démocratie contrecarre son propre modèle et sa vision d'une seule et même « nation ».

Le 10 septembre, à Minsk, les médias russes filment une scène d'un incroyable cynisme : l'ambassadeur de Russie remet au dirigeant biélorusse contesté un vieil atlas sur lequel, lui fait-on remarquer, les régions de son pays figurent bien dans l'Empire tsariste. Le site Lenta.ru, à l'origine indépendant avant d'être repris en main par un proche du Kremlin, diffuse la vidéo sur son compte Twitter avec ce commentaire : « Le visage du vieil homme [A. Loukachenko] qui essaie de sourire poliment n'a pas de prix. » Depuis des mois, avant même le mouvement de révolte des Biélorusses, Moscou fait en effet pression sur son partenaire pour raviver un projet d'union qui reléguerait ce pays de 9 millions d'habitants au rang de simple province russe.

Esquissé à la fin des années 1990 à travers un traité d'assistance mutuelle et économique, ce projet avait rebondi en 1999, au moment où l'Otan décidait d'intervenir au Kosovo. Il prévoyait alors la création d'une union russo-biélorusse censée aboutir à une intégration poussée avec un seul président, un Parlement unique, un hymne et une monnaie commune. Jamais mis en œuvre devant la réluctance de Minsk, il revient brusquement sur la table en 2019, car le Kremlin a sur ses radars l'urgence d'une situation qui risque de s'envenimer à l'approche du sixième mandat d'Alexandre Loukachenko.

À soixante-six ans, le « dernier dictateur d'Europe » n'a pas l'intention de céder un iota de son pouvoir, même au profit de son allié moscovite. Sa résistance excède de plus en plus Vladimir Poutine. Sa façon de jouer sur deux tableaux, en multipliant les gestes d'ouverture vers l'Occident – ce qui se traduit par la venue à Minsk, en février 2020, du secrétaire d'État américain, Mike Pompeo, une première depuis vingt-six ans –, son intention de diversifier ses approvisionnements en pétrole et son obstination à refuser l'installation d'une base russe sur le territoire biélorusse passent de plus en plus mal à Moscou. La tension culmine le 29 juillet, lorsqu'Alexandre Loukachenko dénonce une tentative de déstabilisation par les Wagner. Ce jour-là, les autorités biélorusses diffusent les noms, surnoms et dates de naissance de trente-deux mercenaires russes, en affirmant qu'ils font partie d'un groupe de deux cents hommes chargés de perturber l'élection présidentielle. Le Kremlin explique placidement qu'il s'agit de personnes « en transit », voire d'une « opération des services secrets ukrainiens et de leurs collègues américains », et l'UE ne bronche pas.

Comme d'habitude depuis qu'il dirige le pays, le président biélorusse a pourtant pris toutes les précautions pour empêcher des candidats potentiellement dangereux de se présenter. Le premier, Sergueï Tikhanovski, célèbre blogueur et militant pro-démocratie, est arrêté et jeté en prison en mai 2020. Le deuxième, Viktor Babaryko, suit le même chemin à la mi-juin. À la tête depuis vingt ans de Belgazprombank, filiale du puissant groupe russe Gazprom et de sa société bancaire Gazprombank, ce banquier biélorusse est accusé d'« activités illégales » et de collusion avec des « marionnettistes » de Moscou[3] après l'ouverture d'une enquête par le KGB (Minsk a conservé le nom soviétique pour ses services de sécurité) concernant un versement allégué de plusieurs millions de roubles biélorusses à « un groupe criminel organisé » au sein de son entreprise[4]. La candidature du troisième, Valeri Tsepkalo, diplomate devenu opposant, est invalidée.

Seule Svetlana Tikhanovskaïa, l'épouse du blogueur emprisonné, peut concourir, ultime rebuffade d'un régime qui croit pouvoir humilier un rival féminin, et de surcroît totalement novice en politique. C'est pourtant vers cette enseignante d'anglais que tous les espoirs vont se tourner. Contre toute évidence, Alexandre Loukachenko l'emporte avec 80,08 % des voix. À l'annonce de ce résultat, des milliers de manifestants envahissent les rues de Minsk et d'autres villes. La répression impitoyable qui s'abat sur les protestataires provoque la mort d'au moins deux personnes et engendre des centaines de blessés en plus d'arrestations massives. De nombreux cas documentés de torture font état d'os brisés, de viols, de brûlures à l'électricité[5]. Le 11 août, l'opposante Svetlana Tikhanovskaïa s'exile par sécurité en Lituanie. Malgré la peur, malgré la poursuite des actions de violence par des hommes en civil, cagoulés de noir, le mouvement ne s'éteint pas.

Alors que la situation se dégrade d'heure en heure, Vladimir Poutine félicite dès le lendemain du vote son homologue biélorusse pour sa « victoire ». « J'espère que votre gouvernance facilitera le développement de relations russo-biélorusses mutuellement avantageuses dans tous les domaines, une coopération plus étroite au sein de l'État de l'Union[6] », souligne-t-il. Le chef du Kremlin sait que le fruit est mûr : Alexandre Loukachenko n'a plus qu'une issue. Plus aucune relation avec l'UE n'est envisageable pour ce dirigeant qui vient une nouvelle fois de faire étalage de son extrême brutalité au cœur même de l'Europe.

Il avait fallu du temps, déjà, pour effacer les traces de 2005. Un an après la révolution orange en Ukraine, une organisation de droits civiques, Zubr, inspirée du mouvement serbe Otpor !, avait tenté d'appuyer l'opposition contre le dirigeant biélorusse, au pouvoir depuis dix ans déjà. S'étaient ensuivies une « impressionnante série d'emprisonnements politiques » et la proclamation par Alexandre

Loukachenko qu'il n'y aurait jamais en Biélorussie aucune révolution « rose », « orange », ou même, lance-t-il, de la « banane »[7]. Le scénario se reproduit en 2010, mais paradoxalement, l'« exemple ukrainien » en 2014 redonne un peu d'oxygène à l'autocrate, aucune capitale européenne ne souhaitant ouvrir un nouveau front avec la Russie. Six ans plus tard, le réveil de la société biélorusse ramène les Vingt-Sept à la réalité : l'autocratie, issue de l'époque soviétique, n'a pas disparu.

À l'été 2020, ce rappel prend la forme d'un drapeau blanc-rouge-blanc[8]. Étendard officiel de l'éphémère République populaire biélorusse de 1918, puis du mouvement national anticommuniste, il concurrence aujourd'hui la bannière rouge et verte de la Biélorussie soviétique, sans la faucille et le marteau. Et toujours aucun slogan hostile, aucune référence à la Russie, malgré sa présence de plus en plus visible dans les événements. Moscou envoie ses spécialistes ès propagande remplacer les journalistes biélorusses des médias audiovisuels publics gagnés par la grève, et Alexandre Loukachenko remercie chaleureusement RT pour son aide[9]. Le ruban noir et orange de Saint-Georges, pourtant interdit depuis 2014 en Biélorussie pour prévenir un scénario ukrainien, fait son apparition sur des uniformes. En Russie, tous ces événements sont suivis de près par Alexeï Navalny, qui publie sur son compte Instagram de nombreuses photos des mouvements de foules biélorusses réclamant le départ de leur dirigeant.

Le 27 août, cinq jours après que l'opposant russe victime d'un empoisonnement ait été transporté à Berlin dans un état critique, Vladimir Poutine estimait que les forces de sécurité biélorusses avaient fait preuve, « malgré tout », de « retenue »[10]. La Russie, précisait-il a constitué une « réserve » de forces de sécurité prête à intervenir en Biélorussie au cas où « des éléments extrémistes, utilisant des slogans politiques comme couverture, dépasse[raie]nt les bornes et commence[raie]nt à piller le pays, brûler des véhicules, des maisons, des banques, ou tente[raie]nt de s'emparer de bâtiments administratifs ». Une intervention justifiée par l'existence d'un accord de coopération avec Minsk, l'Organisation du traité de sécurité collective (OTSC), signé en 2002, et à « la demande » de son dirigeant – comme avant lui, Bachar al-Assad, avait adressé une demande d'aide à Moscou.

En révélant l'existence de cette « réserve de forces » pour la Biélorussie, Vladimir Poutine a cependant agi différemment des précédents ukrainien et syrien. Cette fois, il a pris les devants, et lancé un avertissement à l'Occident. Nul besoin en effet de rappeler aux Européens, et en particulier aux Polonais et aux Lituaniens qui soutiennent activement la fronde biélorusse, que l'exercice militaire russe Zapad 2018 avait précisément étudié l'éventualité d'un « désordre » en Biélorussie. Instruit par l'affaire ukrainienne, le chef du Kremlin se garde donc une marge de manœuvre. Tous les scénarios sont possibles, laisse-t-il croire – avec ou sans Alexandre Loukachenko –, à la condition toutefois qu'ils aboutissent à une seule et même conclusion : le régime biélorusse ne doit pas changer de nature, et même se montrer plus conciliant sur le projet d'union. Pour un temps au moins, ce sera avec. Le dirigeant biélorusse a prêté serment en catimini le 23 septembre 2020 dans son palais.

À Moscou, où l'on présente fallacieusement l'Otan sur le pied de guerre à la frontière biélorusse, tout en invoquant un contexte général de terrorisme international, les autorités, relayées par les médias, n'évoquent plus la situation en Biélorussie que comme une affaire intérieure à l'État de l'Union entre les deux pays[11]. Le SVR, service extérieur russe, nourrit cette narration en considérant les démocrates biélorusses comme des extrémistes entraînés par la CIA dans les pays baltes, en Pologne, en Ukraine et en Géorgie. Devenu totalement dépendant du Kremlin, Alexandre Loukachenko a lui-même fini par endosser l'idée d'une union de son pays avec la Russie.

« L'URSS COMMENCE SEULEMENT À SE DÉTRUIRE »

Dix-huit mois avant les événements biélorusses, Andreï Kortounov, directeur du Conseil russe pour les affaires internationales, un cercle de réflexion, avait pressenti l'arrivée de nouvelles turbulences profondes dans l'espace postsoviétique. « L'URSS commence seulement à se détruire », constatait cet observateur avisé de la région pour qui l'Ukraine constituait seulement le « premier acte »[12]. « En 1991, poursuivait-il, sa dissolution [de l'Union soviétique] était le résultat d'un processus venu d'en haut qui a peu touché les sociétés. Ces dernières ont continué à vivre dans le même espace, et tout le monde se demandait si quelque chose s'était passé. Mais nous voyons aujourd'hui le sang couler, les conflits et les tentatives de rassembler les morceaux augmenter, sans que personne ne sache vraiment comment cela va se terminer. » La première, la Moldavie avait commencé le processus.

À peine cette ex-petite république soviétique coincée entre la Roumanie et l'Ukraine avait-elle accédé à l'indépendance qu'à l'aube des années 1990, la Transnistrie, la région la plus industrialisée du pays, située sur la rive gauche du Dniestr et peuplée de russophones, se proclamait république soviétique. La guerre civile qui a suivi, au prix de plusieurs centaines de morts, a abouti à l'instauration d'une enclave « autonome » sous la « protection » de troupes russes maintenues sur place. Cette situation s'est peu à peu transformée en un « conflit gelé », le premier d'une série qui touche très vite le Caucase. Au même moment, en 1992, des affrontements armés éclatent en effet sur le territoire de la Géorgie, dans la région d'Abkhazie, contraignant des dizaines de milliers de Géorgiens ethniques à fuir, avant que le différend ne s'étende à une autre région, l'Ossétie du Sud. Dans ces deux territoires, sur le modèle de ce qui sera fait plus tard dans le Donbass, Moscou commence à distribuer massivement des passeports russes.

Cette politique délibérée permet à la Russie d'exercer une pression continuelle sur ses nouveaux voisins indépendants en conservant dans son giron des populations « russophones » disputées. En août 2005, soit trois ans avant que la guerre n'éclate avec la Géorgie, plus de 80 % des Abkhazes détenaient déjà, selon le ministère russe des Affaires étrangères, un passeport d'autant plus indispensable que les pensions de retraite n'étaient plus versées, cette année-là, qu'à leurs détenteurs[13]. Le conflit, qui menaçait depuis la fin de l'URSS, finit par éclater en 2008 lorsque Tbilissi déclenche une offensive armée pour tenter de reprendre le contrôle de l'Ossétie du Sud. Il tourne rapidement court, après l'envoi de troupes russes appelées à défendre des populations d'autant mieux disposées qu'elles possédaient elles aussi un passeport russe. Le 26 août 2008, dix jours après l'arrêt des combats, la Russie reconnaît l'indépendance de l'Ossétie du Sud et de l'Abkhazie.

Seule, dans cette région inflammable du Caucase, l'Arménie parvient en 2018 à rompre en douceur avec l'ancien système à l'issue d'une révolution de velours pacifique qui porte au pouvoir l'ex-opposant Nikol Pachinian. La méthode de ce dernier, parcourant le pays à pied, en baskets, pour fédérer un vaste mouvement de contestation contre la corruption des autorités, déplaît à Vladimir Poutine. Mais le chef du Kremlin sait aussi que l'asymétrie vis-à-vis de la Russie de cette petite république de moins de 3 millions d'habitants est trop importante, et les manifestants ont soigneusement évité tout slogan hostile. La dépendance économique de ce petit territoire pauvre, dont la frontière avec la Turquie est surveillée par les garde-frontières russes du FSB, est énorme et sa position stratégique, au sud du Caucase, mitoyen de l'Iran et de la Turquie, le rend précieux aux yeux de Moscou.

Fin septembre 2020, cependant, les affrontements reprennent avec une violence inouïe entre l'Arménie et l'Azerbaïdjan pour le contrôle du Haut-Karabakh – une enclave peuplée en majorité d'Arméniens, intégrée à la république d'Azerbaïdjan du temps de l'URSS – qui s'était autoproclamé indépendant lors de la guerre de 1992-1994 (30 000 morts)[14]. La réactivation des combats avec le soutien actif de la Turquie auprès de l'Azerbaïdjan prend Moscou au dépourvu. Vladimir Poutine est le premier à révéler la présence plus d'un millier de mercenaires syriens recrutés par Ankara et envoyés en soutien aux forces azerbaïdjanaises. Conseillers militaires, drones et avions F16 turcs sont également signalés sur place. Pour autant, Moscou mesure son aide à son allié arménien en se réfugiant derrière le fait que leur accord de défense dans le cadre de l'OTSC ne concerne pas l'enclave du Haut-Karabakh, dont l'indépendance n'a pas été reconnue par la communauté internationale.

Dans sa volonté de préserver son influence régionale face à l'ingérence turque, dans un ancien pays soviétique et turcophone qu'il considère comme son arrière-cour, le pouvoir russe se garde de s'engager hâtivement en faveur de l'Arménie. Au risque de laisser des traces durables dans le paysage politique arménien, voire dans tout l'étranger proche, le Kremlin a attendu la défaite militaire d'Erevan pour siffler la fin des combats et imposer la fin des hostilités, en novembre 2020, après six semaines d'affrontements et après discussions avec Ankara. Moscou a imposé le déploiement de 1 960 soldats russes dans la zone pour une durée de cinq ans tacitement renouvelables[15].

En plus de sa présence militaire dans les deux régions géorgiennes sécessionnistes, l'Abkhazie et l'Ossétie du Sud, la Russie prend ainsi une nouvelle position stratégique dans le Caucase du Sud, proche de la frontière entre la Turquie et l'Iran. Comme en Syrie, Vladimir Poutine et Recep Tayyip Erdoğan se sont autorisés à remodeler les équilibres régionaux tout en se positionnant comme médiateurs. Les deux dirigeants ont pris le plus grand soin d'agir en dehors du cadre onusien et d'écarter les Occidentaux, notamment la France et les États-Unis, pourtant coprésidents du groupe de Minsk chargé de la résolution du conflit depuis 1994, dans le cadre multilatéral de l'OSCE. La position du Kremlin vis-à-vis d'Erevan n'est pas sans lien avec le profil indépendant du Premier ministre arménien, Nikol Pachinian. La rédactrice en chef de RT, Margarita Simonian, elle-même d'origine arménienne, a alors exprimé l'état d'esprit de Moscou à son égard en le qualifiant de « traître », tout en brocardant au passage ses supposés soutiens occidentaux : « Soros, le Département d'État, le Pentagone, Macron[16]. »

À l'est, les pays d'Asie centrale ne sont pas plus épargnés que les autres par les turbulences postsoviétiques. Depuis 2014, la doctrine militaire russe reconnaît comme risque « l'établissement dans les États voisins de la Fédération de Russie de régimes dont la politique menace ses intérêts, y compris à la suite du renversement d'un pouvoir légitime[17] ». Et cela vaut pour tous.

Chaque élection, chaque changement à la tête des nouveaux États indépendants sont donc étroitement surveillés par le Kremlin, et deviennent source de tensions lorsque l'unique jauge d'appréciation des gouvernants repose sur cette interrogation : « pro-européen » ou « pro-russe » ? L'élection, le 15 novembre 2020, de Maia Sandu, première femme présidente de Moldavie, et chantre de la lutte contre la corruption, a aussitôt provoqué l'ire de Moscou en annonçant son intention de demander le départ des troupes russes de Transnistrie.

Il existe bien sûr quelques variantes. Lors de la chute de l'URSS, les dirigeants des anciennes républiques faisaient tous partie d'une classe d'*apparatchiks* formés au même moule soviétique. Outre le Biélorusse Alexandre Loukachenko, deux sont encore au pouvoir, Noursoultan Nazarbaïev, proclamé *yelbasy*, « père de la nation », qui continue *de facto* à diriger le Kazakhstan depuis 1990, et Emomalii Rhamon qui se maintient à la tête du Tadjikistan depuis 1992. Deux sont morts en fonction, Islam Karimov en Ouzbékistan et Saparmourat Niazov au Turkménistan, remplacés par d'anciens ministres. L'Azerbaïdjanais Islam Aliev a succédé à son père. Ceux-là sont des partenaires très stables. Ailleurs, l'alternance s'avère périlleuse, comme lors de la révolution des tulipes au Kirghizistan, qui s'achève, en 2005, par le départ forcé de son premier président, Askar Akaïev, et qui s'est traduit par l'instauration du seul pluralisme démocratique de la région. Les contestations électorales survenues à l'automne 2020 ont préoccupé Moscou qui, comme à son habitude, a privilégié « l'ordre » incarné par Omourbek Souvanaliev, lors de sa prise de contrôle au moment des troubles du GKNB, les services de sécurité kirghizes[18].

Devant la progression de l'influence occidentale, turque et chinoise en Asie centrale, Moscou tente une approche régionale plutôt que bilatérale dans un nouveau format, au contenu passablement indistinct, « Asie centrale + Russie ». Mais la langue russe perd partout du terrain. Comme en Azerbaïdjan, en Ouzbékistan ou au Turkménistan, l'alphabet latin remplace peu à peu le cyrillique, tandis qu'au Kazakhstan, cette réforme devrait s'achever en 2025. Ce pays, le plus vaste des anciennes républiques soviétiques, possède bien une enclave totalement administrée par Moscou, la base de Baïkonour, d'où se sont écrites les plus belles pages de l'aventure spatiale russe, mais pour combien de temps encore ? En 2004, le nouveau bail signé par Vladimir Poutine a certes étendu jusqu'en 2050 la concession du cosmodrome, seul à même, jusqu'ici, d'effectuer des lancements en orbite géostationnaire. Moscou, qui verse chaque année plusieurs millions de dollars de loyer, a néanmoins souhaité réduire les risques de se voir déposséder du site par le Kazakhstan. Décision a donc été prise de construire le nouveau cosmodrome Vostotchny, dans la région de l'Amour, à l'extrême sud-est de la Russie. En dépit de nombreux retards, liés à d'énormes affaires de corruption, les premières fusées Soyouz y ont été lancées.

Le président du Kazakhstan, Noursoultan Nazarbaïev, a été l'un des piliers de l'Union économique eurasiatique (UEE). Le projet, longtemps mis de côté, a vivoté sous différentes formes avant d'être relancé en 2014, lorsque Moscou a réalisé que le conflit ukrainien coupait la Russie de sa principale source de développement et de modernisation, l'Europe, sur laquelle elle avait misé ces trente dernières années. Outre la Russie et le Kazakhstan, trois autres pays, l'Arménie, la Biélorussie et le Kirghizistan, adhèrent à l'UEE, tandis que l'Ouzbékistan, après moult hésitations, devrait s'en rapprocher. Inspirée du modèle européen, l'UEE repose cependant sur une relation très asymétrique entre la Russie et ses anciens satellites. Si ces derniers sont bien conscients de la nécessité d'admettre que leur sécurité passe par Moscou, ils se montrent en revanche beaucoup plus pointilleux sur les conditions de l'alliance. En s'abstenant de voter au Conseil de sécurité de l'ONU pour la résolution russe visant à condamner les frappes aériennes lancées en avril 2018 par l'aviation américaine, française et britannique, contre le régime syrien de Bachar al-Assad, le Kazakhstan, déjà, s'était attiré les foudres de son voisin russe.

La susceptibilité des partenaires de la Russie reste vive. En mai 2020, le sommet des chefs d'État de l'UEE a ainsi achoppé sur les perspectives de coopération pour 2025. Les critiques n'étaient pas seulement venues, comme souvent, de l'Arménie et de la Biélorussie, désireuses d'obtenir une diminution du prix du gaz russe, mais du président kazakh, Kassym-Jomart Tokaïev. Ce fidèle de Noursoultan Nazarbaïev, installé au pouvoir par ce dernier, a mis en avant le rejet probable « par les opinions publiques » d'une harmonisation des législations, notamment en matière de douanes, qui limiterait « les droits souverains » des gouvernements[19]. Dans cette entreprise de retour à la puissance soviétique, il manque toujours à Vladimir Poutine le soutien d'un partenaire de poids : l'Ukraine, qui a rompu pas moins de quarante-huit accords avec la Russie.

Le Partenariat oriental européen en concurrence

La Géorgie, dont les relations diplomatiques avec Moscou, pour cause de conflit, transitent désormais par l'intermédiaire de la Suisse, est un autre partenaire manquant. Et la guerre de 2008 avec la Russie a eu un effet inattendu pour le Kremlin : moins d'un an après, le Partenariat oriental de l'UE est lancé dans le cadre de sa Politique européenne de voisinage (PEV). Inaugurée à Prague en 2009, l'initiative, qui associe les États membres de l'UE et six pays de l'ex-bloc de l'Est (Arménie, Azerbaïdjan, Biélorussie, Géorgie, Moldavie et Ukraine), doit déboucher sur une nouvelle génération d'accords avec des pays de l'ancien bloc de l'Est. En échange de réformes politiques et économiques, l'UE s'engage à établir de nouvelles relations contractuelles, à conclure des accords de libre-échange et à assouplir le régime des visas. Dans l'esprit des Européens, il s'agit moins d'un instrument de pré-adhésion que d'un objet destiné à stabiliser une région autour de quelques principes tels que le respect du droit international, l'engagement en faveur des valeurs fondamentales de la démocratie, le développement de l'économie de marché et d'une bonne gouvernance. Les six pays partenaires, sous le choc des événements en Géorgie, y voient pour leur part une forme d'assurance alors que plusieurs d'entre eux ont sur leur propre territoire des « conflits gelés ». Mais pour le Kremlin, c'est une déclaration de guerre.

Moscou va faire pression par tous les moyens sur ses alliés, notamment *via* la fourniture de gaz, dans l'espoir d'éloigner le « club des six » de l'orbite européenne. Dès 2011, la Biélorussie préfère s'éclipser. En 2013, seules la

Géorgie et la Moldavie signent le premier volet de l'accord d'association. En 2013, l'Ukraine, sous la pression russe, annonce son intention de renoncer pour de bon à sa signature, ce qui déclenche les premières manifestations pro-européennes de Maïdan, à Kiev. Pour avoir persévéré, la petite Moldavie, elle, est punie : la Russie impose un embargo sur les fruits et la viande moldaves, qui affecte durement le pays le plus pauvre d'Europe. Ces crises à répétition, et le conflit qui enflamme l'Ukraine, ont pour effet immédiat de figer le Partenariat oriental. Réunis à Riga, en mai 2015, vingt-cinq chefs d'État et de gouvernement s'empressent d'en atténuer la portée et de lever toute ambiguïté quant à une éventuelle adhésion, maintenue jusqu'ici dans le flou. « Il fallait être franc avec eux », dira le Premier ministre belge, Charles Michel. « Le partenariat n'est pas un instrument pour l'élargissement mais pour un rapprochement. Il ne faut pas susciter de fausses attentes auxquelles nous ne serions pas en mesure de répondre », indique pour sa part Angela Merkel[20]. Dans l'esprit de la chancelière allemande, la stabilisation de l'est de l'Europe doit ménager la Russie.

Au final, trois pays sur six seulement – l'Ukraine, après le changement de pouvoir, est revenue à sa signature – se sont engagés dans un accord d'association. Les trois autres restent des partenaires dans l'antichambre. À Bruxelles, en mai 2019, le dixième anniversaire du Partenariat oriental a été fêté sobrement par un dîner, où l'on se réconforte malgré les « difficultés rencontrées dans la région », évoquées par la chef de la diplomatie européenne, Frederica Mogherini. Le 18 mars 2020, la Commission européenne a rédigé une nouvelle feuille de route à plus long terme sous le titre révélateur « Renforcer la résilience[21] ». Parmi les objectifs fixés pour les années à venir, ce partenariat doit permettre de renforcer « des économies résilientes, durables et intégrées », et favoriser « des institutions comptables de leurs actes pour l'État de droit et pour la sécurité ». Aller plus loin serait prendre le risque de froisser le Kremlin.

Après les événements survenus à l'été 2020, de plus en plus de voix s'élèvent néanmoins pour relancer le processus. « Notre voisinage oriental est la région du monde où l'UE garde encore toute son attractivité et Poutine y est loin d'avoir gagné la partie, exhorte Thornike Gordadzé, enseignant à Sciences Po et ancien ministre géorgien de l'Intégration européenne. Au contraire, c'est bien là qu'il a essuyé ses pires revers : l'Ukraine est certainement sa plus grande défaite que l'annexion de la Crimée et la guerre dans le Donbass n'effaceront jamais. C'est bien l'est de l'Europe qui met à mal le mythe de son génie politique[22]. »

Trente ans après la chute de l'URSS, le monde postsoviétique reste un terrain mouvant, marqué historiquement par les manipulations démographiques et territoriales de l'ère stalinienne. À l'exception des pays baltes, qui ont réussi leur transition démocratique et économique en intégrant les institutions européennes et otanienne, les anciennes républiques soviétiques sont embourbées dans les problèmes de territoires, de gouvernance et de corruption. Le Kremlin entend maintenir sous sa coupe l'ensemble de ces États pourtant souverains, et même aller plus avant en restaurant un ensemble cohésif sous une domination plus franche. Au-delà, les outils politiques et économiques de l'étranger proche, tels que l'UEE et l'OTSC, sont de nature, dans l'esprit du président russe, à intégrer à l'avenir des pays comme la Syrie, l'Iran ou le Venezuela, ses alliés de l'étranger distant.

9

La Syrie, un modèle traumatique

Il franchit portes dorées et pièces en enfilade avec solennité, le regard droit et le pas rapide. Vladimir Poutine marche en tête, sûr de lui, en costume sombre. Un peu en retrait, un peu moins assuré, son obligé Bachar al-Assad le suit. Voilà quatre ans que la révolution syrienne a débuté. D'abord pacifiques, les opposants ont fini par s'armer pour se défendre contre la répression du régime avant d'être débordés par des forces djihadistes. Dans ce théâtre de guerre devenu illisible, la Russie est intervenue militairement pour sauver son régime moins d'un mois auparavant, le 30 septembre 2015. Le site d'investigation russe Conflict Intelligence Team, spécialisé dans le renseignement d'origine sources ouvertes et humaine, s'interroge sur un glissement préalable de la Russie dans les opérations militaires en Syrie[1], conforté notamment par les *selfies* de soldats russes déjà sur place. L'autorisation du Parlement (unanime, précise RT)[2], conformément à la Constitution russe, elle, n'est votée qu'à la date du 30 septembre.

Quoi qu'il en soit, ce 20 octobre 2015, accoudé sur son fauteuil, le chef du Kremlin parle et Bachar al-Assad l'écoute.

Il est venu remercier son hôte pour son action décisive en faveur de « l'unité de la Syrie et son indépendance » dans « le cadre du droit international »[3]. Malgré l'usage d'armes chimiques, et déjà des dizaines de milliers de morts, des millions de déplacés et réfugiés à une échelle inédite depuis la Seconde Guerre mondiale, ou encore l'émergence de l'EI, Bachar al-Assad explique alors que, grâce au président russe, un « scénario plus tragique » a été évité.

Les images de civils recouverts de poussière et implorant le ciel dans les décombres de leurs immeubles détruits par un *barrel bomb*, ces tonneaux remplis d'explosifs et lâchés par hélicoptère, ont déjà fait le tour du monde[4]. D'autres montrent un flot de civils affamés qui s'écoule dans les ruines d'un camp palestinien de la banlieue de Damas, assiégé par les forces du régime. Un père en pleurs avec ses enfants tente de rejoindre la Grèce par la mer dans une embarcation de fortune. Un autre, portant son fils dans les bras mais qu'une journaliste hongroise fait trébucher, s'effondre aux portes de l'Union européenne. En Syrie continuent d'affluer les images d'enfants suffoquant dans l'enfer du gaz au cours de l'une des quelque trois cents attaques aux armes chimiques lancées par le régime[5].

L'appui de Moscou à Damas s'est exprimé à travers une suite d'événements inattendus qui ont démontré une volonté acharnée de défendre le despote syrien.

Soutenir Damas coûte que coûte

Vladimir Poutine l'a voulu : Bachar al-Assad est toujours à la tête de la majeure partie de la Syrie, « puisque c'est ça l'objectif[6] ». Il fallait faire un contre-exemple ultraviolent, créer un modèle traumatique. Bachar ou le chaos ? Grâce au Kremlin, ce sera Bachar *et* le chaos. C'est un message au monde, qui doit marquer les esprits, et pour longtemps. Moscou appelle cela « stabiliser les autorités légitimes[7] », sachant que, pour le pouvoir russe, « stabilité » induit l'absence d'alternance démocratique. Mais d'où vient la légitimité du régime syrien ? Est-ce le fait du coup d'État prosoviétique de 1966 ? De la purge de 1970 ? Ou bien provient-elle d'élections présidentielles « gagnées » par la dynastie al-Assad, Hafez puis son fils Bachar, en 1971 (99,2 %), 1978 (99,9 %), 1985 (100 %), 1991 (100 %), 1999 (100 %), 2000 (99,7 %), 2007 (97,3 %)[8] ?

À l'élection suivante, quoique gratifié d'un plus modeste score (88,7 %)[9], Bachar al-Assad a reçu les félicitations de Daniel Ortega, président du Nicaragua lui-même classé au bas du tableau du Democracy Index (122 sur 167 pays en 2019), de Nicolás Maduro (Venezuela, 140/167) et de Kim Jong-un (Corée du Nord, 167/167)[10]. Alexandre Loukachenko, de Biélorussie (150/167), a congratulé quant à lui le dirigeant qui combat « avec succès contre le terrorisme et l'intervention étrangère dans ses affaires intérieures[11] ». L'Iran (151/167) et, bien sûr, la Russie (134/167) ne se sont pourtant pas privés en termes d'ingérence en République arabe syrienne (152/167). Une « internationale autocratique » dont le Kremlin entend être, grâce à la Syrie, le premier défenseur.

Surprise comme le reste du monde par le printemps arabe, qui s'étend très vite dans plusieurs pays, la Russie a pris acte des changements en Tunisie et en Égypte. Elle dénonce par réflexe des mouvements pro-américains, mais n'a pas encore, en 2011, de ligne politique précise[12]. Tout change pendant la révolution libyenne. En compétition avec l'Occident et l'Asie pour la captation des ressources du pétrole libyen, Moscou ne s'en était pas trop mal sorti avec l'annulation de 4,5 milliards de dollars de dette contre des contrats ferroviaires ou d'armement. Le printemps arabe, cependant, se solde par une ardoise évaluée en 2011, à 10 milliards de dollars, rien que dans le secteur des armes, selon Sergueï Tchemezov, ancien collègue de Vladimir Poutine dans l'ex-RDA et dirigeant de Rostec, le consortium public géant de l'armement russe[13]. Surtout, le chef du Kremlin ne digère pas l'intervention militaire occidentale en Libye, ni la mort de Kadhafi, lynché et tué dans les environs de Syrte après avoir mis sous sa coupe le pays pendant quarante-deux ans.

Lorsque débutent les manifestations pacifiques des Syriens en faveur de droits sociaux et d'élections libres, Vladimir Poutine considère que les révolutions arabes, qui provoquent la chute d'autocrates les uns après autres, vont trop loin, et qu'il faut arrêter cette contagion. Une révolution de plus, surtout en Syrie, apparaît alors comme une menace existentielle aux yeux du président russe. Comme en Libye, la Syrie a une longue et turbulente histoire de coopération avec la Russie[14]. Moscou craignait de perdre l'accès aux installations du port syrien de Tartous en Méditerranée et sa relative implantation stratégique au Moyen-Orient. Les conditions sont donc réunies pour établir dans ce pays un nouveau rapport de force avec les Occidentaux.

Au Kremlin comme au palais de Mezzeh, on loue l'ouverture politique du despote damascène face à un « complot occidental », en mettant en avant, par exemple, la fin de l'état d'urgence avec le décret 161 d'avril 2011. Mohammed Ibrahim al-Chaar, ministre de l'Intérieur, a tout de même prévenu la population de « se retenir de prendre part à des marches, manifestations ou sit-ins sous quelque bannière que ce soit [...] dans l'intérêt de la sécurité du peuple et la stabilité du pays[15] », qui est assurée par les *moukhabarat*, les agents des services de sécurité. « Comme eux, expliquent les journalistes russes Andreï Soldatov et Irina Borogan, le FSB se consacre à la protection d'un régime autoritaire, ne rend des comptes qu'au pouvoir suprême, est à la fois impénétrable et corrompu, et a recours aux méthodes les plus dures et les plus cruelles[16]. »

Les *moukhabarat* connaissent d'ailleurs bien les méthodes des *siloviki* russes puisqu'au gré des relations entre Moscou et Damas, une coopération étroite s'est nouée entre le KGB et Hafez al-Assad, avant même son coup d'État dans les années 1960. Les *moukhabarat* syriens ont aussi dans leur héritage institutionnel la formation de hauts dirigeants par l'ancien officier SS Alois Brunner, bras droit d'Adolf Eichmann[17]. Peu importe l'idéologie, seules les méthodes comptent. L'usage particulièrement poussé de la violence est la marque du régime syrien[18].

À partir de la révolution, le quadrillage étroit et la répression ne suffisent pourtant plus et l'armée fait face aux désertions. Alors que les manifestants pacifiques sont arrêtés pour leurs opinions[19], soumis à la torture puis aux exécutions extrajudiciaires par milliers[20], la porte-parole du ministère russe des Affaires étrangères, Maria Zakharova, condamne les révélations publiées entre autres par Amnesty International[21]. De la très renommée prison de Sednaya, au nord de Damas, où nombre d'entre eux étaient incarcérés[22], des djihadistes vont être libérés par le régime syrien. Ils participeront activement à la radicalisation de la révolution qui fait le jeu de Damas[23]. Pour le chercheur Charles Lister, « il s'agissait davantage d'une manière douteuse de manipuler ses adversaires, en relâchant dans la nature ceux qu'il pourrait qualifier de terroristes dans les rangs des opposants au régime[24] ».

Alors qu'achoppent les négociations de Genève sous l'égide de l'ONU tout comme les résolutions au Conseil de sécurité paralysées par Moscou, Damas adopte en 2012 une nouvelle Constitution. La République arabe syrienne serait une démocratie respectant le droit international, le pluralisme politique, la souveraineté du pays[25]. En réalité, l'ensemble des libertés a été noté 0/100 en 2020 par l'ONG Freedom House qui a étudié le processus électoral, le pluralisme et la participation politique, le droit d'association, l'État de droit ou encore l'autonomie personnelle et les droits individuels. Le régime syrien a même reçu un score négatif dans la catégorie « fonctionnement du gouvernement » du fait de la modification démographique dans le but de transformer les équilibres politiques[26].

À l'unisson, Moscou et Damas se prévalent de la lutte contre le terrorisme. Comme l'indiquait Wladimir Glasman, chercheur et diplomate, « pour justifier la répression et crédibiliser la thèse du complot, [Bachar al-Assad] affirme que ceux qui défilent dans les rues au cri de *silmiyyeh, silmiyyeh* ["pacifique, pacifique"] sont en réalité armés ». Selon lui, il cherche à « attirer la protestation dans une confrontation violente, persuadé que sur ce terrain il n'aura pas de mal à l'emporter. Il privera ainsi les contestataires de leur image positive en Occident[27] ».

Face à la répression féroce du régime contre son peuple, déserteurs et opposants finissent par s'armer afin de résister puis de renverser le régime de Bachar al-Assad. Une Armée syrienne libre (ASL) se met alors progressivement en place, mais peine à se structurer et à obtenir une aide militaire substantielle des Occidentaux, interdits par la situation confuse en Libye et l'arrivée de djihadistes en Syrie. Contrairement à l'atonie de l'Occident, Moscou maintient pour sa part un soutien sans faille à son allié qui va alors jusqu'à recourir à des armes chimiques, totalement proscrites par le droit international.

Les attaques militaires ciblent les groupes armés comme les civils. Les Nations unies décrivent des « tactiques de siège brutal rappelant les guerres médiévales », et dénoncent la privation de « l'accès à la nourriture », des « frappes aériennes incessantes [...] ciblant délibérément les hôpitaux et les cliniques, tuant et mutilant des civils »[28].

C'est là, en 2013, qu'intervient la fameuse « ligne rouge » de Barack Obama après le massacre de la Ghouta. Whashington menace alors, avec Londres et Paris, d'intervenir militairement. Vladimir Poutine, au faîte de la tension internationale, se saisit de l'affaire et signe son plus beau coup stratégique de la décennie. Écartant les Européens pour diviser les Occidentaux et jouer sur la prudence du président Obama, il propose à la Maison Blanche un accord inédit afin d'éviter des frappes contre le régime : l'arrêt des attaques chimiques et la livraison à l'Organisation pour l'interdiction des armes chimiques (OIAC) de ces armes dont le ministre syrien de l'Information, Omran Ahid Al-Zabi, avait pourtant nié la possession[29]. Le coup de bluff fonctionne, le président américain y adhère sans consulter ses alliés. Près de 90 % des attaques chimiques sont cependant intervenues après cet accord[30] : la ligne rouge a donc été largement piétinée sans réelles conséquences.

La Russie, conjointement avec le régime syrien, aurait même empêché le travail sur site des inspecteurs internationaux afin d'« assainir les emplacements des attaques suspectées et d'éliminer les preuves incriminant l'usage d'armes chimiques[31] ». « Jusqu'en 2013, dans toutes les conversations que j'avais avec Poutine, la Russie, à travers lui et Lavrov, exprimait sa volonté de trouver une issue diplomatique au conflit syrien[32] », témoigne François Hollande. Une manière habile d'exprimer qu'à partir de 2013, ce n'était plus le cas.

L'horreur de la répression de toute velléité divergente par Damas continue de radicaliser la révolution syrienne, plaie béante vers laquelle convergent alors les djihadistes du monde entier, y compris d'Europe, de Russie et d'Asie centrale. Le soutien diplomatique et militaire de l'Occident s'avère en effet très largement insuffisant pour que les démocrates syriens fassent chuter le régime et contiennent la déferlante djihadiste. Celle-ci submerge la révolution jusqu'à se structurer en un mouvement encore plus puissant qu'Al-Qaïda, dont il est issu, l'EI, qui déclare la création d'un califat en Irak et en Syrie, en juin 2014. La narration russo-syrienne, reposant sur l'idée que la démocratie n'est qu'un désordre et qu'il n'existe comme alternative au terrorisme que l'ordre autocratique dur, finit par s'imposer sur les aspirations de liberté et de justice des Syriens.

Deux mois après, en août 2014, le monde se mobilise contre l'EI au sein d'une grande coalition militaire internationale, baptisée opération Inherent Resolve (détermination absolue), qui réunit plus de soixante-dix États et organisations internationales. Malgré l'assertion du Kremlin selon laquelle il y aurait un déficit de coopération internationale contre le terrorisme[33], la Russie n'en fera pas partie. François Hollande explique d'ailleurs qu'avant 2015, « le jeu de Poutine va être de laisser les Occidentaux mener par la coalition la bataille contre Daech [acronyme arabe de l'EI]. Jamais, le régime [syrien] n'a combattu véritablement Daech, jamais les Russes n'ont bombardé les zones de Daech[34] ». Plus d'un an après le déploiement de cette vaste alliance internationale, Moscou se décide à faire intervenir ses forces en Syrie.

UNE OPÉRATION MILITAIRE INÉDITE

Au 30 septembre 2015 au matin, alors que les sénateurs russes étaient encore réunis pour donner leur feu vert à l'intervention, l'aviation russe est entrée en action en Syrie. Selon Moscou, qui a engagé sur le terrain trente-deux avions de combat, une vingtaine d'hélicoptères, quelques chars et véhicules et cinq cents soldats d'infanterie de marine, la composante aérienne du corps expéditionnaire a effectué une vingtaine de sorties dès le premier jour et bombardé les régions de Homs et Hama.

En octobre 2015, les bombardements russes se concentraient contre des forces autres qu'Al-Qaïda ou l'EI à plus de 90 %[35]. Pour l'ambassadeur Duclos, les Russes, en arrivant en Syrie, « sont sans doute surpris par l'état du régime, mais ils sont aussi surpris par le fait que la première réaction des Occidentaux, c'est d'offrir de la déconfliction [processus de réduction des frictions] ». Pour Vladimir Poutine, ajoute-t-il, « cela a dû lui paraître un rêve incroyable »[36].

Malgré la difficulté de différencier les forces aériennes syriennes et russes, plusieurs enquêtes ont établi que les avions russes ont bombardé des hôpitaux[37] et des zones civiles, notamment en double frappe, c'est-à-dire une seconde fois lorsque les secouristes venaient aider les blessés[38]. Les White Helmets (casques blancs), secouristes qui interviennent en zone rebelle, sont vilipendés par Moscou, qui les décrit comme des terroristes. Qu'il s'agisse d'études documentées d'ONG, d'investigations de journalistes indépendants, d'informations de source gouvernementale ou d'enquêtes de l'ONU, le Kremlin nie tout en bloc et tente de couvrir ses actions en Syrie. En plus de quinze vetos déposés au Conseil de sécurité, Moscou fait même pression sur le secrétaire général de l'ONU, António Guterres, pour qu'une enquête limitée sur les bombardements contre les civils ne soit pas rendue publique[39].

Le représentant permanent de la Russie, Vitali Tchourkine, se sert de l'ONU comme d'une tribune, renouant avec les grandes joutes oratoires de la guerre froide, critiquant les États qui voudraient changer le pouvoir et redessiner la carte de la Syrie, et les accusant de néocolonialisme[40]. Si protectorat il y a en Syrie, il s'agit pourtant plutôt d'un protectorat russo-iranien.

L'image vaut le baiser fraternel socialiste de Brejnev à Honecker, à Berlin, en 1979. Bachar al-Assad, plus grand d'une tête que le président russe, plonge vers Vladimir Poutine et l'embrasse, exprimant ainsi l'ampleur de sa reconnaissance. Le dirigeant syrien est venu à Sotchi, ce 20 novembre 2017[41]. Deux ans après l'intervention russe, les deux hommes savent l'un et l'autre que si la partie n'est pas gagnée, l'écrasement de l'Armée syrienne libre est acté, et que la reconquête sur le territoire de l'EI sera forcément bien plus consensuelle. La reconquête par la force d'Alep a démontré que le monde ne dirait plus rien, sous le choc des attentats et les mises en scène médiatiques sanglantes de l'EI. La prise de Palmyre suffit à démontrer aux Occidentaux que Moscou et Damas combattent le groupe terroriste.

Pour célébrer leur coopération, un concert mémorable a été organisé au théâtre romain de Palmyre, sous la baguette du chef d'orchestre Valeri Guerguiev, qui s'était déjà produit à Tskhinvali, « capitale » de la région géorgienne d'Ossétie du

Sud occupée par la Russie. Dans le désert syrien, le soliste phare du concert n'est autre que le violoncelliste Sergueï Roldouguine. Homme d'affaires discret, frère d'un ancien agent du KGB, il est un ami d'enfance du chef du Kremlin, celui qui lui a présenté son épouse, Lioudmila, et le parrain de leur fille Maria. Son nom avait été exposé un mois avant le concert par le Consortium international des journalistes d'investigation (Icij) et *Novaïa Gazeta* dans le cadre du scandale des *Panama papers*[42], au sujet de l'affaire de la société panaméenne Mossack Fonseca[43]. L'homme qui revendiquait une vie simple se retrouve au centre de montages financiers offshore dont les sommes prodigieuses ne rivalisent qu'avec leur origine mystérieuse. Le président russe avait clos d'une phrase les débats : « Il n'y a pas de sujet de discussion[44]. » Quelques mois après le concert, une partie du théâtre de Palmyre, reprise par l'EI, était irrémédiablement détruite, avant d'être à nouveau reconquise par les forces russes et syriennes.

En 2021, ce qui reste de la Syrie est aux mains de seigneurs de guerre à la tête d'une constellation de forces de sécurité et de milices, syriennes et étrangères, réunies sous le label du « régime ».

Pour Moscou, il fallait préserver coûte que coûte son allié et marquer un coup d'arrêt au printemps arabe pour signifier que la démocratisation n'est pas une option envisageable : ceux qui ne l'ont pas ne l'auront pas et ceux qui l'ont ne l'auront plus. Estomaqués, les interlocuteurs de Vladimir Poutine constatent que le président russe soutient mordicus la « légitimité » d'un régime sanguinaire dont le monde observe quotidiennement les exactions. « Dans les discussions, Poutine dit : “Si on en trouve un autre, pourquoi pas ? Mais tant que je n'ai pas une solution qui garantisse la stabilité, pourquoi devrais-je écarter Bachar al-Assad qui a été élu démocratiquement ? Enfin… qui a l'autorité légitime[45] ?" » rapporte François Hollande.

UN BILAN EN DEMI-TEINTE

En Syrie, les principaux objectifs militaires de Moscou étaient simples : recueillir et exploiter du renseignement, appuyer les bombardements syriens, sanctuariser l'espace aérien du régime par déni d'accès et interdiction de zone[46], monter des opérations spéciales, contrôler les territoires reconquis et patrouiller avec ou contre des forces étrangères compétitrices. Le risque porté par ces objectifs était très limité. Les avions sont intouchables du sol : « Contrairement à la guerre en Afghanistan par exemple, la majorité des opérations des VKS [Forces aérospatiales russes] ressemblent en substance à des "vols d'entraînement incluant l'usage de munitions de combat[47]" », explique l'analyste Tom Cooper.

L'état-major du corps expéditionnaire russe, installé sur la base de Hmeimim, coordonne le commandement et le contrôle des opérations avec les forces pro-régime. L'ensemble des forces russes comprend alors des forces spéciales, une brigade de guerre électronique, des drones de reconnaissance, la police militaire[48], des blindés, de l'artillerie, des unités de défense antiaérienne, mais aussi des avions d'attaque au sol, des bombardiers, un avion de reconnaissance et de renseignement, ainsi que des hélicoptères[49]. Il faut y ajouter bien sûr la force navale, et notamment les deux flottes nommées parfois avec emphase « armadas ». La première a traversé la Manche en 2016[50], avec le vieux porte-avions *Amiral Kouznetsov* ou le croiseur *Pierre le Grand*, fleuron nordique. L'autre flotte venait de la mer Noire, par les Dardanelles, en 2018, et comprenait treize navires de guerre[51]. Enfin, la guerre en Syrie fait intervenir des mercenaires russes du Corps slave, puis les fameux Wagner[52]. Une combinaison originale déployée pour colmater les déficiences de son partenaire syrien.

Pour Moscou, il s'est agi avant tout d'optimiser le coût de ce déploiement militaire afin d'atteindre l'effet stratégique voulu, prétendant à la superpuissance, mais à peu de coût[53]. La plupart des bombes russes utilisées en Syrie ont ainsi été des *dumb bombs*[54], « bombes idiotes » en anglais, peu précises par opposition aux bombes guidées, dites « intelligentes ». Ont également été utilisées des bombes à sous-munitions, objets d'une convention de droit international humanitaire (non signée par la Russie), « particulièrement dangereuses pour les civils[55] ». Igor Konachenkov, porte-parole du ministère de la Défense, a nié publiquement l'utilisation de telles armes, mais certaines ont été filmées par mégarde par RT[56]. L'ONG Human Rights Watch a également documenté l'usage de ces bombes à au moins vingt occasions rien qu'entre le 30 septembre et le 20 décembre 2015[57]. L'organisation enfonce le clou dans une nouvelle enquête sur les attaques répétées des forces armées syriennes et russes à Idlib, entre 2019 et 2020, qui enfreignent systématiquement les lois de la guerre à l'encontre des 3 millions de civils, locaux et déplacés, vivant dans cette zone tenue par les djihadistes, en ciblant notamment 12 établissements de santé, 10 écoles, 5 marchés et 4 quartiers résidentiels[58]. Une punition supplémentaire pour une population qui s'oppose pourtant à la mainmise des groupes djihadistes qui tiennent la zone[59].

Au fil des années, le régime syrien et le Kremlin semblent avoir remporté leur pari audacieux. L'élimination physique des opposants, par les bombardements aériens et d'artillerie dans les agglomérations assiégées, a été complétée par les exécutions extrajudiciaires en détention. Par ailleurs, la reprise des villes s'est faite par des forces pro-régime au sol ou, lorsque cela s'avérait trop risqué, par une alternance de bombardements et de négociations locales jusqu'à reddition. Le filtrage des forces et de la population restantes a permis d'arrêter et d'envoyer dans les geôles des *moukhabarat* ceux que le régime considérait comme suspects. D'autres, qui ont pu fuir, se sont dirigés soit vers une autre zone rebelle, soit à l'étranger. Le résultat de ces mouvements confine à une épuration politique *par le bas* de la population syrienne. Le général Jamil al-Hassan, chef du plus puissant des services de *moukhabarat*, ceux de l'armée de l'air, l'expliquait ainsi à ses collègues : « Une Syrie avec 10 millions de personnes dignes de confiance, obéissantes envers leur direction, est bien meilleure qu'une Syrie avec 30 millions de vandales[60]. »

Officiellement, en 2020, seuls 116 soldats russes avaient péri en Syrie, à l'exclusion des mercenaires dont les pertes ne sont pas prises en compte officiellement[61]. De septembre 2015 à août 2018, 18 aéronefs ont été perdus par Moscou sur 25 à 47 appareils présents en même temps sur le théâtre d'opérations, ce qui peut paraître beaucoup mais doit être relativisé si l'on en croit les chiffres officiels, qui affichent près de 40 000 sorties et plus de 120 000 cibles « détruites » à l'été 2018[62]. Ces chiffres révèlent bien sûr l'absence d'assaillants dans les airs, excepté la destruction du Su-24 par des chasseurs turcs fin 2015[63], et celle, par erreur, du Il-20 avec à son bord 15 personnes, par un système de défense antiaérienne russe opéré par le régime syrien[64].

Cet engagement militaire en valait-il réellement la peine pour le Kremlin ? La Russie se retrouve *in fine* tutrice d'un pays partiellement ruiné, considérablement dépeuplé et appauvri. Les investissements nécessaires à sa reconstruction, établis par une commission de l'ONU, s'élèvent à 388 milliards de dollars, dont 190 milliards dus aux seules destructions. Selon l'institution, ces chiffres n'intègrent pas l'impact des pertes humaines sur l'économie syrienne[65].

Le redressement économique reste dans une large mesure à réaliser. Un accord russo-syrien de 2018 donne à la Russie les droits exclusifs d'extraction du gaz et du pétrole des zones contrôlées par le régime[66]. Il existe aussi des projets de construction par la Russie d'un chantier naval et d'agrandissement du port de Tartous, de réhabilitation et de construction d'aéroports civils[67], de production électrique à Homs[68], ou des discussions pour un village touristique à Tartous[69]. Mais cela reste encore très limité devant l'ampleur des besoins.

Moscou en a donc appelé au soutien financier des Occidentaux pour reconstruire la Syrie de Bachar al-Assad : d'abord par une communication en 2018 du chef de l'état-major russe Valeri Guerassimov à son homologue américain Joseph Dunford[70], puis auprès des Européens lors du sommet quadripartite d'Istanbul, en octobre 2018, où Vladimir Poutine a sollicité ses homologues turc, allemand et français afin d'« attirer les fonds européens pour reconstruire la Syrie[71] ». Sans succès : Washington a opposé une fin de non-recevoir devant l'absence de transition politique en Syrie, et Paris comme Berlin maintiennent la ligne européenne dite « de conditionnalité[72] », exigeant une ouverture politique avant toute participation à l'effort financier. Énième échec des négociations sur la Syrie, cette rencontre à Istanbul avait acté « l'opposition de Damas au Comité constitutionnel tel que souhaité par les Nations unies[73] », ce qui n'avait pas empêché Sputnik de titrer sur un « grand succès du processus de passage à un monde multipolaire[74] ».

La Russie reste aussi indécise face à la question de l'autonomie kurde, qui contredit le centralisme du régime syrien et offre aux Occidentaux la possibilité de contrôler un vaste territoire, mais qui permet aussi de peser sur la Turquie. Le Kremlin est également bloquée par la poche d'Idlib sous contrôle de groupes djihadistes : Hayat Tahrir al-Cham (HTC, ex-Front al-Nosra, coalisé avec d'autres mouvements), le plus dangereux pour le régime, le Parti islamique du Turkestan (PIT), dangereux pour la Russie et la Chine, ainsi que des formations djihadistes liées à Al-Qaïda (Tanzim Hourras al-Din, Ansar al-Din) et d'autres cellules parfois difficiles à tracer (Ansar al-Tawhid).

Moscou est aussi en position d'équilibriste entre le Hezbollah et Israël, le premier développant ses atouts et le second frappant le premier très régulièrement en Syrie sous les yeux de la Russie, forcée à la passivité. Les relations avec la Turquie, partenaire obligée sur le terrain, restent délicates. Si le conflit syrien a permis d'attirer dans l'orbite russe un partenaire fondamental de l'Otan à l'occasion des négociations d'Astana, Vladimir Poutine doit composer avec son homologue turc sur lequel il n'a pas l'ascendant. Les velléités de puissance régionale de Recep Tayyip Erdoğan ont commencé à s'aiguiser en Syrie, avant de s'étendre à l'Irak, à la Libye, et jusque dans le Caucase, menaçant les intérêts russes. Ces dynamiques géostratégiques contraires sont renforcées par leur appétence commune pour une gouvernance autoritaire et nationaliste qui pourrait créer, au-delà de la Syrie, des frictions des Balkans à l'Asie centrale.

À l'échelon régional, plus la Russie est présente, plus elle s'expose, un dilemme stratégique typique qui avait motivé le désengagement isolationniste des États-Unis entamé par Barack Obama, poursuivi cahin-caha par Donald Trump. Enfin, la Russie s'est aliénée en Syrie un peu plus encore les Européens et les Américains, érodant de nouveau la confiance et les capacités de coopération.

En termes de sécurité, Moscou redoute plus que tout le retour de djihadistes car 9 000 ressortissants de l'ancienne Union soviétique dont 4 000 Russes (3 400 combattants) ont rejoint la Syrie. Certains « revenants » ont déjà tenté d'organiser des attentats sur le territoire russe, selon Alexandre Bortnikov, chef du FSB[75]. L'EI a aussi démontré sa capacité à frapper la Russie en dehors de son territoire lors de l'attentat, au-dessus du Sinaï, contre l'avion civil du vol Metrojet 9268. Un groupuscule lié à Al-Qaïda a par ailleurs revendiqué en avril 2017 l'attentat dans le métro de Saint-Pétersbourg qui a causé la mort de quinze personnes.

Au final, comme le rappelle le chercheur britannique Mark Galeotti, l'évaluation de la stratégie russe en Syrie est aussi très liée à la scène intérieure russe. Or, « en réalité, quand les Russes sont interrogés sur ce qui compte vraiment pour eux, tout est affaire de qualité de vie, d'être à l'abri de la corruption… La grandeur de la Russie n'arrive qu'à la fin de la liste des priorités. La Syrie ? La Syrie n'est pas une guerre populaire. C'est un exemple d'usure et de stagnation du système Poutine[76] ». Si c'est une victoire, c'est une victoire à la Pyrrhus.

10

En Europe, la percée subversive

L'air grave, Angela Merkel annonce : « L'information est déroutante[1]. » La chancelière réagit à l'empoisonnement d'Alexeï Navalny tout juste analysé par l'armée allemande avant d'être confirmé par des laboratoires français et suédois : l'opposant principal au Kremlin a été victime d'une attaque au Novitchok. Ce nom russe est déjà familier en Europe. Il a semé la panique, deux ans auparavant, au Royaume-Uni dans une autre tentative d'empoisonnement qui a conduit à la plus grande expulsion coordonnée de diplomates russes en Occident. Cet agent neurotoxique militaire, qui serait plus létal que le VX utilisé pour assassiner le demi-frère du dirigeant nord-coréen[2], est sorti dans les années 1970-1980 de l'Institut GNIIOKhT, classé par Vladimir Poutine comme entreprise stratégique peu après son arrivée au pouvoir, en 2004[3]. Ultrarapide, le Novitchok bloque la transmission des messages nerveux aux organes et provoque convulsions, paralysie et arrêt respiratoire.

L'empoisonnement du principal opposant au Kremlin, qui s'est produit en Russie avant son transfert en Allemagne à la demande de sa famille, s'inscrit comme un nouvel épisode dans une série macabre. En plus des précédents Litvinenko en 2006[4] et Skripal en 2018[5] au Royaume-Uni, la Bulgarie et l'Allemagne ont connu des affaires similaires. À Sofia, en 2015, trois Russes ont été accusés après la tentative d'empoisonnement du fabricant d'armes Emilian Gebrev, de son fils et de l'un des responsables de son entreprise[6]. À Berlin, en août 2019, un Géorgien d'origine tchétchène, ancien commandant indépendantiste, est tué par balles[7]. Des scénarios comparables se sont produits en France et en Autriche en 2020. Une équipe du GRU, le renseignement militaire russe, l'unité 29155[8], serait dédiée à ces assassinats et aux actions directes en Europe, mettant au défi les services de sécurité européens.

L'Europe, nouveau terrain de jeux des services russes ? Avec l'affaire Navalny, la chancelière allemande, figure de proue de la démocratie européenne et familière du poutinisme depuis longtemps, russophone de surcroît, est bien décidée cette fois-ci à ne pas laisser passer. Moscou nie toute responsabilité dans l'état d'Alexeï Navalny, que l'agence publique d'informations Tass définit comme un « blogueur russe[9] ». Inébranlable défenseur du Kremlin, Sergueï Lavrov prend ces déclarations avec « une bonne dose de scepticisme », et juge les médecins russes « plus transparents » que leurs collègues allemands[10]. Quant à Vladimir Poutine, il avance l'hypothèse, lors d'une conversation téléphonique avec Emmanuel Macron, qu'Alexeï Navalny « aurait pu absorber lui-même le poison[11] ».

Incrédule face à une telle attitude, l'UE a pris le 15 octobre 2020 de nouvelles sanctions, après l'affaire ukrainienne, contre plusieurs proches du président russe. Elles visent Andreï Yarine, chef du département des Affaires intérieures de l'administration présidentielle, son influent adjoint Sergueï Kirienko, le vice-ministre de la Défense Pavel Popov, trois autres responsables ainsi que l'Institut GNIIOKhT. Dans la foulée, le Royaume-Uni fait de même contre sept personnalités, dont le patron du FSB, Alexandre Bortnikov – et, en passant, Evgueni Prigojine pour l'activité des Wagner en Libye. En réponse, Sergueï Lavrov évoque une rupture potentielle du dialogue avec les dirigeants européens.

Pour la première fois, Berlin menace aussi de geler l'énorme projet Nord Stream 2, conduit en coopération avec Moscou, qui doit permettre d'accroître l'approvisionnement de l'Europe en gaz russe, et déjà sous la menace de sanctions américaines[12]. L'Otan demande à la Russie de rendre son programme Novitchok transparent[13]. Plus important, le G7 condamne « unanimement et avec la plus grande fermeté ». Le club des pays les plus riches du monde considère l'utilisation d'armes chimiques « inacceptable », et dénonce « une nouvelle atteinte grave à la démocratie et au pluralisme politique en Russie »[14]. Une fois de plus, la stratégie de Moscou, qui espérait rétablir le format G7 + Russie, se révèle contre-productive.

Devant le scandale provoqué par cette nouvelle tentative d'empoisonnement, la mission permanente de la Fédération de Russie auprès de l'UE s'est empressée d'allumer un contre-feu narratif. Moscou argue du peu de soutien populaire à l'opposant en Russie, questionne l'intégrité de l'enquête allemande et affirme que l'Otan et les États-Unis fabriquent des neurotoxiques du groupe Novitchok. Une plaidoirie sous forme d'interrogations bourrées de sous-entendus complotistes.

L'Europe est néanmoins très en retard dans la prise de conscience de la menace, et *a fortiori* dans la réaction nécessaire pour contrecarrer la politique agressive du Kremlin sur le continent. Région du monde la plus encline à respecter les principes démocratiques et des droits de l'homme, c'est aussi la plus exposée au « chaos contrôlé[15] ».

SABOTER L'UNITÉ

L'animosité de Vladimir Poutine contre l'unité politique de l'Europe n'a cessé de croître. « Quand l'Union européenne a conduit le dialogue avec les pays de l'est de l'Europe pour conclure des accords d'association, c'était une bonne démarche, raconte François Hollande, mais lui l'a vu comme une volonté de l'Occident, et de l'Europe en particulier, de rendre irréversible la séparation [postsoviétique]. Car je pense qu'il a toujours conservé l'idée que tout ça, un jour, peut se reformer, sous une forme ou sous une autre[16]. » Les processus de décision collective de l'UE créent une asymétrie de puissance avec la Russie, qui va à l'encontre des velléités du Kremlin.

Au-delà de cette raison stratégique, la Russie entretient également une « hostilité idéologique marquée à l'égard du projet politique européen[17] », affirme l'eurodéputé français Arnaud Danjean. Le modèle européen, fondé sur la collégialité, va à l'encontre d'une Union économique eurasiatique centrée sur la Russie pour des raisons historiques, géopolitiques et géoéconomiques. L'UE ne gomme pas les différences de puissance de ses membres, mais les nivelle relativement par un système de décision compensatoire appelé « majorité qualifiée » (55 % des États membres et au moins 65 % de la population de l'UE au Conseil) et représentatif (codécision entre le Conseil et le Parlement européen). L'Europe attire aussi les pays de l'« étranger proche » pour ses réalisations en termes de stabilité, de démocratie, et de niveau de vie. L'Union s'incarne enfin par ces diplomates autrichien, lituanien, allemand, polonais, suédois, français, tchèque ou roumain qui accourent chez Svetlana Alexievitch pour protéger la prix Nobel de littérature biélorusse des services de sécurité de son pays[18].

Vladimir Poutine traite autant que possible séparément avec les Européens. Ces relations bilatérales lui permettent de conclure des accords différenciés et de maintenir une certaine influence. Mais il va également bien plus loin. En pleine crise de la dette grecque, le chef du Kremlin tente d'attirer à lui Alexis Tsipras grâce à des prix bas sur le gaz russe dont Athènes est dépendante à 57 %, et des prêts contre l'accès à « certains atouts » dans le pays en jouant sur la corde orthodoxe[19]. Avec Chypre, les relations, qui remontent à la guerre froide, sont excellentes, au point que l'île est qualifiée de « territoire russe d'outre-mer », et Moscou y jouit d'une excellente réputation auprès de la population[20]. En Italie, l'amitié se fonde non seulement sur la coopération économique, notamment entre les géants énergétiques ENI et Gazprom, mais aussi sur les relations personnelles qu'entretient Vladimir Poutine avec les dirigeants populistes italiens, de Silvio Berlusconi à Matteo Salvini. À plusieurs reprises, Rome a appelé à alléger les sanctions européennes contre la Russie[21]. Moscou sait également monnayer ses atouts extérieurs, notamment en Libye où les deux pays soutiennent des parties opposées. « "On peut vous aider, mais en échange de quoi ?" C'est très, très transactionnel[22] », explique Mark Galeotti.

Alors que l'Europe du Sud est plutôt encline à collaborer avec le Kremlin qui en a fait sa région de prédilection, deux autres groupes de pays, plus au Nord, affichent des positions moins conciliantes. L'« Europe du milieu », à savoir la France et l'Allemagne, oscille au gré des crises avec Moscou. La volonté de conciliation de ces pays qualifiés de « pragmatiques » est toutefois rarement efficace à contenir les débordements du Kremlin. Enfin, le groupe des « réalistes » unit l'Europe du Nord : Royaume-Uni, Scandinavie, pays baltes et Pologne. Pour ces derniers, la fermeté à l'égard de Moscou est une question de survie politique et territoriale.

Rien d'étonnant, donc, selon un rapport conjoint d'organismes diplomatique et militaire français, à ce que « Moscou tente d'isoler les États baltes (et la Pologne) en les faisant passer pour des hystériques russophobes paranoïaques auprès des États d'Europe de l'Ouest plus “modérés”. Entretenir les divisions parmi les pays européens sur la question russe, mais aussi les caricaturer, est un enjeu majeur pour le Kremlin[23] ».

Le Brexit constitue sans doute sa plus grande réalisation contre ce rempart septentrional. Moscou a en effet activement participé au succès de la sortie du Royaume-Uni de l'UE au travers d'un réseau détonnant : Alexandre Yakovenko, ambassadeur de Russie au Royaume-Uni, et le diplomate Alexandre Oudod ; Arron Banks, auteur de la plus grosse donation politique de l'histoire britannique (9 millions de livres) au site Leave.eu[24], en lien avec l'oligarque proche du Kremlin Siman Povarenkine[25] et à qui des opportunités commerciales ont été proposées ; et enfin Steve Bannon, vice-président de la société Cambridge Analytica, spécialiste du *big data* et sans laquelle, selon Christopher Wylie, ex-directeur de recherche de l'entreprise, « il n'y aurait pas eu de Brexit[26] ». Le Comité de renseignement et de sécurité du Parlement britannique a conclu qu'il s'agissait là d'une action offensive et coordonnée, établissant une « menace sécuritaire posée par la Russie[27] ».

Si l'UE doit être démantelée, l'Otan est une menace plus existentielle encore vu de Moscou. L'Alliance atlantique, cible préférée des vindictes du Kremlin, s'est certes agrandie depuis la fin de la guerre froide, à la demande d'États souverains auparavant sous domination de l'Union soviétique. Mais elle est désormais surtout un système de défense indépassable par la Russie. Pour le général Frank Gorenc, ancien commandant des forces aériennes alliées de l'organisation, le scénario ukrainien ne pourrait pas intervenir dans les pays baltes car, pense-t-il, « le président Poutine est convaincu que l'Otan répondrait[28] ».

Or, l'organisation est aussi en proie à la division politique. Comme pour l'UE, il existe en effet des différences d'appréciation de la menace. « L'Otan est une alliance très géographique, rappelle le général Gorenc. L'état d'esprit au Portugal ou au Royaume-Uni est différent de celui des pays baltes et de la Pologne. Et même de la France[29]. » La volonté de l'administration Trump d'engager les forces américaines contre la Russie en cas de conflit armé a questionné la fiabilité de l'Alliance. Cette question est fondamentale, car le potentiel de dissuasion de l'Otan dépend pour beaucoup de la puissance américaine. Malgré de réelles divergences d'intérêts qui font dire au président Macron que l'organisation est en état de « mort cérébrale[30] », elle reste le meilleur outil de sécurité collective pour ses membres, surtout à l'heure du retour du risque présenté par les État autoritaires. Le professeur britannique Lawrence Freedman considère pour sa part qu'il s'agit là de « blessures qu'elle s'inflige à elle-même, que cela n'est pas la conséquence des actions de la Russie… sauf si vous croyez que la Russie a mis Trump au pouvoir[31] ».

Si le pré-positionnement des troupes permettrait une première ligne de défense, l'organisation ayant mis en place un « Plan d'action réactivité » après l'Ukraine, la dimension politique de l'Otan reste toutefois essentielle. Sur ce point, l'article 5, sur lequel repose la solidarité de l'organisation, n'a été mis en œuvre qu'une fois, à l'occasion des attentats de New York. Évoqué le 12 septembre 2001, il n'a pas été activé avant le mois suivant, le temps de parvenir à un consensus, alors même qu'il s'agissait d'une attaque contre les États-Unis.

Qu'en serait-il alors d'une attaque russe contre un pays de l'Otan, comme l'Estonie ou la Lituanie, *a fortiori* si, comme en Crimée, Vladimir Poutine niait qu'il s'agissait de ses forces armées avant de l'avouer ? Et qu'adviendrait-il en cas d'intervention sur le territoire d'un des alliés non membres, comme la Finlande ou la Suède ? Moscou multiplie les incursions militaires, manœuvres d'intimidation politique mais aussi tests des systèmes de défense, constituant autant de signaux d'alarme pour les États voisins de la Russie[32]. Dans ce contexte, baltes et nordiques repensent leurs systèmes de défense contre une possible agression russe, accroissent leur coopération[33], créent une garde nationale[34], réintroduisent le service militaire[35], entraînent la population à la résistance[36], maintiennent les avions intercepteurs en alerte[37], et s'équipent en armements[38].

Fragiliser les États

Situation sécuritaire, mouvement social, équilibres ethniques, questions migratoires, territoriales, sociétales ou européennes : Moscou fait feu de tout bois. Les manifestations contre la concentration du pouvoir du Premier ministre hongrois Viktor Orbán ne seront ainsi jamais encouragées par les médias officiels russes et sur les réseaux sociaux, comme peuvent l'être les manifestations sociales en France, anti-migrants en Allemagne ou pro-Brexit au Royaume-Uni. L'encouragement discrétionnaire à l'agitation et à la sédition démontre que le poutinisme travaille activement à la déstabilisation des États démocratiques européens.

Lors de l'élection présidentielle française de 2017, Vladimir Poutine s'engage en recevant au Kremlin la candidate Marine Le Pen, soutenue par ailleurs par les médias du Kremlin. En parallèle, le GRU procède à une opération de piratage de plusieurs comptes courriels de membres du parti d'Emmanuel Macron, qui n'a pas les faveurs de Moscou. Destinée à perturber le résultat de l'élection, cette opération qui restera sous le nom de « MacronLeaks » sera même sanctionnée par une enquête judiciaire américaine impliquant six agents de l'unité 75455 du GRU, autre unité du renseignement militaire russe spécialisée dans les attaques informatiques, dans diverses opérations internationales[39].

En 2018, RT retweete une vidéo où l'on entend « RT, avec nous » et « Merci RT » dans une manifestation de Gilets jaunes, devant un panneau « UE = DICTATURE »[40]. Sur Sputnik, on considère sans ciller qu'en France, « le processus révolutionnaire est enclenché[41] » et on relaie l'appel à la désobéissance civile[42] – bien loin de l'esprit qui règne en Russie. Une clause de non-responsabilité prude et prudente spécifie certes que les propos « ne reflètent pas nécessairement la position de la rédaction de Sputnik », ce qui n'empêche toutefois pas le média de servir de porte-voix permanent à toute critique, parfois fantasque ou complotiste, ne détonnant pas avec le slogan de RT France : « Osez questionner ».

Sur ce média, un enseignant considère que « l'élection est antidémocratique[43] » et lance : « Évidemment que nous ne sommes pas en démocratie[44] ! » Cet autre personnage, militant d'extrême droite présenté comme « écrivain, essayiste », dépeignait déjà la scène politique française, avant les Gilets jaunes, comme un creuset de « politique migratoire catastrophique, voire quasi inexistante, taxation galopante, politique familiale antifamiliale, réformes pénales encourageant la criminalité, politique internationale et notamment proche-orientale désastreuse[45] ».

Face aux Gilets jaunes, Vladimir Poutine se retrouve en délicatesse avec un mouvement populaire qui conteste le pouvoir en place et qu'il se garde bien de commenter outre mesure. Cela n'empêche pour autant pas les médias du Kremlin de s'abattre à bride abattue sur la contestation française. La France est présentée comme un pays où une lycéenne écrit à l'Élysée : « J'ai peur de grandir en France[46] », l'image « terrible » d'« un président de la République isolé, barricadé dans l'Élysée »[47] fait apparaître l'État français en faillite politique, voire comme une dictature[48]. Sputnik capitalise sur les réseaux sociaux et RT enregistre un quadruplement de ses vidéos Facebook au premier mois de mobilisation[49]. La Russie participe à la déstabilisation la République.

Malgré l'ingérence de Moscou dans l'élection de 2017 et son implication dans la crise des Gilets jaunes, Arnaud Danjean raconte : « Les débats autour de la *Revue stratégique de défense et de sécurité nationale* – examen des intérêts et de l'ambition française en matière militaire – ont duré quatre mois, de juillet à mi-octobre 2017, avant d'être tranchés par Macron et la remise de mon rapport. Sans être naïf, il voulait un reset, se ménager une marge de manœuvre. Lors de ces débats, beaucoup considéraient que la Russie ne constituait pas une menace, au sens militaire, mais qu'elle représentait plutôt un *challenging power*[50]. » Cette politique de reset a été donc tentée par la France, démontrant une bonne volonté que la Russie n'a pas égalée, bien au contraire. D'autres s'y étaient déjà essayés, sans parvenir à infléchir durablement la ligne du Kremlin, mais un certain nombre de responsables politiques, diplomatiques et militaires pensent toujours pouvoir saisir leur chance en arrivant en poste.

Au nom du président Macron, le diplomate français Pierre Vimont entreprend ainsi une tournée dans les capitales européennes du groupe des « réalistes » pour défendre l'initiative française, et notamment à Londres. « Malheureusement pour lui, raconte le britannique Keir Giles, il s'est retrouvé dans une salle pleine de sceptiques qui connaissaient le pays [...]. Il a donc passé un moment très difficile. Et, à la fin, quand tous ses arguments en faveur du reset ont effectivement été démolis, l'un après l'autre, son dernier repli a été de dire : "Bref, nous devons bien essayer quelque chose, car ça vaut mieux que rien, et nous devons bien espérer que quelque chose se passe[51]." » Et le chercheur, cinglant, de conclure : « Malheureusement : un, l'espoir n'est pas une stratégie ; deux, il a tort de dire que quelque chose vaut mieux que rien, car les resets avec la Russie ne font qu'empirer les choses [...] et lui font prendre conscience qu'elle est pardonnée une fois de plus, quoi qu'elle ait fait[52]. »

Conscient du péril puisqu'il avait auparavant supprimé l'accréditation de RT et Sputnik, le président français a su épingler son homologue russe sur un ensemble éloquent de dossiers à l'automne 2020 : empoisonnement par agent neurotoxique, crise en Biélorussie, respect du cessez-le-feu en Ukraine, ou encore embargo sur les armes et processus politique en Libye[53]. Malgré cela, son voyage sur les traces de Pierre Vimont pour convaincre à nouveau les pays baltes de la pertinence de son reset n'a pas plus emporté l'adhésion des Européens.

En Allemagne, les mêmes procédés de déstabilisation que ceux utilisés en France ont fini par éroder la patience de la chancelière, confrontée elle aussi à l'instrumentalisation de questions intérieures. L'émergence du mouvement anti-migrants Pegida (acronyme, en allemand, de « Européens patriotes contre l'islamisation de l'Occident ») puis du parti populiste AfD (Alternative für Deutschland) a constitué un formidable substrat pour l'action du Kremlin. RT Deutsch a ainsi prétendu dévoiler une « part manquante » de l'information, afin de « construire un contre-public et de montrer la manipulation des médias »[54], autrement dit cultiver la défiance à l'égard du journalisme en Allemagne.

En 2015, une vaste cyberattaque russe vise le Parlement fédéral allemand, perturbant pendant plusieurs jours le fonctionnement de son système d'information. De nombreuses données ont été dérobées et les courriels de parlementaires et de la chancelière sérieusement affectés à cette occasion. Cette intrusion malveillante donnera lieu en octobre 2020 à un nouveau train de sanctions européennes contre l'unité militaire 26165 du GRU qui en est responsable, bien connue depuis le piratage du QG démocrate d'Hilary Clinton en 2016. Le chef du GRU, Igor Kostioukov, et un de ses subalternes, Dmitri Badine, sont nommément visés[55].

Angela Merkel est une cible privilégiée pour Moscou. Les migrants syriens poussés à l'exil que la chancelière a accueillis en masse sont à nouveau au cœur des manœuvres politiques du Kremlin. La vague de réfugiés en Europe a en effet permis de dévier l'attention à la fois sur son intervention en Ukraine, et sur son action en Syrie. L'image diffusée est celle d'une UE au bord de l'effondrement, incohérente, désordonnée, envahie par les musulmans et en proie à un multiculturalisme destructeur face à une Russie stable où l'ordre règne.

Moscou sait parfaitement adapter son agit-prop aux fragilités propres à chaque pays européen – de l'Espagne, où le sécessionnisme catalan est dépeint comme l'échec du projet européen[56], à la Bulgarie, pays slave, où le chef du « Mouvement russophile », Nikolai Malinov, est arrêté pour espionnage au profit de Moscou[57]. Les exemples sont nombreux, partout, et témoignent d'une offensive d'ampleur sur le continent.

Cette politique d'influence s'appuie sur l'adhésion plus ou moins intéressée, plus ou moins sincère, de personnalités et cercles culturels, historiques ou scientifiques. Le Kremlin peut compter pour animer ces réseaux sur des hommes clé tels que Konstantin Malofeev. Inscrit sur la liste des sanctions de l'UE pour son soutien matériel et financier aux combattants prorusses dans l'Est ukrainien, cet ardent orthodoxe, qui possède sa propre télévision, Tsargrad, fait le lien avec les principaux courants de l'extrême droite européenne traditionaliste, dont le Rassemblement national (ex-Front national) en France. Vladimir Poutine s'est également inspiré des méthodes occidentales de soutien à la démocratie pour diffuser son propre modèle au sein même des sociétés européennes. « Il a inventé des ONG afin de constituer ces contacts "de société à société", comme nous l'avions fait dans les années 1990 en Russie, explique l'ancien ambassadeur américain à Moscou, Michael McFaul. Je connais même certains Russes qui travaillaient avec nous dans les années 1990, qui ont retourné leur veste et qui œuvrent désormais avec ces *Rousskii dom* [Maison russe, réseau de centres culturels]. Ils les ont modelés d'après nos idéaux d'exportation de la démocratie[58]. »

Les relais d'influence en Europe s'appuient bien entendu aussi sur des hommes politiques, du chancelier Gerhard Schröder, engagé par Gazprom puis Rosneft[59], à Karin Kneissl, ex-ministre autrichienne des Affaires étrangères, qui fait une révérence au président russe venu valser avec elle à son mariage[60]. En France, des parlementaires français de droite dure, comme l'ancien ministre Thierry Mariani, mais pas seulement, s'enorgueillissent de leur accointance avec le chef du Kremlin[61].

Mais c'est sur les populistes que les leviers d'influence politique du poutinisme marchent encore le mieux. Ils voient dans la mythologie du Kremlin une source d'inspiration, se reconnaissent dans les idées qu'il véhicule, et applaudissent ses méthodes. En poste jusqu'en 2018, l'ancien Premier ministre slovaque Robert Fico a appelé à la fin des sanctions contre la Russie, qu'il considérait comme un partenaire fiable[62]. Beppe Grillo, du Mouvement 5 étoiles, en Italie, trouve que Vladimir Poutine a « les idées claires » et que « l'anti-poutinisme nous coûte des milliards en sanctions »[63]. En Hongrie, Viktor Orbán revendique sa proximité politique avec le chef du Kremlin. En France, Marine Le Pen va chercher son soutien et Jean-Luc Mélenchon considère que Vladimir Poutine « va régler le problème » en Syrie[64].

Réinvestir les Balkans

Mais c'est dans les Balkans, encore passablement instables, que le poutinisme tente de s'introduire le plus en profondeur. Dans cette région, Moscou redouble d'efforts pour éloigner son allié serbe de l'intégration euroatlantique et pour renforcer son ancrage au cœur de la région la plus sensible d'Europe. L'entente politique avec Belgrade passe par une « coopération militaire de haut niveau[65] », des manœuvres militaires, la vente d'armes[66]. Et quand la Roumanie finit par bloquer les livraisons de tanks et véhicules blindés en provenance de Moscou, sous embargo depuis l'Ukraine[67], la Hongrie, en revanche, laisse passer par son espace aérien les livraisons de Moscou à Belgrade. La Serbie, qui augmentait chaque année son budget militaire depuis 2016, a poussé la croissance dans ce domaine à 28,7 % entre 2019 et 2020[68]. Le pays présente par ailleurs l'avantage pour Moscou de disposer de puissants réseaux en Bosnie-Herzégovine, au Kosovo, au Monténégro et dans une certaine mesure en Macédoine.

En Bosnie, par exemple, des discussions ont été ouvertes pour l'ouverture d'un « centre humanitaire » sur le modèle de Niš, en Serbie voisine, « suspecté de servir de centre de renseignement russe et de base militaire non officielle », et pour lequel Moscou a requis l'immunité diplomatique du personnel[69]. Dans le cadre de sa stratégie d'implantation dans les Balkans, la Russie devrait aussi fournir un « entraînement antiterroriste » près de Banja Luka, en Republika Srpska, l'entité serbe du pays, voire en Russie[70], ce que les autorités locales nient[71]. Ici, cependant, les nationalistes russes, notamment les vétérans d'Ukraine, sont les bienvenus. Deux organisations, l'une en Bosnie, Zavet (Serment), l'autre en Russie, l'imposante Union des volontaires du Donbass, œuvrent au rapprochement[72]. Ce n'est pas la seule connexion. Milorad Dodik, séparatiste serbe de Bosnie, a rencontré Vladimir Poutine au moins six fois entre 2014 et 2020. L'homme est lié aux Loups de la nuit, un groupe de motards proches du président russe, sanctionné par les États-Unis pour son implication dans la crise en Ukraine[73].

Au cours de cette même période, un groupe paramilitaire, Honneur serbe, entraîné par la Russie, fait son apparition à Banja Luka.

Chaque année, ou presque, Moscou s'illustre par un nouveau coup d'éclat dans un pays de la zone. En 2016, alors que le Monténégro prépare son intégration dans l'Otan, une tentative de coup d'État secoue le pays qui s'est séparé de la Serbie dix ans auparavant pour se rapprocher de l'Europe. Selon la justice monténégrine, ont été évités de justesse le renversement du Parlement, l'assassinat du Premier ministre Milo Đukanović et l'installation d'un pouvoir pro-Moscou[74]. Des conspirateurs monténégrins sont condamnés, mais ce sont deux Russes, identifiés comme Édouard Chichmakov et Vladimir Popov, et accusés d'être des agents du GRU, qui reçoivent par contumace les plus lourdes peines de prison ferme, douze et quinze ans, pour avoir créé une organisation criminelle et pour tentative de terrorisme[75].

En 2017, alors que la Moldavie expulse cinq diplomates accusés de recruter des combattants pour l'est de l'Ukraine, Chisinau empêche Dmitri Rogozine de venir célébrer la présence militaire russe dans la région de Transnistrie[76]. En 2018, c'est au tour de la Macédoine du Nord, qui s'apprête à rejoindre l'Otan, d'entrer dans la tourmente. Selon le site Bellingcat, Ivan Savvidis, homme d'affaires gréco-russe et ancien député du parti Russie unie, aurait déboursé 300 000 euros pour fomenter des émeutes de nationalistes et de hooligans, au travers d'une campagne sur les réseaux sociaux contre l'accord de Prespa, qui met un terme à la dispute entre Athènes et Skopje sur le nom « Macédoine »[77]. La Grèce, pourtant proche de la Russie, a elle-même expulsé deux diplomates russes, accusés d'avoir cherché à torpiller cet accord historique, ce qu'Athènes ne s'était pas résignée à faire dans l'affaire Skripal en solidarité avec ses partenaires européens.

Les manœuvres de déstabilisation du Kremlin n'épargnent aucun pays, mais en conséquence, les sanctions collectives européennes commencent à s'additionner dangereusement pour Moscou. Sa stratégie se retourne contre les intérêts de la Russie. L'unité européenne, que Vladimir Poutine entend briser pour mieux imposer un rapport de force bilatéral plus favorable à la Russie, s'affermit en effet autant qu'elle se délite. Dans ce mouvement paradoxal, la déstabilisation russe touche effectivement les États mais pousse d'autant plus les Vingt-Sept à la solidarité. Même le Royaume-Uni, en dépit du Brexit, demeure un fer de lance de la fermeté vis-à-vis de Moscou, et entend bien rester associé à cette dynamique européenne.

11

Coups de poker en Amérique

Les organisations internationales ne lui plaisent pas et il considère les relations internationales avant tout comme un jeu de puissance, où le plus fort gagne. Sur la scène intérieure, il a peu d'égards pour les contre-pouvoirs démocratiques, pour les régulations juridiques contraignantes, et préfère imposer ses propres règles. Il n'aime pas les médias, sauf ceux qui l'idolâtrent, même (et surtout) si les résultats de sa gouvernance sont médiocres. La vérité lui importe peu. Il ne voit pas pourquoi, une fois le pouvoir conquis, il devrait le perdre par des élections ou par des limitations de mandat. Lui, c'est Donald Trump.

Quatre ans après le début de son mandat, en novembre 2020, il tente de contester les résultats du scrutin présidentiel qui donnent son rival Joe Biden vainqueur, alors que les autorités américaines réfutent ses allégations de fraude en affirmant qu'il s'agit des élections les plus sûres de l'histoire des États-Unis[1]. Il continue malgré tout de mobiliser ses partisans au travers de ses multiples déclarations, notamment lors de la Million Maga March, une manifestation organisée à Washington pour dénoncer le prétendu vol de l'élection par les démocrates et réclamer le maintien de leur idole. Un bref instant, le président sortant a traversé la foule – qui n'aurait pas excédé vingt mille personnes – à bord de sa berline blindée sans s'arrêter, se contentant de quelques gestes de la main, avant de rejoindre sa partie de golf[2].

Devant l'annonce de la défaite du candidat Trump, le Kremlin adopte une triple tactique. Contrairement à 2016 et à rebours des dirigeants occidentaux, Vladimir Poutine se garde de féliciter rapidement le vainqueur déclaré, arguant, par la voix de son porte-parole, de la nécessité d'attendre l'épuisement des recours juridiques et les résultats définitifs[3]. De son côté, Ella Pamfilova, présidente de la Commission électorale russe, une institution pourtant décriée, reprend à son compte les accusations fallacieuses du camp Trump sur de prétendues fraudes, lors du scrutin présidentiel américain : votes multiples, pertes de bulletins, votes de personnes décédées, absence de contrôle sur le processus électoral par correspondance[4]. En bout de chaîne, les canaux du Kremlin se déchaînent et dénoncent une « véritable censure contre Trump » des médias et des réseaux sociaux, décrits comme injustes et contraires à la liberté d'expression[5]. Dmitri Kisselev, le sulfureux présentateur et patron de la Holding Rossia Segodnia, va jusqu'à considérer que les États-Unis ne sont « pas un pays, mais un immense et chaotique appartement communautaire[6] ». Tous insistent ouvertement sur l'incroyable désordre, attisé pourtant par Donald Trump lui-même pour contester l'élection de son rival démocrate. Après de longues années de soutien, le parti pris de Moscou se poursuit dans la tourmente post-électorale de l'automne 2020.

Le président Trump n'est pourtant pas poutiniste. Il a un passé bien distinct et dirige très différemment son pays.

Mais il partage avec Vladimir Poutine ces éléments typiques du courant populiste mondial, qui fait la part belle à la dé-démocratisation globale, à la concentration des pouvoirs à la tête de l'exécutif, au mépris des droits fondamentaux. Donald Trump vient d'une famille richissime, alors que son homologue russe a connu, jeune, les combats de rue dans le Leningrad soviétique. Le premier est issu du *big business* et de la téléréalité tapageuse, le second, de l'univers secret de la Loubianka. Donald Trump est un personnage fantasque et clownesque, là où Vladimir Poutine est fermé et contenu. Apparemment, tout les oppose, mais ils œuvrent conjointement, avec d'autres, à une même et profonde transformation du monde.

Beaucoup d'encre a coulé sur l'existence ou non d'une « collusion » entre les deux dirigeants, ce mot omniprésent dans les médias américains après l'élection de Donald Trump en 2016. Quinze mois après l'entrée en fonction de ce dernier, Robert Mueller, ex-patron du FBI, est nommé procureur spécial chargé d'enquêter sur ce qui apparaît de plus en plus comme une affaire délicate, le Russiagate. Le président américain y voit un crime de lèse-majesté, comme si le fait d'être élu à la tête du pays le mettait à l'abri de la loi. Les États-Unis sont pourtant bien différents de la Russie poutiniste : si l'Amérique du Nord n'est pas une démocratie parfaite, loin de là, les institutions y jouent un rôle fondamental de garde-fou. Pourtant, l'empreinte russe obnubilait toujours les esprits outre-Atlantique lors de la campagne présidentielle de 2020.

NOUVELLES EMPREINTES RUSSES

Face à son nouveau concurrent démocrate, Joe Biden, l'administration Trump fait pression pour camoufler les manœuvres russes qui persistent à le soutenir dans sa campagne de réélection. Chad Wolf, secrétaire par interim à la Sécurité intérieure des États-Unis, fait son possible pour limiter la remontée d'informations sur l'ingérence russe, préférant déplacer le débat sur la Chine ou l'Iran, les meilleurs ennemis de Donald Trump, que ce dernier ne manque jamais de brocarder lors de ses interventions[7]. Utiliser l'appareil d'État pour maintenir le dirigeant au pouvoir est un point de convergence entre l'administration Trump et l'État Poutine. Le président américain n'a d'ailleurs pas hésité, contrairement aux usages, à utiliser la Maison Blanche comme un lieu de meeting politique, où le masque de protection contre le coronavirus n'était pas légion[8].

En août 2020, William Evanina, directeur du Centre national de contre-espionnage et de sécurité (NCSC), s'est fendu d'une alerte publique nommée « Mise à jour de la menace électorale pour le public américain », qui établit que la Russie déploie « un panel de mesures pour dénigrer avant tout l'ancien vice-président Biden[9] ». Le rapport mentionne notamment l'implication d'Andreii Derkach, un parlementaire ukrainien pro-Kremlin considéré par le Trésor américain comme un « agent russe actif depuis plus de dix ans, toujours en contact étroit avec les services de renseignement russes ». Ce dernier avait cherché à discréditer l'opposant démocrate de Donald Trump sous couvert d'une opération clandestine « dirigée par la Russie »[10].

En Ukraine, le président américain a lui-même tenté d'obtenir des informations compromettantes sur le fils de son adversaire, qui a travaillé pour un groupe gazier local, auprès de son homologue Volodymyr Zelinsky. Cette irruption d'enjeux électoraux dans des relations bilatérales fait scandale. Lors du procès en destitution de Donald Trump, en novembre 2019, Marie Yovanovitch, ancienne ambassadrice américaine à Kiev, témoigne avoir été évincée à la suite de pressions qu'elle attribue au locataire de la Maison Blanche. « Il va lui arriver certaines choses[11] », avait-il déclaré dans sa discussion avec le président ukrainien. Donald Trump s'en prend publiquement et en temps réel, par Twitter, à la diplomate qui avait entravé sa recherche d'informations compromettantes[12]. Un *paso doble* équilibriste de Washington avec Moscou d'un côté et Kiev de l'autre, tandis que les services de renseignement et le Sénat attestent que la Russie poursuit son ingérence dans l'élection de 2020[13].

Au même moment que le rapport Evanina, en effet, les conclusions du Comité sénatorial sur le renseignement, constitué après l'enquête Mueller, jettent un pavé dans la mare en août 2020, en faisant explicitement référence aux « mesures actives » déjà déployées par le Kremlin pour faire élire Donald Trump en 2016. Dans ce rapport fleuve de 966 pages, le comité bipartisan pointe du doigt le fait que « Donald Trump a passé des décennies à développer, maintenir, et dépendre de relations financières à la Russie », et souligne que le président américain s'est rendu « financièrement dépendant de la Russie ». Le document aboutit à la « conclusion inéluctable » qu'il s'agit bien d'une « menace » pour la sécurité des États-Unis[14].

Et de nouveau Facebook et Twitter lancent une alerte sur une vaste campagne de désinformation soutenue par le Kremlin dans l'objectif de discréditer Joe Biden. Les méthodes de l'IRA, la fameuse agence de désinformation active en 2016, seraient de retour[15], contraignant les deux géants américains des réseaux sociaux à supprimer un réseau de faux comptes pour éviter notamment la diffusion de contre-vérités sur le coronavirus ou le vote par correspondance que le président présente comme une tentative de fraude[16]. De son côté, Microsoft prévient que Fancy Bear, les hackers du renseignement militaire russe, sont également redevenus actifs sous le nom de Strontium[17]. En 2020, l'IRA surfe également sur la tendance à la radicalisation de la droite conservatrice au travers d'un faux média d'information, le Newsroom for American and European Based Citizens (NAEBC), qui attaque le mouvement Black Lives Matter ou le candidat Biden *via* les réseaux sociaux[18].

Non contents de bénéficier de l'aide de Moscou pour maintenir le président Trump au pouvoir, ses supporters en adoptent les méthodes. Des « fermes de trolls », groupes propagandistes sur Internet, et des bots, messages automatisés, voient le jour aux États-Unis mêmes[19]. Cette fois, contrairement à 2016, il s'agit aussi d'Américains.

Le précédent de 2016

Le Kremlin est aux abois : comme le reste du monde, Vladimir Poutine est persuadé qu'Hillary Clinton va succéder à la Maison Blanche à Barack Obama, avec lequel les relations ont fini par se détériorer. En 2016, l'élection de l'ex-secrétaire d'État est une perspective encore plus cauchemardesque pour le chef du Kremlin qui voit en elle un obstacle insurmontable à ses ambitions et l'instigatrice des manifestations contre sa réélection en 2012. Lors de l'intervention russe en Crimée, Hillary Clinton n'avait pas hésité à comparer son action à ce qu'« Hitler a fait dans les années 1930 » pour annexer des territoires autour de l'Allemagne[20]. Elle persiste pendant la campagne. « Comme toutes les brutes, il ira aussi loin qu'il pourra », déclare-t-elle sur NBC News ; « La Russie essaie de changer les frontières de l'après-guerre en Europe », dit-elle encore[21]. Il faut tout faire pour éviter que la candidate démocrate parvienne au pouvoir. « Nous avions le choix entre une folle, Clinton, et un hooligan, Trump. [...] Bien sûr qu'on préférait Trump[22] », commente après coup l'oligarque ultranationaliste Konstantin Malofeev, proche du Kremlin.

Pour arriver à ses fins, Moscou a mobilisé une énergie considérable. Si la collusion avec Donald Trump n'a pas pu être prouvée par l'enquête Mueller, les contacts entre les Russes et l'équipe du candidat républicain ont existé. Parmi un nombre considérable d'éléments, le Comité sénatorial a par exemple établi que Paul Manafort, premier directeur de campagne de Donald Trump, avait auparavant été engagé par Oleg Deripaska, le roi de l'aluminium russe et un oligarque proche du Kremlin, pendant plusieurs années, sur des opérations de lobbying politique dans des pays intéressant la Russie. Le rapport rappelait aussi que l'Américain était en lien avec Konstantin Kilimnik, un consultant designé comme agent de renseignement russe, avec lequel il a cherché à partager des informations liées à la campagne. Les deux hommes ont « noué une relation étroite et durable jusqu'à l'élection de 2016 et au-delà[23] ». Après la remise de son rapport, le procureur spécial Mueller expliquera pour sa part, que l'ex-directeur de campagne a « conspiré avec Kilimnik pour faire obstruction à la justice en subornant des témoins[24] ».

En 2016, Evgueni Bouryakov a plaidé coupable devant les procureurs du FBI pour avoir travaillé pour la direction MS (mesures actives) du SVR, le service de renseignement extérieur russe, et collecté des informations sur les stratégies de déstabilisation des marchés américains[25]. Or, Evgueni Bouryakov a par ailleurs tenté de recruter Carter Page, un habitué du monde russe des affaires. Ce dernier a vu dans la candidature de Donald Trump l'opportunité de bouleverser la donne : « Tant de personnes que je connais et avec lesquelles j'ai travaillé, déclare-t-il, ont été si négativement affectées par la politique de sanctions[26]. » Conseiller en politique étrangère dans l'équipe de campagne du candidat républicain, il entreprend alors un déplacement à Moscou, en juillet 2016, au motif d'une conférence. Après des révélations sur ses contacts locaux à cette occasion, il quittera rapidement l'équipe de Donald Trump. Il avouera par la suite, devant le Congrès, avoir menti à la presse et rencontré, en fait, des officiels russes pendant ce déplacement[27]. Bouryakov, lui, sera finalement expulsé des États-Unis, en échange de sa reconnaissance de culpabilité.

Donald Trump affirmait qu'il n'avait aucun lien avec la Russie[28]. Pourtant, son avocat, Rudy Giuliani, a fini par confirmer les dires de son ancien conseil, Michael Cohen, condamné à trois ans de prison ferme pour malversation[29]. Celui-ci connaissait fort bien le vieux projet de construction d'une Trump Tower à Moscou pour avoir contacté lui-même à ce sujet le porte-parole de Vladimir Poutine, Dmitri Peskov, en janvier 2016, afin de sécuriser le terrain et de financer le projet. Or, Michael Cohen finira par reconnaître avoir menti aux parlementaires américains sur la fin de ces contacts[30]. Et Rudy Giuliani admettra également qu'ils se sont poursuivis après juin 2016, au plus fort de la campagne électorale.

D'autres personnalités proches du président russe ont tenté d'établir des connexions avec le Kremlin. Jared Kushner, gendre de Donald Trump, a rencontré Dimitri Simes, le président du cercle américain Center for the National Interest, dont les interactions avec Maria Butina ont depuis attiré l'attention. Cette Russe, qui avait déjà tenté d'infiltrer la National Rifle Association (NRA), était parvenue à approcher Donald Trump[31], dès 2015, en l'interrogeant dans une réunion publique sur la politique de sanctions, ce à quoi le futur président avait répondu : « Nous nous entendons bien avec Poutine[32]. » Maria Butina a par la suite été accusée de « complot » mais finalement condamnée pour simple délit, faute de preuves, puis expulsée. À son retour en Russie, elle obtient immédiatement un poste d'animatrice sur RT.

Mais l'initiative la plus importante de Jared Kushner repose sur sa relation avec l'ambassadeur de Russie aux États-Unis, Sergueï Kislyak. Après l'élection de Donald Trump et avant sa prise de fonction, le gendre et conseiller principal du président n'hésite pas à lui demander d'utiliser l'ambassade russe pour communiquer en privé avec Moscou[33].

L'ingérence russe dans la campagne de 2016 ne fait aucun doute. Le rapport Mueller décrit en détail les multiples opérations depuis le piratage et la diffusion de documents volés au QG démocrate, jusqu'à la manipulation de l'information[34]. L'Agence de trolls d'Evgueni Prigojine occupe une large partie de l'enquête qui date le début de son offensive à 2014, soit deux ans avant l'élection présidentielle. Le public américain a été la cible de l'IRA, qui a tenté de saper la stabilité politique américaine au travers de « mesures actives ». Ses agents se sont servis de faux comptes sur les réseaux sociaux pour manipuler les électeurs américains en appuyant sur les divisions politiques et sociales[35]. À la fin de l'élection de 2016, l'Agence était en capacité de toucher des millions d'Américains.

Tous les commentaires et messages qui ont inondé alors les réseaux sociaux dénigrent directement ou indirectement la candidate démocrate Hillary Clinton. Le 31 mai 2016, par exemple, un faux Matt Skiber commence à bombarder de messages des dizaines de vrais supporters du camp républicain en leur demandant de l'aider à organiser un rassemblement pro-Trump, près de la Trump Tower. D'autres incitent des personnes de la communauté afro-américaine à se prendre en photo avec le hashtag #HillaryClintonForPrison2016[36].

En novembre 2017, un représentant de Facebook témoigne. Le réseau social a identifié 470 comptes contrôlés par l'IRA qui ont généré 80 000 posts entre janvier 2015 et août 2017, et estime que 126 millions de personnes ont pu être touchées[37]. En janvier 2018, Twitter annonce pour sa part avoir identifié 3 814 comptes « IRA » et évalue à 1,4 million le nombre de ses adhérents qui ont pu être en contact avec ces comptes[38].

Une autre enquête réalisée par des spécialistes en informatique pour le Comité sénatorial a elle aussi livré des conclusions sans appel sur l'activité de l'agence. Elle confirme que les cibles, choisies avec soin, ont généré des millions d'interactions sur les réseaux Twitter, Facebook, YouTube et Instagram. Des sites déguisés, et depuis lors identifiés comme Blackmattersus.com, Blacktivist.info, Blacktolive.org et Blascksoul.us, défendaient les revendications de la communauté afro-américaine, stratégique pour Hillary Clinton, avant de l'inciter à se détourner du vote, ou de privilégier des candidatures de témoignage, comme celle de la candidate écologiste Jill Stein. Cette dernière avait été invitée à la table de Vladimir Poutine, lors d'un dîner de gala organisé par RT à Moscou en décembre 2015, avec Michael Flynn, directeur de l'Agence du renseignement de la défense (DIA) et futur conseiller à la Sécurité nationale au début du mandat de Donald Trump. Il devra rapidement démissionner en raison de ses contacts avec l'ambassadeur russe à Washington, et parce qu'il avait omis de déclarer que sa prestation au gala de RT avait été payée 40 000 dollars.

Fin novembre 2020, le scrutin présidentiel passé, le président Trump décide de le gracier après sa condamnation pour avoir menti au FBI sur ses contacts russes. Comme il graciera peu après d'autres personnalités impliquées dans le Russiagate, dont Paul Manafort.

Aggraver les fractures

Donald Trump élu en 2016, le Kremlin a pu s'enorgueillir d'avoir, de son point de vue, réussi le coup du siècle. Le président américain regroupe en effet, *à lui seul*, les trois graines de la déstabilisation que Moscou essaye de faire germer par d'incessants efforts en Europe : populisme, radicalité, division. À la Maison Blanche, centre du pouvoir de la superpuissance américaine, c'est encore mieux. Pour l'ancien ambassadeur américain en Russie Michael McFaul, il y a « une dimension idéologique dans tout ce que Vladimir Poutine entreprend en politique étrangère avec, en tête de liste en matière d'interventions, l'Ukraine en 2014, la Syrie en 2015 et mon pays en 2016[39] ».

Gêné par les enquêtes sur l'ingérence de Moscou qui le poursuivent, Donald Trump n'impulse, en réalité, pas de fortes orientations prorusses dans sa politique étrangère. Il procède autrement. Il refuse de divulguer le contenu des entretiens qu'il a avec le chef du Kremlin, considérant que cela ne regarde personne[40]. Lors du premier sommet bilatéral organisé en territoire neutre, à Helsinki, en juillet 2018, rien ne filtrera par exemple sur la conversation des deux dirigeants pendant leurs deux heures de tête-à-tête. Cette rencontre a constitué un point d'orgue dans la défiance qu'exprime alors Donald Trump contre ses propres services. Alors que, dans leur conférence de presse commune, un journaliste l'interroge sur le fait que toutes les agences de renseignement américaines ont conclu à l'ingérence russe dans les élections de 2016, le président américain décide d'adhérer publiquement à la version de Vladimir Poutine plutôt qu'à celle de ses propres services. L'indignation générale provoquée aux États-Unis – John Brennan, ancien directeur de la CIA, l'accusant notamment d'« acte de trahison[41] » – a finalement forcé Donald Trump à faire machine arrière à son retour à Washington. Pas de quoi ébranler Moscou, qui passera plus tard par son avocat Rudy Giuliani pour désinformer le président américain sur son futur concurrent démocrate[42].

Donald Trump prend ponctuellement la défense des intérêts de Moscou sur certains dossiers, comme le retour de la Russie aux réunions du G7[43]. S'il est vrai qu'il signe des sanctions, c'est surtout sous la pression du Congrès américain qui s'inquiète des agissements du Kremlin[44]. Mais le président américain montre une réelle admiration pour son homologue russe qui « prend en charge une nation entière et la gouverne comme si c'était sa propre entreprise[45] », explique son ancien avocat, Michael Cohen. À Helsinki, un épisode éloquent va en témoigner. Vladimir Poutine propose en effet de laisser le conseiller spécial Robert Mueller interroger les douze agents russes accusés d'immixtion dans les élections de 2016, si Donald Trump accepte d'extrader en retour onze Américains, dont l'ancien ambassadeur à Moscou Michael McFaul, que le Kremlin accuse d'activités illégales dans l'affaire Bill Browder.

Ce Britannique, PDG d'Hermitage Capital Management, a été un investisseur majeur dans les grandes sociétés russes publiques et privées, parmi lesquelles Gazprom, Rosneft, Sberbank, ou Surgutneftegaz[46], avant d'être considéré comme une menace du fait de ses positions pour la transparence financière. Interdit de séjour en Russie, il sera représenté par son avocat, Sergueï Magnitski, décédé en détention provisoire dans de circonstances telles qu'elles engendreront des mesures de rétorsion – dites loi Magnitski. Or, le président Trump, loin de repousser cette proposition invraisemblable, trouve qu'extrader Michael McFaul serait une « idée intéressante » d'après sa porte-parole, Sarah Sanders – le Département d'État américain déclarant quant à lui cette option « complètement absurde[47] ».

Au-delà des affrontements récurrents entre la Maison Blanche et les institutions américaines, Donald Trump attise également les fractures dans son pays. Fractures politiques : démocrates contre républicains, partisans contre opposants. Le président a réussi à créer un lien de croyance absolue et quasi christique avec sa base électorale et il ne semblait pas décidé à se limiter à deux mandats avant même sa défaite de 2020[48]. Ses attaques régulières contre les médias, qu'il nomme « Fake News Media » ou « ennemis du peuple »[49], sont une atteinte sans précédent contre la presse dans un pays démocratique.

Fractures sociales ensuite : il conforte les complots, à l'instar de QAnon, théorie d'extrême droite qui propage l'idée d'une conspiration contre lui. Et alors que « de très bonnes gens » menacent avec des armes des capitoles d'État gouvernés par des élus démocrates qui tentent de protéger la population contre le coronavirus[50], plutôt que de faire respecter l'État de droit, il appelle ces derniers à conclure des accords avec les protestataires. Son rapport aux milices armées, suprémacistes blanches notamment, accentue les divisions de la société américaine. Les mouvances Boogaloo et Proud Boys, qui s'inscrivent dans ce registre, font planer le spectre de violences civiles[51] dans un contexte où les protestations antiracistes s'exacerbent. Plutôt que de chercher l'apaisement, il préfère envoyer la police fédérale et tente d'imposer l'image de l'homme fort qui rétablit l'ordre.

Fractures internationales, enfin. Donald Trump partage avec Vladimir Poutine le même goût pour les rapports de force sur la scène mondiale. Dur sur la solidarité otanienne, il mine l'unité transatlantique. Concurrentiel, il se détache de l'Europe qu'il décrit comme une « ennemie[52] », et considère à l'inverse Kim Jong-un comme un « grand leader[53] ». À maintes reprises, il a manifesté son appétence pour la manière dont les autocrates gouvernent. Et comme son homologue russe, il n'a aucune sympathie pour l'intégration dans des organisations internationales qui contraignent sa puissance, mais voit le monde comme un terrain chaotique, ouvert à la confrontation. Vladimir Poutine avait annoncé : « Le système des relations internationales est comme les mathématiques [...]. C'est simplement un calcul[54]. » Aux États-Unis, il l'a démontré.

Quarante-huit heures avant de quitter ses fonctions de vice-président, en janvier 2017, Joe Biden mettait déjà en garde les Occidentaux contre la stratégie de Vladimir Poutine : « Nous devons nous attendre à des tentatives plus poussées de la Russie pour se mêler des processus démocratiques. [...] L'intention est évidente : faire s'effondrer l'ordre international libéral. » Il ajoutait : « M. Poutine a une vision différente de l'avenir, que la Russie poursuit partout. Elle cherche à revenir à un monde où le fort impose sa volonté au travers de la puissance militaire, de la corruption, ou de la criminalité – alors que les nations les plus faibles doivent tomber les unes après les autres[55]. » Pour Moscou, la perspective d'un retour des démocrates au pouvoir sonne le glas de l'expérience Trump, et une nouvelle confrontation, plus âpre et plus directe avec l'Occident. Dans l'ère post-Trump, les États-Unis pourront renouer avec leur défense de la démocratie et des droits de l'homme, ce qui aura pour effet de doper l'opposition russe. Le Kremlin peut en revanche capitaliser sur des avancées stratégiques dans le monde, grâce à ses nouveaux outils d'influence, afin de faire valoir un nouveau rapport de force avec Washington.

12

La Chine, un partenaire contrariant

« Meilleurs amis », Vladimir Poutine et Xi Jinping, comme le proclame le président chinois en visite à Moscou le 5 juin 2019[1] ? Les superlatifs ne manquent pas aux deux chefs d'État pour décrire leurs relations entrées dans une « nouvelle ère[2] » ouverte par les récentes tensions russo-européennes et sino-américaines. Le chemin parcouru se mesure à cette autre expression, « bons amis[3] », que le dirigeant chinois s'était contenté d'employer pour sa première venue en Russie en mars 2013, la première, il est vrai aussi, réservée à un pays étranger dans ses habits de chef d'État. Depuis, les deux hommes se voient très souvent. Ils se comprennent, ils ont le même âge – Vladimir Poutine est né en 1952, Xi Jinping en 1953 – et sont tous deux des enfants de la guerre froide. Ils partagent une même aversion pour les sermons occidentaux sur les valeurs humanistes, la démocratie, l'État de droit. Ils affichent, surtout, une vision convergente sur la nécessité de remodeler l'ordre international à leur avantage dans un monde post-américain, où l'un et l'autre joueraient un rôle majeur.

Cette ambition ne repose sur aucune idéologie commune. Depuis la chute de l'URSS, la Russie est passée à une économie libérale et le « socialisme de marché » a depuis longtemps transformé la Chine communiste. Leur rapprochement se fonde essentiellement sur une « entente autoritaire », une perception du pouvoir incarné par deux dirigeants concentrés sur leur survie au pouvoir. Aucune limite de temps n'entrave plus Xi Jinping, qui s'est quasiment autodésigné président à vie. Après vingt ans passés à diriger la Fédération de Russie, Vladimir Poutine a de son côté potentiellement reporté à 2036 le terme de ses mandats. Un nouvel empereur chinois et un tsar russe, comme se plaisent à les dépeindre les magazines, deux modèles de gouvernance différents mais tous deux opposés à l'alternance démocratique des gouvernements en Occident.

La relation russo-chinoise est suffisamment complexe, cependant, pour ne pas être linéaire. Les intérêts des deux pays divergent parfois, comme l'ont démontré leurs positionnements opposés sur la question de la réélection de Donald Trump, la Russie œuvrant pour et la Chine contre, selon William Evanina, patron du Centre national de contre-espionnage et de sécurité américain[4]. L'épidémie de Covid-19 en est un autre exemple : Moscou est la première capitale à décider, le 3 février 2020, de fermer sa très longue frontière terrestre avec son alliée (4 250 kilomètres), de couper les liaisons ferroviaires, de limiter les vols, et de restaurer un régime de visa pour les touristes chinois, levé depuis le début des années 2000. L'extension du coronavirus dans le monde engendre également une compétition exacerbée avec Pékin, sur le terrain de l'aide apportée aux pays les plus touchés. Des pandas en peluche d'un côté, des étiquettes « *From Russia with love* » de l'autre accompagnent la livraison de matériel expédié en Italie[5], tandis qu'en parallèle, les réseaux de propagande russes et chinois s'activent pour diffuser la thèse d'un virus d'origine américaine. Puis, nouveau petit signe d'agacement, la Chine fait savoir qu'elle attend toujours la livraison du système de missiles antiaériens S-400, annoncée comme retardée dans un premier temps par la Russie en raison de la pandémie, puis suspendue.

Rien de bien grave, cependant. Après la guerre commerciale déclarée en 2017 par le gouvernement Trump, les éclats de voix sur l'entreprise Huawei et son réseau 5 G, le nouveau front ouvert à l'été 2020 par l'administration américaine contre Pékin fait pencher la balance. Le 17 juin, le Global Magnitsky Human Act, une loi destinée à l'origine à la Russie, puis étendue en 2016 aux auteurs de violations des droits de l'homme dans le monde entier, cible pour la première fois la Chine. Associé au Uyghur Human Rights Policy Act, signé le même jour, ce texte ouvre la voie aux sanctions. Comme avant eux bon nombre de dirigeants russes, plusieurs hauts responsables du Xinjiang qui ont joué un rôle clé dans la politique d'internement massif de la minorité ouïgoure, sont désormais interdits de séjour aux États-Unis et leurs avoirs sur le territoire, s'ils en possèdent, sont gelés.

L'adoption, le 14 juillet 2020, du Hong Kong Autonomy Act, complète le dispositif : sont sanctionnés les entités et les individus ayant contribué à remettre en cause l'autonomie de l'ancienne colonie britannique après la loi sur la sécurité nationale promulguée par Pékin le 1er juillet. Aux États-Unis, les journalistes chinois, désormais désignés comme « missions étrangères », rejoignent leurs collègues russes déjà classés « agents de l'étranger ». Un « point de non-retour a été atteint, écrit Dmitri Trenine, directeur du centre de réflexion Carnegie Moscow Center. La Russie et la Chine sont libres de poursuivre leurs propres intérêts nationaux comme elles l'entendent. Il s'agit d'une relation modèle entre deux grandes puissances[6] ».

L'ENTENTE AUTORITARISTE

Les signes d'une entente autoritariste se multiplient, en effet. Les autorités chinoises n'hésitent plus à qualifier le mouvement de protestation de Hong Kong de « révolution de couleur[7] » manipulée par l'Occident, dans les pas de Vladimir Poutine qui désigne ainsi tous les soulèvements survenus ces dernières années dans son proche étranger, notamment en Ukraine et en Géorgie, ou dans le monde arabe. Comme en Russie, les mots « activités terroristes », « activités des forces étrangères », « interférences de l'étranger » abondent dans les discours chinois pour justifier la remise au pas de l'île après l'éruption de colère et son cortège de manifestations qui, en 2019, ont débuté contre la tentative du gouvernement de Hong Kong de faire passer une loi facilitant les extraditions vers la Chine. Le Kremlin s'abstient de tout commentaire sur le sujet susceptible de froisser son alliée, pas plus qu'il n'émet la moindre critique sur la répression féroce contre la minorité ouïgoure au Xinjiang chinois, cible depuis 2017 d'une politique d'internement forcé à grande échelle au nom de la « lutte antiterroriste ». En contrepartie, Xi Jinping reprend à son compte le combat personnel que mène le chef du Kremlin, alors en pleine polémique avec le gouvernement polonais, sur la Seconde Guerre mondiale[8]. Les États-Unis représentent une menace commune bien plus grande que la Chine et la Russie ne le sont l'une pour l'autre[9].

Le rapprochement a été progressif. Lorsqu'il parvient au pouvoir, en décembre 1999, Vladimir Poutine place d'abord l'Occident en tête de liste de ses priorités en matière de politique étrangère. Mais dès cette année-là, alors que la Chine peine à redresser son image ternie par le massacre de Tiananmen commis dix ans plus tôt, les pourparlers entre Moscou et Pékin se développent et aboutissent, en juillet 2001, à la signature d'un traité « de bon voisinage, d'amitié et de coopération ». L'échec de la tentative de rapprochement des États-Unis après les attentats du 11 septembre 2001 convainc Vladimir Poutine qu'il lui faut stabiliser absolument le flanc est du pays. En mai 2004, il signe avec le président chinois Hu Jintao un premier traité sur la délimitation de leurs frontières en Extrême-Orient. L'année suivante, l'accord définitif sur le tracé oriental de ces frontières est ratifié, avec un additif de 2 %, signé le 2 juin à Vladivostok par les ministres des Affaires étrangères Sergueï Lavrov et Li Zhaoxing portant sur quelques îles dans la région russe de Khabarovsk.

Cette question de frontière est un point sensible. Au XIXe siècle, le passage sous contrôle de la rive gauche du fleuve Amour et la cession au profit de la Russie de la région de Vladivostok ont nourri des tensions récurrentes. Celles-ci culminent en 1969 avec des affrontements meurtriers entre les deux armées, sur l'île de Zhenbao, rétrocédée à la Chine en 1991. Le nouvel accord négocié par Vladimir Poutine, entré en vigueur en 2005, met fin aux tensions et à quarante ans de négociations. Le dernier litige résiduel est réglé par la voie diplomatique en 2008 avec la cession à la Chine d'une petite île, Yinlong (Tabarov en russe) et le partage d'une autre, Heixiazi (Bolchoï Oussouriski), posées au centre du fleuve Amour, aux confins de la Russie sibérienne et du nord de la Mandchourie chinoise. Le spectre de la menace formulée en 1964 par Mao Zedong, évoquant les territoires à l'est du lac Baïkal, Vladivostok, Khabarovsk et le Kamtchatka devenus russes en ces termes : « Nous n'avons pas présenté la note sur ce chapitre[10] », est refermé. Le chef du Kremlin signe ici l'un de ses plus grands succès diplomatiques.

N'ayant plus à se soucier de leurs frontières, la Russie et la Chine peuvent se concentrer sur leurs stratégies régionales contre la puissance américaine, en Europe pour la première, en Asie-Pacifique pour la seconde. « Beaucoup d'entre nous oublient qu'en fait, la principale erreur stratégique soviétique [...] durant la guerre froide vient du fait que l'Union soviétique s'est retrouvée en concurrence sur deux fronts, avec les États-Unis, et avec la Chine [communiste]. C'est l'une des plus grandes leçons de la guerre froide retenues par les dirigeants russes[11] », expose Michael Kofman. En 1998, déjà, Evgueni Primakov, adversaire de « l'unilatéralisme américain », prônait la construction d'un axe de résistance qui unirait la Russie et la Chine. Mais par précaution, il souhaitait également y convier l'Inde – sans parvenir néanmoins à convaincre New Delhi.

Confronté à des tensions croissantes sur la scène internationale, après la guerre éclair contre la Géorgie en 2008, et à de grandes manifestations, en Russie, contre son retour officiel à la présidence russe en 2012, Vladimir Poutine remet l'ouvrage sur le métier : consolider l'axe Moscou-Pékin. « La voix chinoise dans le monde devient en effet de plus en plus confiante, et nous nous en félicitons, car Pékin partage notre vision de l'émergence d'un ordre mondial équitable[12] », écrit-il dans le cadre d'une série d'articles publiés pendant sa campagne. L'arrivée dans ce contexte à la tête de l'État chinois de Xi Jinping, avec lequel le chef du

Kremlin pressent des synergies possibles dans leur modèle autoritariste, est une aubaine.

Vladimir Poutine doit cependant rassurer sa population car si la Russie se pose en victime de la mondialisation dont elle a du mal à bénéficier, la Chine, elle, en profite pleinement. Son essor économique est exponentiel et l'immigration chinoise pauvre des années 1980 dans les provinces russes d'Extrême-Orient a fait place à de puissants hommes d'affaires et à des touristes argentés. Dévoilée par Xi Jinping à l'automne 2013, la Nouvelle Route de la soie chinoise, One Belt, One Road (OBOR), un projet pharaonique de construction d'infrastructures portuaires, ferroviaires et terrestres destiné à connecter la Chine, l'Asie centrale et l'Europe, inquiète surtout Moscou. La Russie, ainsi contournée, assiste de plus à la dépendance financière grandissante du Kazakhstan, du Kirghizistan ou du Tadjikistan, son arrière-cour ex-soviétique, vis-à-vis de la Chine. Pour que la Russie prenne « le vent chinois dans sa voile économique[13] », comme il le déclare, Vladimir Poutine lance des travaux faramineux à Vladivostok, dans l'espoir d'ancrer la ville russe dans la compétition. Un premier forum économique, destiné à attirer les investisseurs asiatiques, y voit le jour en 2015. La même année, le Kremlin décide aussi de lancer un programme de distribution d'hectares gratuits, du moins dans un premier temps, dans le Grand Est russe[14]. L'initiative ne change rien au problème de fond de cette région qui demeure : le déséquilibre démographique.

Entre-temps, le « pivot chinois » de la politique étrangère russe s'est encore approfondi. En mai 2014, quelques jours à peine après l'annexion de la Crimée, le chef du Kremlin se rend en Chine pour une première visite officielle qui lui permet de rompre son isolement sur la scène internationale.

Pékin, qui mène de son côté une politique très agressive en mer de Chine, a juste émis une protestation symbolique sur l'annexion de la péninsule criméenne, et soutient Moscou sur une prétendue entreprise de déstabilisation de l'Occident en Ukraine. Dès son arrivée, les sanctions internationales se profilant, Vladimir Poutine s'empresse donc de qualifier la coopération avec la Chine de « priorité diplomatique russe[15] ».

Le numéro un chinois est au rendez-vous : ensemble, les deux dirigeants paraphent une déclaration conjointe dans laquelle la Chine et la Russie ont résolu « de résister aux interférences dans les affaires internes des autres États et de s'opposer au langage des sanctions unilatérales ». Les deux pays en appellent en outre à « cesser tout financement et tout encouragement d'activités visant à changer l'ordre constitutionnel d'autres États », à « respecter l'héritage historique de chaque pays, leur culture politique et le système social qu'ils ont choisi de manière indépendante »[16]. Le message est clair, la solidarité, établie, quand bien même les deux pays sont loin de se priver eux-mêmes d'user d'influence et d'ingérence.

Les ventes d'armes russes à destination de la Chine reprennent de plus belle. Si la Chine et la Russie ne sont liées par aucun traité de défense, Xi Jinping entend bien développer la coopération sécuritaire avec son allié russe. Non sans quelques réticences, Moscou accepte donc de vendre quelques systèmes militaires sophistiqués, le système de missiles S-400 ou les dernières générations de ses chasseurs Soukhoï. En parallèle, les manœuvres militaires conjointes se multiplient, d'abord maritimes, notamment avec Joint Sea 2015 en Méditerranée orientale, point de départ de toute une série. Leur coopération culminera en septembre 2018 avec Vostok 2018, le plus grand exercice jamais organisé par la Russie postsoviétique. Pour l'occasion, quelque 3 200 soldats chinois franchissent la frontière et parcourent près de 200 kilomètres pour installer un QG de campagne avec drapeau national fiché dans cette terre de Transbaïkalie autrefois disputée, au sud de la Sibérie orientale[17]. Avec un défilé de blindés long de 3 kilomètres en rase campagne, des simulacres de combats terrestres et aériens, ces manœuvres s'apparentent à une démonstration de force. Xi Jinping n'y assiste pas mais il a rejoint, la veille, Vladimir Poutine à Vladivostok, où les deux hommes célèbrent leur rapprochement par une mise en scène culinaire, en train de préparer des blinis et de trinquer à la vodka.

Noces géopolitiques

Ces noces géopolitiques entre deux dirigeants déterminés à contester l'ordre international se traduisent également par une nouvelle coopération dans le domaine informationnel, devenu l'objet de toutes les attentions en Russie. Vladimir Poutine et Xi Jinping signent une déclaration commune sur le sujet en juin 2016 qui, si elle s'abrite derrière « le cadre des Nations unies », définit clairement l'enjeu dans son deuxième alinéa : « Promouvoir conjointement le respect des traditions culturelles et des coutumes sociales de chaque pays ; résister à l'ingérence *via* l'espace informationnel dans les affaires internes des autres pays, à la perturbation de l'ordre social, à l'incitation à l'antagonisme interethnique, inter-racial et interreligieux et à la mise en péril de la gouvernance nationale »[18]. Une alliance stratégique est scellée.

Un mois plus tôt, en avril, un premier forum sur la cybersécurité avait réuni à Moscou des hauts responsables chinois et russes. Parmi les délégués, rapportent les journalistes russes Andreï Soldatov et Irina Borogan, auteurs de *The Red Web*[19] – une enquête fouillée sur l'Internet en Russie –, figurent Lu Wei, chef du Bureau d'information sur Internet de la Chine, Fang Binxing, père du Grand Firewall, la censure chinoise sur le Net, et Igor Chtchiogolev, conseiller de Vladimir Poutine pour ces questions et ancien ministre de la Communication.

Cette cybercollaboration inédite entre les deux pays implique d'autres contacts. À deux reprises au moins, le patron du Conseil de sécurité russe, Nikolaï Patrouchev, ex-directeur du FSB entre 2000 et 2008, et des membres du Politburo chinois se sont réunis pour parler de « sécurité » de l'information. En Russie, les premières lois coercitives visant Internet apparaissent en 2015 et 2016 avec le « paquet Iarovaïa », du nom d'une députée du parti au pouvoir, Russie unie. Sous couvert de lutte antiterroriste, ces dernières contraignent les géants du Web à stocker sur le territoire national les données des ressortissants russes et aggravent les poursuites pénales contre des internautes qui encourageraient sur les réseaux sociaux, entre autres, à prendre part à des « troubles de masse ». Depuis, les réunions « cyber » russo-chinoises n'ont pas cessé. Dans ce domaine, cependant, la Chine possède une très nette longueur d'avance. Xi Jinping en a fait une nouvelle démonstration en interdisant en 2017 sur Sina Weibo, le Twitter chinois, toute critique contre son « meilleur ami » Vladimir Poutine, premier chef d'État étranger ainsi distingué.

Le chef de l'État russe et son homologue chinois perçoivent l'un et l'autre l'Internet « ouvert » comme une menace pour la stabilité et la légitimité de leurs régimes. Là où l'Occident met l'accent sur la cybersécurité, la confidentialité et l'intégrité des données, la Russie et la Chine le mettent surtout sur le contrôle du contenu et des communications. Ils défendent de concert le concept d'un « Internet souverain » où l'influence de l'Occident, comme la dépendance à l'égard des outils, serait réduite. La Russie, en particulier, souhaite depuis longtemps remplacer la Convention de Budapest du Conseil de l'Europe, signée par 64 pays, qui viole à ses yeux les principes de souveraineté de l'État. Il s'agit pourtant du seul accord international qui protège les internautes.

La Russie et la Chine se sont aussi lancées dans les cyberattaques à grande échelle, le cyberespionnage et les opérations d'influence. En la matière, les deux pays ont au moins un point commun : l'implication avérée de leurs appareils militaires, celle de l'Armée populaire de libération chinoise, tout comme celle du GRU.

L'alliance fait aussi ses preuves en matière de politique extérieure. Dès octobre 2011, la Russie et la Chine opposent en commun leur veto, le premier d'une longue série, au Conseil de sécurité de l'ONU sur la Syrie. En tout, entre 2011 et 2019, Moscou et Pékin s'associeront ainsi huit fois pour bloquer des projets de résolution déposés par d'autres membres du Conseil de sécurité sur le Moyen-Orient ou la Syrie. Ainsi, sous l'effet de leurs vetos conjoints, l'organe onusien a rejeté pour la première fois, en mai 2014, la saisine de la Cour pénale internationale proposée par la France au nom de 65 coauteurs afin que la juridiction enquête sur les crimes graves commis en Syrie[20]. Un scénario analogue voit le jour sur la demande, déposée par les Américains, d'organiser de nouvelles élections au Venezuela après la réélection contestée de son président, Nicolás Maduro[21].

Cet alignement stratégique s'est accéléré mais n'est pas nouveau. Moscou et Pékin avaient déjà usé de leurs vetos respectifs, en 2008, pour torpiller une résolution du Conseil visant à imposer des sanctions au Zimbabwe, au regard des violences postélectorales opérées par les autorités[22].

Le duo Russie-Chine fait bloc également sur la Corée du Nord, en transmettant au Conseil de sécurité de l'ONU, en décembre 2019, un projet de résolution proposant d'« ajuster les sanctions » vis-à-vis de Pyongyang, à la condition que ce pays s'engage dans le même temps dans une dénucléarisation de la péninsule coréenne[23]. Cette proposition, qui n'a finalement pas été soumise au vote, réclamait une exemption de sanctions concernant des projets de coopération entre la Corée du Sud et du Nord, complétée par une liste curieuse de produits hétéroclites : bulldozers, ou petits tracteurs, lave-vaisselle, fourchettes, vélos, aspirateurs... Le texte en appelait surtout à « une reprise rapide des pourparlers à six » (les deux Corées, États-Unis, Japon, Chine et Russie), abandonnés en 2009 du fait du retrait de Pyongyang.

La péninsule coréenne est en effet le gros dossier emblématique sur lequel, plus que d'autres, Pékin et Moscou se sont coordonnés. C'est tout exprès que Xi Jinping se déplace à Moscou au début du mois de juillet 2017 pour s'entretenir avec son homologue russe de la menace que fait peser, selon lui, le système antimissile américain Terminal High Altitude Area Defense (Thaad) alors en cours d'installation en Corée du Sud. « Le déploiement par les États-Unis d'un système antimissile avancé en Corée du Sud nuit gravement aux intérêts stratégiques de sécurité de la Chine, de la Russie et d'autres pays de la région », déclare-t-il. La Chine et la Russie, avance-t-il encore, « ont maintenu une communication et une coordination étroites sur la question »[24].

Or, depuis quatre ans, le régime de Pyongyang procède à des essais dont, potentiellement, en 2017, celui d'une bombe à hydrogène, et au lancement de missiles intercontinentaux capables d'atteindre le territoire américain. Dans ce contexte tendu qui voit Donald Trump souffler le chaud et le froid avec le dirigeant nord-coréen Kim Jong-un, Moscou et Pékin prônent le dialogue avec Pyongyang sur la base d'une feuille de route commune.

Légèrement en retrait, notamment lors de la détente observée entre le nord et le sud de la péninsule coréenne entre 2017 et le début de 2018, Vladimir Poutine va cependant brusquement accélérer ses interventions sur la question qui lui importe le plus : la levée des sanctions, qu'il perçoit comme une opportunité pour lever celles infligées à son pays depuis la guerre en Ukraine. Un terrain conflictuel de plus avec les États-Unis qui accusent la Russie d'aider la Corée du Nord à les contourner. De fait, malgré la résolution 2937[25] adoptée à l'unanimité par le Conseil de sécurité de l'ONU en décembre 2017, limitant les importations de pétrole raffiné de ce pays, et demandant à tous les pays employant des Nord-Coréens de les renvoyer chez eux sous deux ans, plusieurs milliers de travailleurs nord-coréens, sources précieuses de devises pour Pyongyang, poursuivaient leur activité dans les forêts de l'Extrême-Orient russe sur les 30 000 recensés jusqu'alors[26].

Moins de deux mois après le fiasco de la deuxième réunion entre Kim Jong-un et Donald Trump à Hanoï, Vladimir Poutine accueille donc d'une longue poignée de main le dirigeant nord-coréen, sur l'île ultra-sécurisée Rousskii, en face de Vladivostok, pour un sommet destiné à renforcer les « liens historiques » entre les deux pays. Arrivé à bord de son train blindé jusqu'à la frontière, le dirigeant nord-coréen cherche l'appui du Russe. Si Pékin reste son plus proche soutien, Moscou était aussi son allié pendant la guerre froide.

Asymétrie économique

Associés dans plusieurs organisations, le groupe des Brics (Brésil, Russie, Inde, Chine, Afrique du Sud), l'Organisation de coopération de Shanghaï (OCS), et la Coopération économique pour l'Asie-Pacifique (Apec), la Chine et la Russie s'affirment de plus en plus sur la scène internationale dans le rôle pilote d'une force d'opposition à « l'hégémonie américaine » sur de nombreux sujets, de l'Afghanistan à l'Iran.

La Chine et la Russie poursuivent un autre objectif « alternatif », celui de « dédollariser » leurs économies. En Russie, la réflexion a commencé dès 2015 dans la foulée de l'annexion de la Crimée. La Chine, elle, accélère le pas depuis l'émergence de la guerre commerciale en 2018 avec les États-Unis. Résultat : si, en 2015, près de 90 % de leurs transactions bilatérales s'effectuaient en dollars, cette proportion est tombée à 51 % en 2019. Début 2020, pour la première fois, le billet vert est même passé en dessous de la barre symbolique de 50 %, tandis que l'euro a servi à payer 30 % de leurs échanges, un palier historique, et que les monnaies nationales chinoise et russe ont été utilisées à hauteur de 24 %, soit une autre performance[27]. En s'affranchissant du dollar, la pression des sanctions diminue, Washington ne pouvant plus demander à une banque de bloquer une transaction au motif qu'elle entre dans ce cadre.

Une autre étape est franchie en 2019 avec un accord signé par les deux dirigeants projetant de développer d'autres mécanismes de paiement que le réseau Swift (Society for

Worldwide Interbank Financial Telecommunication) qui régit depuis les années 1970 toutes les transactions internationales. La Chine a déjà créé l'Asian Infrastructure Investment Bank (AIIB) en 2014, une banque d'investissement liée à sa stratégie des « nouvelles routes de la soie » mais surtout destinée à concurrencer les institutions internationales telles que le Fonds monétaire international (FMI), la Banque mondiale et la Banque asiatique de développement. Au 1er juin 2020, 82 pays ont adhéré à l'AIIB. Comme les autres membres des Brics, la Russie en fait partie.

L'économie reste pourtant le gros point noir du rapprochement russo-chinois. Certes, l'inauguration en grande pompe du gazoduc Force de Sibérie, le 2 décembre 2019, en présence de Xi Jinping et de Vladimir Poutine, est célébrée comme un rapprochement symbolique de plus. Exploité par le géant russe pétrolier Gazprom, ce gigantesque gazoduc doit acheminer vers le nord de la Chine, sur plus de 3 000 kilomètres, 38 milliards de mètres cubes de gaz naturel à partir de 2025. Un projet colossal de 55 milliards de dollars d'investissement. Mais sa construction ne doit pas faire perdre de vue le gouffre qui sépare la deuxième économie mondiale de son alliée.

La Chine est le premier partenaire économique de la Russie, mais la réciproque n'est pas de mise : la Russie n'est en effet que le dixième partenaire de la Chine. En cours de formation depuis 2010, le projet russe d'Union économique eurasiatique inaugurée dans la précipitation en 2014 a bien du mal à trouver sa place face au projet-mastodonte OBOR. Sur le papier, les « nouvelles routes de la soie » tracées par Pékin privilégient d'abord les pays d'Asie centrale *via* deux voies principales. Une troisième associe bien la Russie, mais sur une portion limitée. La réalisation du premier tronçon

Moscou-Kazan (800 kilomètres) n'était pas prévue avant 2021.

Quoique la Russie et la Chine soient vigilantes quant à la sécurisation de régions musulmanes jugées instables, le déséquilibre entre elles se creuse donc avec les pays d'Asie centrale. Depuis leur indépendance, les ex-républiques soviétiques désireuses de se libérer d'une emprise russe exclusive ont cherché de nouveaux débouchés pour leurs ressources naturelles. Entre 2000 et 2016, leurs échanges avec la Chine ont augmenté de 5 000 %, passant de 1 à 50 milliards de dollars annuels[28]. Revers de la médaille, des pays comme le Kazakhstan ou le Kirghizistan sont de plus en plus étouffés par leur dette chinoise.

Affaibli par la chute du rouble et les sanctions internationales, Vladimir Poutine ne peut plus guère espérer vendre à son « meilleur ami » que les hydrocarbures – en 2018, la Russie a supplanté l'Arabie Saoudite comme premier fournisseur de pétrole à la Chine – et des richesses naturelles. En mars 2019, un projet chinois de mise en bouteille de l'eau du lac Baïkal, la plus grande réserve au monde d'eau douce, suscite ainsi une vague de protestations des habitants russes de la région[29], de plus en plus méfiants envers leurs voisins omniprésents, contraignant les autorités à annuler l'opération. Ailleurs, à l'extrémité orientale du pays, c'est la surpêche pratiquée par des Nord-Coréens pour le compte de la Chine qui alimente la colère. Reçu par Vladimir Poutine en octobre 2014, le chef du gouvernement chinois Li Keqiang avait pourtant bien résumé le point de vue de Pékin d'une phrase : « La Russie est le plus grand territoire du monde, la Chine le plus peuplé, nous sommes complémentaires[30]. » Partenaire indispensable, l'empire du Milieu est aussi un partenaire contrariant.

Ensemble, mais séparées, l'expression est sans doute celle qui définit le mieux la relation entre la Russie et la Chine. Vladimir Poutine et Xi Jinping entretiennent tous deux la nostalgie de la « grandeur » passée de leur pays, et cette nostalgie passe inévitablement par l'image d'hommes « forts » qu'ils entendent incarner. À ce sujet, une étude du Pew Research Center avait montré qu'au lendemain de l'annexion de la Crimée par la Russie, en 2014, l'image du voisin russe avait fait un bond en avant, passant de 49 % d'opinions positives à 66 % en Chine, alors qu'elle dégringolait à peu près peu partout ailleurs. La confiance des Chinois interrogés sur Vladimir Poutine et sa conduite dans les affaires internationales atteignait, elle, 62 %[31].

Les deux dirigeants unissent aujourd'hui leurs efforts pour défier l'ordre mondial. Ils s'épaulent mutuellement face aux critiques contre les transgressions et les violations du droit international provoquées par leurs ambitions. Mais ils le font chacun à sa manière selon ses propres intérêts face à un adversaire commun, les États-Unis, qu'ils engagent sur deux fronts. Puissance offensive en Asie du Sud-Est, la Chine est plutôt, pour l'heure, sur un *statu quo* en Europe, soit l'inverse, exactement, de la position russe. Tous deux sont des acteurs très entreprenants de la redistribution régionale et globale des équilibres stratégiques. S'ils ont un intérêt commun à contrecarrer la puissance occidentale, une alliance plus avancée nécessiterait de dépasser leur défiance historique et leurs inclinaisons nationalistes.

13

« *Make Africa Safe* »

Treize ans ont passé depuis que Vladimir Poutine a posé pour la première fois le pied en 2006 sur le continent africain, en Afrique du Sud puis au Maroc, lorsque s'ouvre sur les bords de la mer Noire le premier sommet Russie-Afrique. Ce 24 octobre 2019, le chef du Kremlin ne cache pas sa satisfaction. Cinquante-quatre chefs d'État, de gouvernement et d'organisations régionales ont fait le déplacement jusqu'à Sotchi, une ville balnéaire du sud de la Russie, autrefois prisée par Staline et refaite à neuf pour les Jeux olympiques d'hiver de 2014. À l'intérieur du parc Sirius des sciences et des arts tout illuminé, une immense table ronde cernée par une marée de drapeaux colorés accueille les représentants d'une Afrique longtemps négligée par la Russie après l'effondrement de l'URSS.

La « première rencontre de cette ampleur[1] » en rappelle une autre, celle des sommets Chine-Afrique qu'organise Pékin tous les trois ans depuis 2000, à cette différence près : les échanges commerciaux entre la Russie et l'Afrique s'élèvent péniblement en 2019 à 20 milliards de dollars, de l'aveu même du président russe[2], soit dix fois moins que les échanges sino-africains évalués alors à 208,7 milliards de dollars[3]. Les deux puissances n'attirent pas les dirigeants africains pour les mêmes raisons, il est vrai. Comme le résume abruptement l'opposant congolais Christian Malanga dans une formule qui a fait mouche : « La Chine, c'est l'argent, la Russie, les muscles[4]. » Le commerce d'un côté, le marché de la sécurité et des armes de l'autre.

Pour briser son isolement provoqué par l'annexion de la Crimée et la crise ukrainienne, le Kremlin a renoué à marche forcée avec les capitales africaines. Dès 2015, les visites des dirigeants africains conviés en Russie ont commencé à se multiplier, comblant ainsi l'absence de plus en plus visible des Occidentaux. Robert Mugabe est l'un des premiers à prendre le chemin de Moscou. Trop heureux de partager avec Vladimir Poutine son aversion pour les États-Unis et l'Europe, le président du Zimbabwe, décédé en 2019, savoure un autre point commun : la Russie est désormais elle aussi sous sanctions internationales[5]. Puis, après Mugabe, viendront Alpha Condé (Guinée), Ali Bongo Ondimba (Gabon), Faustin-Archange Touadéra (République centrafricaine, RCA), Macky Sall (Sénégal), Emmerson Mnangagwa (successeur de Mugabe), Joao Lourenço (Angola), Denis Sassou-Nguesso (République du Congo)… Omar al-Béchir, qui disait « rêver » de rencontrer l'homme fort du Kremlin, a été exaucé. Reçu à son tour le 23 novembre 2017, le chef de l'État soudanais, visé par des mandats internationaux pour crimes de guerre, crimes contre l'humanité et crime de génocide dans la guerre du Darfour, a besoin de nouvelles armes. L'embargo économique contre Khartoum, qui vient tout juste d'être levé par Donald Trump après une période « d'essai » instaurée par son prédécesseur Barack Obama, ne concerne pas l'armement. Mais le Soudanais, au pouvoir depuis 1989, a des arguments à faire valoir à Vladimir Poutine : son pays, propose-t-il, peut devenir la « clé de la Russie en Afrique[6] ». Le dictateur africain, chassé du pouvoir en 2019, ne profitera guère de sa lune de miel avec Moscou. Sa clé, en revanche, a bien contribué à ouvrir les portes du continent à la Russie.

Débouté par les autorités de Djibouti sur sa demande d'établir, à l'instar de la France, des États-Unis, ou encore de la Chine, une base navale sur cette Corne de l'Afrique stratégique, le Kremlin a su trouver une solution de repli. Un accord avec le Soudan, paraphé par le Premier ministre Mikhaïl Michoustine et rendu public en novembre 2020, a révélé le projet d'installer un « centre logistique » à Port-Soudan, destiné à accueillir simultanément quatre navires russes, y compris à propulsion nucléaire, tel le croiseur *Pierre le Grand*. Le texte donne en outre le droit à la Russie d'importer et d'exporter *via* les ports du pays, pour une période de vingt-cinq ans tacitement renouvelables, toutes les armes, munitions et équipements nécessaires au fonctionnement de cette base, ainsi qu'à l'exécution des missions de ses navires de guerre. Pour la première fois, Moscou obtient ainsi un accès majeur à l'océan Indien par la mer Rouge.

Un sommet à double détente

En ouvrant la réunion plénière de Sotchi, Vladimir Poutine prend surtout soin de rendre hommage à un autre homme placé à sa droite, Abdel Fattah al-Sissi, avec lequel il partage une même appétence pour l'autoritarisme. Le chef d'État égyptien qui dirige d'une main de fer son pays, pièce maîtresse des révolutions arabes huit ans auparavant, n'a pas ménagé sa peine pour convaincre ses pairs africains d'assister à cette grand-messe russe. Moscou a octroyé au Caire un prêt de 25 milliards de dollars pour la construction de quatre réacteurs pour sa future centrale nucléaire d'al-Dabaa. L'Égypte est le plus gros consommateur de blé russe, les échanges commerciaux entre les deux pays atteignent 7,7 milliards de dollars (sur l'enveloppe globale des 20 milliards concernant tout le continent) et Abdel Fattah al-Sissi a une autre forme de dette à éponger. Le 31 octobre 2016, l'Airbus A321 de la compagnie charter russe Metrojet a explosé au-dessus du Sinaï avec 224 passagers et membres d'équipage russes à bord. Or, non seulement les contrôles au départ de la station balnéaire Charm al-Cheikh se sont révélés déficients mais le président égyptien a mis quatre mois à reconnaître qu'il s'agissait bel et bien d'un attentat, ainsi que l'avait revendiqué la branche égyptienne de l'EI.

À l'arrière-plan des invités, deux autres hommes ont aussi beaucoup œuvré pour ce rapprochement. En 2015 et 2016, le ministre russe des Affaires étrangères, Sergueï Lavrov, a effectué une tournée africaine dans plus de dix pays, du Rwanda à l'Algérie, de l'Éthiopie à la Guinée, en passant par l'Angola, le Zimbabwe, la Namibie, l'Égypte ou bien encore l'Afrique du Sud. Son vice-ministre Mikhaïl Bogdanov, représentant spécial de Vladimir Poutine pour le Moyen-Orient et l'Afrique, et cheville ouvrière du rétablissement des relations, a pour sa part sillonné le continent, à raison de plus de cinquante déplacements. Nikolaï Patrouchev, président du Conseil de sécurité de la Fédération de Russie, les a secondés. Tous ces efforts ont déjà payé : en deux ans, entre 2017 et 2019, vingt nouveaux accords de coopération militaire ont été signés, contre sept entre 2010 et 2017. La Russie demeure par ailleurs le premier fournisseur en armes du Maghreb et de l'Afrique subsaharienne, notamment grâce au marché égyptien[7].

Tous les liens entretenus du temps de l'URSS ont été ravivés. Et c'est par l'évocation de ce passé que Vladimir Poutine commence son discours au sommet de Sotchi. « Chers amis, dit-il, notre pays a toujours soutenu les mouvements de libération nationale des peuples d'Afrique, nous avons apporté une contribution significative à la formation de jeunes États et au développement de leurs économies, ainsi qu'à la constitution de forces armées prêtes au combat. Notre coopération, enracinée dans la période de la lutte commune contre le colonialisme, est stratégique et de longue date[8]. » La décolonisation a effectivement correspondu au zénith des relations avec l'Afrique, lorsque l'URSS a saisi l'occasion, en instrumentalisant la lutte contre l'apartheid en Afrique du Sud et les mouvements d'émancipation des pays africains, d'exporter l'idéologie communiste. Cette période, initiée par Nikita Khrouchtchev au début des années 1960, puis amplifiée par son successeur, Leonid Brejnev, s'est traduite par l'accession au pouvoir d'une nouvelle génération de dirigeants marxisants, au Mozambique ou en Angola, par l'implantation de bases militaires en Guinée, en Angola, en Somalie, ou en Éthiopie, et par l'exportation de milliers de conseillers militaires instructeurs.

Mais pour les participants du sommet de Sotchi, il n'est plus question du passé, ni « d'amitié entre les peuples ». On vient surtout observer de près le chef de la première puissance nucléaire placée sous sanctions internationales, celui qui s'affronte aux Occidentaux, qui a su protéger un allié et s'imposer par la force en Syrie au nom d'une « lutte antiterroriste ». Pour nombre de dirigeants présents, confrontés à une instabilité chronique et à des mouvements terroristes ou armés, Vladimir Poutine représente un éventuel recours d'autant plus attractif qu'il se montre particulièrement accommodant sur la question des droits de l'homme. Dans le domaine de la sécurité, Moscou offre son « savoir-faire » sans conditions. L'une « des idées fondamentales de notre politique étrangère repose sur le fait que la Russie est le principal fournisseur de sécurité internationale à la fois pour le monde et pour soi-même[9] », affirme Sergueï Karaganov, l'influent président honoraire du Conseil de politique étrangère et de défense, l'un des premiers cercles de réflexion en Russie.

A contrario, l'apport de l'Afrique n'est pas négligeable dans le combat acharné que mène le Kremlin pour détricoter l'ordre mondial : avec ses 54 pays, le continent représente près du tiers des voix à l'Assemblée générale des Nations unies. Un réservoir utile. Lors de la résolution adoptée le 27 mars 2014 sur « l'absence de validité » du référendum organisé en Crimée et à Sébastopol[10] pour habiliter l'annexion de la péninsule ukrainienne, 58 pays s'étaient abstenus, parmi lesquels l'Égypte, l'Algérie, l'Afrique du Sud, le Mali, le Rwanda, le Sénégal ou encore le Gabon[11].

Sotchi conforte donc l'intérêt mutuel que se portent le Kremlin et nombre d'États africains. Les résultats affichés sont pourtant modestes, 92 accords, contrats et mémorandums sur le transport logistique, les chemins de fer, les mines, la banque ont été avancés, mais aucune annonce spectaculaire[12]. Car beaucoup s'est joué dans les coulisses. Le premier sommet Russie-Afrique, destiné à se répéter tous les trois ans sur le modèle chinois, était à double détente, officiel et officieux dans sa présentation, légal ou en eaux troubles s'agissant des objectifs poursuivis par Moscou.

L'ombre de Prigojine

Le continent africain n'est plus seulement, en effet, la destination favorite des conseillers et instructeurs militaires hérités de l'époque soviétique, mais celle de sociétés de sécurité russes parfaitement illégales en Russie, quoique protégées au plus haut niveau. En 2013, l'acquittement d'une bonne partie d'un équipage russe accusé de trafic d'armes avait été salué par le ministère russe des Affaires étrangères. Interpellés un an plus tôt par les autorités nigérianes au large de Lagos à bord du *Myre Seadiver*, alors qu'ils se trouvaient à bord d'un bateau bourré d'armes appartenant à la société de sécurité Moran Security Group basée à Moscou, ils avaient été libérés sous caution et hébergés par l'ambassade de Russie[13]. Depuis, la présence de mercenaires russes, invisibles à Sotchi, n'a cessé de se développer avec la bénédiction du Kremlin. L'ombre d'Evgueni Prigojine, en particulier, a plané sur toute la rencontre.

Après l'Ukraine et la Syrie, les mercenaires financés par ce proche de Vladimir Poutine, impliqué dans l'ingérence russe pour l'élection présidentielle américaine de 2016, sont désormais sur le terrain africain. Et le lien entre cet homme de l'ombre et le monde militaire est loin d'être ténu : il est le premier fournisseur de toute la restauration de l'armée russe. Sa participation dans le domaine de la sécurité ne va cesser de croître.

L'occasion s'est vite présentée. Huit mois à peine après son élection, en février 2016, le président de la RCA, Faustin-Archange Touadéra, atterrit à Sotchi pour une visite privée. En réalité, il vient en personne plaider auprès du chef de la diplomatie russe, Sergueï Lavrov, la levée de l'embargo sur les armes imposé par l'ONU depuis 2013, au plus fort des violences interethniques qui ravagent son pays, entre milices chrétiennes anti-balaka et musulmanes de l'ex-Séléka. Moscou approuve, à condition, bien sûr, que ces armes soient russes. L'affaire est rondement menée. En décembre 2017, la résolution 2127 est adoptée au Conseil de sécurité de l'ONU, qui autorise la Russie à livrer des armes et à envoyer des dizaines d'instructeurs militaires pour former les forces armées centrafricaines.

Dans les semaines suivantes, des avions Iliouchine de l'armée russe effectuent donc neuf rotations sur l'aéroport international de Bangui – sauf qu'ayant atterri « après la tombée de la nuit », un groupe d'experts des Nations unies se plaint de ne pas avoir pu réaliser les contrôles nécessaires[14]. Puis, des mercenaires russes apparaissent soudainement, qui se joignent en toute impunité aux instructeurs « officiels », comme Valeri Zakharov, un ex-agent du KGB devenu conseiller à la Sécurité nationale du président Touadéra. La société de sécurité privée Sewa Security Services émerge en un rien de temps, en liaison avec la société Lobaye Invest, détentrice de permis d'exploration minière dans les zones diamantifères contrôlées par ces mercenaires. Dans les deux cas, derrière les noms de ces sociétés, le nom d'Evgueni Prigojine apparaît[15]. En juillet 2018, trois journalistes russes qui enquêtaient sur ces activités sont exécutés par des inconnus.

Cette nouvelle incursion des Wagner sur le terrain africain n'a évidemment rien à voir avec la défense d'une quelconque souveraineté d'un pays « ami ». « Qu'il s'agisse de mercenaires ou de technologues politiques, ils s'attendent à être payés, souligne le chercheur Mark Galeotti. Ils n'ont pas nécessairement besoin d'argent liquide, peut-être que ce sera une part dans cette mine en particulier, ou autre chose. [...] Ce n'est pas comme à l'époque soviétique, où l'URSS pouvait venir et dire : "Nous allons vous construire ce barrage, nous allons faire venir des mercenaires cubains pour vous, ou d'autres, et nous les payerons." Non, non, non, maintenant, c'est : "Regardez, nous pouvons faire des choses que l'Occident ne peut pas ou ne veut pas faire [...]. Nous n'en avons rien à faire de votre système politique, nous serons heureux de vous laisser truquer les élections et d'éliminer les insurgés ou quoi que ce soit d'autre, et aucune question ne sera posée. Mais il y a un prix à payer"[16]. »

Au Soudan, introduits comme l'avait lui-même promis l'ancien dictateur Omar al-Béchir, les Wagner ont mené, même après le départ forcé de leur hôte soudanais, des pourparlers avec des seigneurs de guerre dans toute la région, non sans conduire à bien leurs affaires. Le 15 juillet 2020, le Trésor américain a placé sous sanctions la société M-Invest identifiée comme la société écran d'Evgueni Prigojine au Soudan[17]. Outre l'exploitation des ressources naturelles à des fins « personnelles », l'administration américaine accusait « le cuisinier de Poutine », comme on le surnomme parfois, d'avoir tenté d'interférer dans le processus démocratique au Soudan, pour protéger ses intérêts : « M-Invest sert de couverture aux forces de la SMP Wagner opérant au Soudan et était chargé d'élaborer des plans pour l'ancien président soudanais Omar al-Bachir afin de réprimer les manifestants en quête de réformes démocratiques. Les plans de M-Invest préconisaient l'utilisation de campagnes de désinformation sur les réseaux sociaux similaires à celles déployées par l'IRA [la ferme de trolls accusée d'ingérence aux États-Unis]. » De plus, poursuivait le communiqué du Trésor, « M-Invest a obtenu des accords de concession pour explorer des sites d'extraction d'or au Soudan lors d'un sommet de 2017 entre les gouvernements soudanais et russe, et dirigé par Béchir. » Un contrat pour M-Invest, que l'ex-dirigeant soudanais avait bien signé le plus officiellement du monde avec le Premier ministre Dmitri Medvedev, au lendemain de sa rencontre avec Vladimir Poutine à Sotchi, en novembre 2017[18].

En Libye, les Wagner se sont mis au service du maréchal Khalifa Haftar. Depuis la Cyrénaïque, à l'est du pays, dont il contrôle les puits de pétrole, le chef autoproclamé depuis 2015 de l'Armée nationale libyenne (ANL) combat les armes à la main le chef du gouvernement d'accord national (GAN), Faïez el-Sarraj, installé à Tripoli et reconnu par la communauté internationale. À plusieurs reprises, Khalifa Haftar s'est entretenu avec le ministre russe de la Défense, Sergueï Choïgou – la première fois en janvier 2017, par visioconférence, à bord du porte-avions *Amiral Kouznetsov* qui croisait au large de Tobrouk, où il a été invité à monter, puis à deux reprises à Moscou en 2016. Le Libyen presse la Russie de lui livrer des armes ; la Russie trouve dans ce personnage, un ex-partisan de Mouammar Kadhafi longtemps exilé aux États-Unis, un profil politico-militaire susceptible de restaurer ses intérêts stratégiques perdus dans la région depuis la chute du « guide » libyen.

Officiellement, Moscou soutient l'accord signé le 17 décembre 2015 sous les auspices des Nations unies à Skhirat, au Maroc, qui a reconnu Faïez el-Sarraj comme l'autorité légitime libyenne. Officieusement, Moscou sape son autorité en vantant les mérites de son adversaire qui lutterait contre les terroristes islamistes. La Libye étant soumise à un embargo sur les armes, le « coup de pouce » du Kremlin à l'homme fort de la Cyrénaïque va donc se traduire par l'envoi de centaines de mercenaires russes, qui vont, comme en Syrie, participer directement aux combats avec plus ou de moins de succès.

Les rumeurs évoquant des dizaines de morts dans leurs rangs n'ont jamais pu être vérifiées, mais le 23 mai 2020, plusieurs centaines de Wagner ont quitté en convoi, « à bord d'au moins 80 véhicules[19] » l'agglomération de Tripoli, la capitale libyenne, pour rejoindre l'oasis de Beni Oualid où les attendaient des avions de transport Iliouchine. Cette évacuation, visible aux yeux de tous, a sonné comme une débâcle. Quoi qu'il en soit, Moscou a toujours nié leur présence.

Dès 2018, Madagascar avait constaté l'arrivée de nombreux civils russes, en mission assez peu discrète, selon le *New York Times*, pour interférer dans l'élection présidentielle de 2018, protégés par des Wagner. Ces opérations, affirme le quotidien américain, auraient commencé quelques semaines après une rencontre ne figurant sur aucun agenda entre Vladimir Poutine, et le chef d'État malgache Hery Rajaonarimampianina, à laquelle assistait Evgueni Prigojine[20]. Le résultat ne fut guère probant, le président sortant ayant été éliminé dès le premier tour, mais l'effet de surprise aura été une nouvelle fois total. Depuis, « l'empreinte » russe n'a pas cessé de s'étendre partout sur le continent.

Le Mozambique a lui aussi été progressivement investi. Censé devenir le nouvel eldorado gazier[21] après la découverte d'importants gisements entre 2010 et 2013, ce pays d'Afrique australe attire tous les regards, et Moscou tente de rattraper le terrain perdu. Depuis la chute de l'Union soviétique, la Russie a été contrainte de fermer huit ambassades en Afrique (Burkina Faso, Guinée équatoriale, Lesotho, Liberia, Niger, São Tomé-et-Príncipe, Togo, Somalie, Sierra Leone) et trois consulats dont celui du Mozambique.

Ici aussi, l'aide promise passera par l'envoi de mercenaires, dans la foulée de l'accord de coopération militaire signé en décembre 2015 par le ministre russe des Affaires étrangères, Sergueï Lavrov, et son homologue mozambicain, José Pacheco, pour une période de cinq ans.

En septembre 2019, un *mix* de mercenaires, de troupes d'élite et de matériel militaire, comprenant trois hélicoptères d'attaque[22], parvient dans cet État d'Afrique australe dans le but affiché d'aider le gouvernement à combattre un groupe djihadiste dans la région de Cabo Delgado, à l'extrémité septentrionale du pays. Mal préparés pour ce terrain, semble-t-il, peu appréciés pour leur brutalité par la population, les Wagner enregistrent des échecs, à l'issue parfois tragique pour eux. Ici aussi, les victimes seraient nombreuses sans pouvoir être prouvées. Une vidéo a circulé, montrant quatre mercenaires russes décapités par un groupe supposé en lien avec l'EI[23]. En mars 2020, un second groupe russe était néanmoins de retour, pour combattre dans cette même zone de Cabo Delgado où se trouvent les vastes gisements de gaz, tandis que des avions-cargos Antonov étaient également aperçus en train d'apporter du matériel militaire dans le nord du pays[24].

Les batailles menées par les Wagner s'accompagnent aussi d'autres combats, plus virtuels. À l'approche de l'élection présidentielle mozambicaine d'octobre 2019, la société d'études Afric a mené un sondage qui prédisait la victoire du président sortant, Filipe Nyusi. La publication de sondages électoraux étant illégale pendant la période électorale au Mozambique, le fondateur de cette société l'a affichée sur le site internet de l'International Anticrisis Center, une « ONG » russe liée à Evgueni Prigojine[25]. Le sondage a pu être ainsi largement diffusé sur les médias sociaux au

Mozambique, avant que le président Nyusi ne soit réélu haut la main dès le premier tour. En 2019, les Wagner étaient visibles dans onze pays africains.

Le lent réveil des Occidentaux

Il faudra cependant attendre avril 2020 pour qu'un rapport remis au Conseil de sécurité de l'ONU sur les violations de l'embargo sur les armes en Libye évoque explicitement la présence des Wagner. « Le groupe d'experts a identifié la présence de militaires privés de TchVK [acronyme russe pour les sociétés militaires privées] Wagner en Libye depuis octobre 2018 », expose le document en évaluant à « pas plus de 800 à 1 200 » leur nombre, « sans être en mesure de vérifier de manière indépendante l'importance de leur déploiement »[26]. Les membres du groupe Wagner, estiment les experts onusiens, « fournissent un soutien technique pour la réparation de véhicules militaires, participent à des combats et à des opérations d'influence », et ont aidé les forces du maréchal Haftar dans le domaine de « l'artillerie, du contrôle aérien, fourni une expertise dans les contre-mesures électroniques et déployé des tireurs d'élite ». D'autres compagnies russes, telle Moran Security, déjà citée dans l'affaire du bateau d'armes intercepté au large des côtes nigérianes, sont également intervenues. Au final, constate le rapport, « leur implication a agi comme un multiplicateur de force » en faveur de leur commanditaire libyen, non sans tensions avec sa propre garde ou concernant le paiement erratique des mercenaires.

Les Occidentaux ont mis longtemps à se réveiller sur cette expansion militaire et commerciale rapide, malgré une avalanche d'informations et de témoignages parus dans de nombreux pays.

En RCA, après la levée de l'embargo sur les armes approuvée par la France, une virulente campagne médiatique contre le « néocolonialisme français » a suivi l'arrivée d'avions Iliouchine. Trop occupée à gérer l'opération Barkhane au Sahel, voire satisfaite de déléguer à d'autres le maintien d'une sécurité assumée à grand-peine entre 2013 et 2016 pour désarmer les milices dans le cadre de l'opération Sangaris, Paris a laissé faire. En 2019, le ministre des Affaires étrangères, Jean-Yves Le Drian, finit cependant par reconnaître devant la commission des Affaires étrangères du Sénat « une présence active de la Russie, récente, significative, antifrançaise dans les propos, les réseaux [sociaux] ». « Ce n'est pas vraiment l'armée », précise-t-il alors, mais « des supplétifs qui agissent sous l'autorité d'un Monsieur qui s'appelle M. Prigojine. S'il m'entend là, au-delà de cette salle, qu'il sache qu'on le connaît bien[27] ! ».

Avec retard, la France constate en 2020 que les Wagner sont déjà au Mali, dans la foulée, ici aussi, d'un accord de coopération militaire signé quelques mois plus tôt entre Moscou et Bamako, et ce en dépit de la présence de 4 500 militaires français au Sahel. Entre la RCA et le Mali, le Tchad et le Burkina Faso ne semblent pas non plus insensibles aux sirènes de Moscou. Aux États-Unis, le Trésor a fini pour sa part par lever les sanctions sur le groupe Concord, vitrine légale si l'on peut dire des activités d'Evgueni Prigojine, pour les remplacer par plusieurs entités opaques détenues sous divers prête-noms, comme M-Invest, déjà opérationnelle depuis des mois.

Les sociétés militaires privées russes ne sont évidemment pas les seules à intervenir en Afrique où, bien avant elles, les

Occidentaux avaient investi le continent. Il n'est pas interdit d'imaginer, non plus, que le recours des États-Unis aux ex-Blackwater, mercenaires bien connus employés comme sous-traitants de l'armée en Irak et en Afghanistan, ait inspiré le Kremlin. Mais, outre le fait que ces sociétés sont illégales au regard du droit russe, elles font partie intégrante, malgré les démentis obstinés, de la stratégie d'influence de Moscou. Celle-ci combine en effet l'action diplomatique, appuyée sur une rhétorique du passé, une coopération militaire pragmatique sans conditionnalité politique et l'utilisation des mercenaires confondus dans une imbrication d'intérêts privés et publics. En termes géopolitiques et économiques, le Kremlin y trouve son compte, les oligarques proches de lui, qui se servent « sur la bête », aussi. Derrière le paravent de la protection, le contrôle des ressources minières et naturelles est en jeu.

L'autre aspect concerne évidemment le secteur militaro-industriel « boosté » par le déploiement de ces forces, légales et illégales, sur le terrain et par son intervention militaire en Syrie. Rosoboronexport, l'agence russe d'exportation d'armes, avait organisé en 2019, baptisée « année de l'Afrique pour la coopération militaro-technique de la Russie[28] », sa participation en grand au Salon international sur la sécurité et la défense, à Abidjan, en Côte d'Ivoire, sous ce slogan : « Make Africa safe ». « Nous connaissons bien les besoins de nos partenaires et amis, se félicitait alors le patron de l'agence, Alexandre Mikheiev, car les produits russes qui ont été testés en situation de combats réels correspondent à 100 % à l'objectif de faire de l'Afrique un territoire plus sûr[29]. »

Après le sommet de Sotchi, la Russie a lancé, en accord avec les autorités de Guinée équatoriale, un important projet d'exploration géologique dans la région du Rio Muni, considérée comme l'une des zones les plus prometteuses du pays en matière de pétrole et de gaz[30]. Ce nouveau développement dans un secteur stratégique clé marque le retour de la présence russe dans ce pays d'Afrique centrale, après plus de quarante ans d'absence. Il n'est pas ici question d'armes – ou du moins pas encore –, mais la position stratégique de cet État dans le golfe de Guinée offre à la Russie une nouvelle porte d'entrée, en plein cœur du continent. L'horizon africain apparaît prometteur aux yeux de Moscou dans des contextes d'économie grise, de gouvernance souvent autocratique et d'instabilité sécuritaire dont le Kremlin sait parfaitement tirer avantage. Les opportunités sont toutefois contraintes par une connaissance limitée du terrain, surtout après des décennies de retrait. Or, l'Afrique est le théâtre d'une compétition internationale féroce, entre superpuissance américaine, anciens pays coloniaux et nouveaux émergents. Dans ce cadre, le partenaire chinois s'avère sans aucun doute le concurrent le plus contrariant. Si Moscou peut se targuer d'une certaine maîtrise de l'ingénierie politique en territoire étranger, la voilure d'investissements économiques et financiers de Pékin surpasse en effet très largement les capacités d'entrisme de la Russie sur le continent.

14

Le Grand Nord, dernier bastion stratégique

Sans aucun signe avant-coureur de la tempête médiatique qu'ils vont déclencher, le navire de recherche *Akademik Fedorov* et le brise-glace à propulsion nucléaire *Rossia* ont mis le cap vers le pôle Nord qu'ils atteignent le 7 août 2007. Surgissant de leurs entrailles, deux petits submersibles plongent dans les eaux noires et glacées de l'océan Arctique pour prélever des échantillons, puis un bras mécanique apparaît, qui plante un drapeau russe par 4 261 mètres de fond, à l'endroit exact du pôle. L'étendard aux trois bandes horizontales blanche, bleue et rouge mesure 1 mètre de haut, tout en titane. Il acte la détermination de la Russie à revendiquer que « l'Arctique est russe », comme le soutient alors Arthur Tchilingarov, explorateur, député du parti au pouvoir, Russie unie, et maître d'œuvre de l'expédition[1]. L'opération Arctika 2007 fait réagir le ministre canadien des Affaires étrangères. « Nous ne sommes pas au XVe siècle, s'insurge Peter MacKay. Vous ne pouvez pas faire le tour du monde, simplement planter des drapeaux et dire : "Nous revendiquons ce territoire"[2]. »

Un an après l'arrivée au pouvoir de Vladimir Poutine, la Russie a déposé en 2001 une demande officielle concernant les dorsales océaniques Lomonossov et Mendeleïev auprès de la Convention des Nations unies sur le droit de la mer. Le Kremlin souhaite ainsi faire reconnaître ces chaînes de montagnes sous-marines comme une continuité de son territoire, ce qui reviendrait à lui céder une vaste portion de l'Arctique, dont le pôle Nord. Les échantillons de sédiments prélevés en 2007 devaient étayer cette revendication, renouvelée en 2015. Moscou plaide pour que ces deux dorsales soient reconnues comme une extension eurasiatique de son plateau continental, ce qui étendrait sa zone économique exclusive au-delà des 200 milles nautiques (370 kilomètres) légaux. Or, le Canada et le Danemark revendiquent eux aussi ces deux formations géologiques, le premier comme une continuité de son propre plateau continental, le second comme une extension du Groenland.

Ces doléances territoriales troublent l'ordre qui s'était peu à peu établi entre les cinq pays riverains, la Russie, les États-Unis (*via* l'Alaska), le Canada, la Norvège et le Danemark, réunis au sein d'un Conseil de l'Arctique créé en 1996, auxquels se joignent la Finlande, l'Islande, la Suède, et des représentants des peuples autochtones. Viendront s'y ajouter plus tard une douzaine de pays observateurs, dont la France et, plus récemment, la Chine. L'immense zone désertique, l'une des plus nucléarisées durant la guerre froide, objet d'une attention constante de l'Otan et des États-Unis, persuadés que les frappes nucléaires soviétiques viendraient de là, était passée à l'ère de la coopération. La « sécurité » ne figurait même pas dans le document fondateur du Conseil, jusqu'à ce que l'Arctique devienne la nouvelle terre promise des ressources en hydrocarbures : en 2008, sur la base d'études menées sur plusieurs sites, l'Institut des études géologiques des États-Unis estime que le sous-sol arctique renferme 13 % des réserves mondiales de pétrole (90 milliards de barils) et 30 % de celles de gaz[3]. Quoique devenues depuis obsolètes, ces données provoquent une ruée vers les territoires arctiques, par ailleurs riches en or, zinc, cuivre, nickel, platine, uranium, indispensables à l'industrie. La fonte des glaces qui s'accélère encourage le mouvement.

Dans ce contexte devenu très compétitif, la Russie a défendu ses intérêts en Arctique où vit seulement 1 % de sa population mais qui représente 11 % de son PIB et 22 % de ses exportations[4]. La dégradation de ses relations avec l'Occident, néanmoins, se répercute sur les régions polaires. En avril 2014, Vladimir Poutine réunit le Conseil de sécurité russe à propos de l'Arctique dont il fait une question de sécurité nationale[5]. « Notre objectif, déclare le chef du Kremlin, n'est pas seulement de restaurer pleinement [nos] positions, mais aussi de les rendre encore plus fortes. » Pour la première fois, cette année-là, tandis que la Crimée est annexée et que le conflit dans l'Est ukrainien s'embrase, la doctrine militaire russe cite l'Arctique comme l'une des priorités de ses forces armées. Le temps où le Grand Nord paraissait à l'abri des tensions est révolu.

Zone militaire

2014 marque un tournant. Un nouveau groupement militaire dédié au Grand Nord est formé. Les vieilles bases soviétiques, tombées en décrépitude, sont rénovées, d'autres apparaissent. L'aérodrome aménagé sur l'archipel de Nouvelle-Zemble peut désormais accueillir des avions de combat, tandis qu'une partie de la flotte du Nord y installe ses quartiers. Pendant les exercices militaires grandeur nature Vostok 2014, des troupes russes effectuent en Arctique plusieurs missions de combat dont des tirs réels de systèmes antiaériens Pantsir-S et de missiles balistiques Iskander-M[6]. En tout, quatorze bases aériennes sont désormais actives, dont trois, entièrement autonomes, équipées de missiles courte, moyenne et longue portées[7].

Cette remilitarisation rapide, sur fond de tensions grandissantes avec l'Occident, nourrit la confrontation. Neuf avions russes simulent une attaque, le 24 mars 2017, contre la station radar norvégienne de Vardø, financée par les États-Unis. Menée en frôlant les frontières par des bombardiers depuis les bases aériennes russes de la péninsule de Kola, elle n'est pas la première, ni la dernière. Moins d'un an plus tard, en février 2018, 11 chasseurs Su-24 qui survolaient la mer de Barents ont brusquement viré à 180 °C et simulé une nouvelle attaque sur Vardø. Devant la multiplication des incursions aériennes russes à des fins de renseignement, ou dans le domaine maritime par le biais de ses sous-marins, l'Otan organise en Norvège, fin octobre-début novembre 2018, Trident Juncture, le plus grand exercice militaire des dix dernières années : 45 000 militaires des pays de l'Alliance, auxquels se sont jointes la Finlande et la Suède, participent aux manœuvres qui impliquent également 250 avions, 65 navires et 10 000 véhicules. Aucun adversaire n'est désigné mais, officiellement, il s'agit de prouver que la Norvège est prête à recevoir une aide conséquente dans un but strictement défensif. Pour la Russie, seul pays dans le club des cinq riverains à ne pas faire partie de l'Alliance atlantique, le message est clair. De son côté, la Suède a rétabli le service militaire obligatoire suspendu en 2010, une mesure justifiée à Stockholm par « le redéploiement massif de la puissance militaire russe et l'agressivité de la politique menée par Moscou[8] ».

Oslo a cependant tenté de minimiser l'impact politique de Trident Juncture en organisant les exercices au centre et non au nord du pays. Depuis le début du XXe siècle, la Norvège s'est habituée à une cohabitation économique avec l'URSS, puis la Russie, sur l'archipel de Svalbard. Cette terre du bout du monde, grande comme deux fois la Belgique, a été reconnue par le traité de Paris de 1920 comme territoire norvégien avec un statut spécial interdisant les installations militaires permanentes et son utilisation en temps de guerre, mais permettant aux pays signataires d'y exploiter des ressources locales. Ce que fit l'URSS à partir de 1935 en établissant deux petites colonies minières. Malgré le déclin quasi total de l'activité charbonnière, la Russie entretient toujours sa présence consulaire à Barentsburg, sur la côte ouest de l'île principale de Spitzberg, où aucune route ne mène mais où trône encore une statue de Lénine. Des tensions ont fini par apparaître, comme en 2016, lorsque des forces spéciales tchétchènes, officiellement en transit, ont débarqué sur le tarmac de l'aéroport.

Territoire de coopération pour l'exploitation des ressources, la recherche ou l'environnement, l'Arctique est devenu une zone de frictions. En Russie, la région de Mourmansk, la plus grande ville du monde au-delà du cercle arctique, où les déchets radioactifs ont été accumulés pendant des décennies, concentre de nouveau les deux tiers de l'armement nucléaire russe. La péninsule de Kola, en particulier, accueille des sous-marins nucléaires lanceurs d'engins (SNLE) équipés de missiles stratégiques à charge nucléaire. En 2019, Moscou installe de nouveaux systèmes de guerre électronique, le long de la côte, capables de brouiller les systèmes de communication des navires et des avions étrangers à plusieurs milliers de kilomètres[9].

Déjà déployés dans les régions de Mourmansk et d'Arkhangelsk, les systèmes S-400 ont remplacé les vieux S-300 sur l'archipel de Nouvelle-Zemble, ce qui « accroît significativement l'étendue de l'espace aérien dans l'Arctique sous contrôle », se félicite le service de presse de la flotte du Nord[10]. De plus en plus, note pour sa part NBC News en mai 2019, « les pilotes américains en Alaska sont réveillés tôt dans le matin glacial pour ce qui était autrefois une mission de la guerre froide[11] » : sauter, comme hier, dans le cockpit de leurs avions de chasse, sur la base d'Anchorage, pour se confronter aux bombardiers russes. Comme dans tout le reste du territoire russe, des soldats membres des brigades arctiques ont eux aussi été entraînés sur le théâtre syrien. La Russie « sécurise », dit-on à Moscou, son dernier bastion stratégique. Sa poule aux œufs d'or.

La conquête commerciale

Malgré les sanctions internationales qui la privent, après 2014, d'un soutien financier précieux et le ralentissement de son économie, la Russie a continué à mettre les bouchées doubles pour achever ses projets pharaoniques d'exploitation des ressources énergétiques. Dès l'année suivante, une Commission d'État pour le développement de l'Arctique a été créée par décret présidentiel, placée sous la tutelle directe du Kremlin. À elle seule, la région de l'Arctique a capté plus de 10 % de tous les investissements russes, rappelle Vladimir Poutine, lors du 5e Forum international de l'Arctique qui se tient à Saint-Pétersbourg en avril 2019. L'année précédente, assure le chef du Kremlin, le trafic de marchandises sur la route maritime du Nord a atteint 20 millions de tonnes. « C'est trois fois – je le répète – trois fois plus que le record soviétique établi en 1987. » Demain, ajoute-t-il, l'objectif, « réaliste, soigneusement calculé et concret[12] », est de 85 millions de tonnes.

De fait, ces prouesses témoignent du savoir-faire russe dans une région inhospitalière, où l'hiver dure neuf mois sur douze, avec des températures pouvant atteindre – 50 °C. Lancé fin 2013, Yamal LNG, le plus grand projet sur la péninsule éponyme du grand Nord russe, a émergé en un temps record. La construction du site a mobilisé plus de 60 000 personnes pendant quatre ans, le temps de bâtir dans ce désert blanc totalement vierge une usine de liquéfaction de gaz (montée sur des milliers de pilotis), un port, Sabetta, un aéroport et une zone d'habitation inaugurés en décembre 2017 par Vladimir Poutine[13]. Plus de 200 puits ont été forés dans le pergélisol pour extraire, après modification, près de 16,5 millions de tonnes de gaz naturel liquéfié (GNL). Un méthanier brise-glace a été conçu pour le transport. Le coût de l'opération s'élève à 27 milliards de dollars (23 milliards d'euros). Mais pour le chef du Kremlin, c'est le « futur de la Russie[14] ».

D'autres projets colossaux d'extraction et d'exploitation de GNL sont en cours de développement, sur la péninsule de Gydan, ou bien dans le golfe de l'Ob, qui sépare cette dernière de Yamal. L'ensemble est piloté par le nouveau géant gazier russe Novatek, dirigé par le milliardaire russe Leonid Mikhelson, dont la fortune est estimée en 2019 à 23,6 milliards de dollars par le magazine *Forbes*. L'un des principaux actionnaires du groupe n'est autre que le puissant homme d'affaires, Guennadi Timtchenko. Inscrit sur la liste américaine des personnalités sous sanctions, ce proche de Vladimir Poutine, détenteur de la double nationalité russe et finlandaise, fait chevalier d'honneur en France en 2013, a été impliqué dans une affaire embarrassante : en 2015, la société Stroytransgaz dont il est propriétaire a poursuivi ses activités avec son partenaire local pour la centrale de Twinan, dans l'est de la Syrie, alors « protégée » par les djihadistes de l'EI[15].

En dépit des tensions entre l'Occident et la Russie, Total, actionnaire à hauteur de 20 % de la compagnie Yamal LNG, est parvenu à maintenir sa participation. Moscou a su cependant trouver, avec la Chine, un partenaire alternatif aux investisseurs occidentaux. La China National Petroleum Corporation (CNPC) s'est hissée à parité du groupe français, en acquérant 20 % du capital de l'entreprise, et Silk Road Fund, un fonds souverain chinois créé en décembre 2014, à hauteur de 9,9 %. L'Arctique, c'est aussi la dernière zone sans entrave de la Russie, où les enjeux dépassent, et de loin, le cadre des sanctions.

L'intérêt de Pékin n'est pas mineur : grâce aux méthaniers brise-glace – Novatek devrait en posséder une quinzaine d'ici 2021 –, Yamal LNG inaugure une nouvelle route maritime, pour le transport de GNL, qui permet de connecter l'Europe à l'Asie en quinze jours par le détroit de Béring contre trente jours par la voie traditionnelle du canal de Suez. Quoique limité à une période comprise entre mai et novembre, ce tracé offre des perspectives alléchantes pour le fret. Bien décidée à protéger ses intérêts, la Russie a interdit aux navires étrangers autres que ceux navigant sous pavillon Novatek le droit de transporter pétrole, gaz et charbon sur cette route. Depuis mars 2019, elle impose de surcroît aux navires de guerre l'obligation de se signaler au gouvernement russe quarante-cinq jours à l'avance.

Selon ces nouvelles règles édictées par Moscou, un État étranger doit désormais envoyer dans ce délai imparti une notification détaillant le nom du navire, son objectif, l'itinéraire et la période de navigation, ainsi que les caractéristiques du navire telles que longueur, largeur, poids, tirant d'eau et type du moteur, et le nom du capitaine[16]. Un pilote maritime russe doit monter à bord. En cas de refus de se plier à ces contraintes, la Russie affirme qu'elle pourrait aller jusqu'à détruire le navire. Une étape de plus vers l'affirmation de la puissance russe dans toute la zone.

Nouvelle frontière

Le changement climatique ouvre la voie à la navigation dans les régions auparavant gelées de l'Arctique et, potentiellement, à l'exploitation des ressources naturelles. Or, l'accession de la Chine au rang de superpuissance mondiale conduit inévitablement à sa participation dans la compétition qui s'engage ici. En parallèle à l'arrivée d'investisseurs chinois dans le groupe Yamal LNG menée par Novatek, d'autres nouent des partenariats avec les grands groupes publics russes, Rosneft et Gazprom, pour des projets dans les mers arctiques. Des entreprises chinoises devraient par ailleurs participer à la modernisation du port maritime d'Arkhangelsk et à la construction d'une liaison ferroviaire mer Blanche-Komi-Oural (Belkomour). Ce rapprochement sino-russe aux portes de l'Alaska agite un chiffon rouge à Washington.

Lors de la réunion du Conseil de l'Arctique qui se tient au niveau ministériel en Finlande, au mois de mai 2019, Mike Pompeo s'inquiète ouvertement de la connexion entre la route maritime du Nord, côté russe, à celle de la soie, côté chinois. Il cible d'abord Pékin. « Voulons-nous que l'océan Arctique se transforme en une nouvelle mer de Chine méridionale, grouillant d'activités militaires et de revendications territoriales rivales ? » Mais très vite, le ton du secrétaire d'État américain se durcit sur la Russie, à qui il reproche d'avoir déjà laissé « des empreintes de bottes militaires dans la neige »[17]. Il dresse une liste de 475 nouveaux sites militaires russes, y compris des bases au nord du cercle polaire arctique, 16 nouveaux ports en eau profonde, de nouveaux systèmes sophistiqués de défense aérienne et des missiles antinavires, avant d'en appeler à l'attention particulière du Conseil : « Nous savons que les ambitions territoriales russes peuvent devenir violentes. 13 000 personnes ont été tuées en raison de l'action agressive de la Russie en Ukraine[18]. »

La charge est violente. Elle témoigne de la préoccupation de Washington face à l'alliance russo-chinoise qui se dessine dans cette autre partie du monde. Un mois plus tard, en juin 2019, la stratégie du Pentagone mise à jour présente clairement la zone comme une nouvelle grande compétition entre les États-Unis, la Chine, et la Russie. Puis, en août, la proposition de Donald Trump d'acheter le Groenland au Danemark achève de convaincre de la fébrilité américaine, avant de tourner court après le refus courroucé de Copenhague.

Si Pékin est bien devenue l'un des leviers de son développement dans l'Arctique, Moscou continue de se méfier de ce puissant partenaire. Le brise-glace *Xue Long* chinois croise régulièrement en mission polaire pour effectuer des analyses avec des drones sous-marins. Jusqu'en 2013, date d'acquisition de la Chine au statut d'observateur au Conseil de l'Arctique, la Russie s'y était d'ailleurs toujours opposée. Mais ici aussi, comme dans bon nombre de domaines, l'année 2014 a représenté un tournant décisif dans la stratégie russe. Pour développer ses gigantesques projets industriels dans l'Arctique, il lui fallait un soutien financier de poids.

Invitée par le Kremlin à préciser ses intentions, la Chine, qui prétend être un « État du proche-Arctique », a donc fini par présenter le projet « Route de la soie de glace », en complément des infrastructures géantes liées à son initiative One Belt, One Road. En janvier 2018, les autorités chinoises ont ainsi présenté un Livre blanc sur leurs objectifs. Tout en confirmant son intérêt pour les nouvelles routes maritimes, et en encourageant ses entreprises à investir dans les infrastructures, Pékin avait alors pris soin d'indiquer que la Chine n'avait aucune ambition d'y mener elle-même des opérations d'extraction de gaz à grande échelle. Les résultats de la Route de la soie de glace tardent cependant à se concrétiser.

Avec une hausse anormale des températures, qui ont atteint 38 °C en Sibérie du Nord à l'été 2020[19], et qui ont entraîné de gigantesques incendies de forêt, de plus en plus d'ONG s'interrogent cependant sur les conséquences supplémentaires que pourrait faire peser cette nouvelle route maritime sur le réchauffement de la planète. En publiant, en août 2020, l'autorisation définitive des forages pétroliers et gaziers au sein du refuge de la faune arctique américaine, au nord-est de l'Alaska, l'administration de Donald Trump a fait naître d'autres inquiétudes.

En juillet 2019, déjà, une gigantesque fuite de 21 000 tonnes de produits pétroliers échappés d'une filiale de Norilsk Nickel avait semé la panique en Russie. L'immense marée rouge qui s'était répandue dans la rivière Ambarnaïa, au nord de la région de Krasnoïarsk, avait été stoppée à grand-peine par des barrages flottants avant d'atteindre l'océan Arctique. Le même été, les incendies en Sibérie avaient également affecté la région de Iakoutie dont une grande partie du territoire se trouve au-delà du cercle polaire. Le Grand Nord est certes devenu une nouvelle frontière pour les questions de sécurité et de puissance économique. Mais il mobilise aussi de plus en plus l'attention internationale sur l'environnement, devenu un enjeu stratégique à part entière. En octobre 2020, une équipe scientifique internationale a découvert que le méthane contenu dans les glaces au large de la Sibérie centrale avait commencé à se libérer, avec un effet potentiellement dévastateur en termes de réchauffement climatique[20]. Sur terre, le pergélisol, qui constitue près des deux tiers du territoire russe, suit le même chemin, avec des conséquences multiples : effondrement des sols, libération de dioxyde de carbone, voire de virus anciens.

En Arctique, le risque d'escalade avec les États-Unis n'est plus exclu, d'autant que le Kremlin apporte chaque jour la démonstration de ses irrémédiables ambitions. Déjà, Moscou a fourbi ses armes en affirmant avoir achevé des études géophysiques « complètes » pour justifier la frontière extérieure du plateau continental russe, qui devrait au passage lui permettre d'augmenter ses réserves potentielles d'hydrocarbures d'au moins 5 milliards de tonnes[21]. Devant de tels enjeux, et même si cela risque d'aggraver la dépendance de l'économie russe aux énergies fossiles, Moscou n'hésite pas à déployer tous les moyens, diplomatiques et militaires, dont elle dispose, pour parvenir à ses fins. En 2021, la Fédération de Russie devrait prendre la présidence du Conseil de l'Arctique pour une période de deux ans qui s'annonce cruciale.

Conclusion

Même si elle lui a permis d'accéder au pouvoir, Vladimir Poutine renie la démocratisation institutionnelle des années 1990, en la considérant comme une désintégration nationale. Il enfonce le clou fin 2020 lors de la conférence du Club Valdaï, destinée à faire entendre la voix de la Russie sur la scène internationale en livrant sa propre conception de ce qu'il nomme un « État fort[1] ». Ce dernier repose, selon lui, sur une société de la mobilisation qui doit déléguer sans rechigner sa souveraineté à l'appareil d'État. Le chef du Kremlin pressent que la société russe va se développer et pourrait contrecarrer la « stabilité » de son pouvoir. Il est donc important de la façonner à son image et d'en canaliser les divergences, notamment chez les plus jeunes qui n'ont connu que lui à la tête du pays, ou chez les quadragénaires de la classe moyenne qui aspirent à une meilleure gouvernance.

À la démocratie, le chef du Kremlin va plutôt substituer son propre système, échafaudé progressivement à sa mesure. Imprégné par la préséance culturelle russe de la collectivité sur l'individu, Vladimir Poutine joue sur les ressorts de mobilisation sociale pour conforter son pouvoir, organisé autour d'un seul axe, la « verticale du pouvoir », qui ne laisse aucune place à une alternative. Les méthodes de manipulation acquises durant son parcours sont réquisitionnées pour combattre une mondialisation perçue comme un danger car elle connecte la société russe aux autres pays plus riches, plus développés, plus libres. L'évolution du monde moderne de l'après-guerre froide ne sert pas Vladimir Poutine. Elle contredit sa conception abrupte du pouvoir.

Il lui faut donc raviver la confrontation. Présenter l'ordrc autocratique comme unique alternative au désordre. Recouvrir le chaos d'un voile autoritaire et camoufler les faiblesses de l'État. Changer les règles façonnées par l'Occident et opposer une vision traditionaliste, immuable et codifiée aux principes d'ouverture, de tolérance et de liberté. La promotion d'un nationalisme agressif et victimaire apparaît au chef de l'État russe comme le meilleur antidote à un monde démocratique et coopératif qu'il préfère rejeter. Dans cette fuite en avant, où tous les coups sont permis, l'usage de la force n'est plus un tabou.

Pour quel bilan ? La Russie continue à perdre du terrain. Si des investissements colossaux ont transformé Moscou en une mégapole ultramoderne, la capitale russe offre une vitrine bien peu conforme au reste du pays. La situation sociale est mauvaise. Les services publics fonctionnent mal, les hôpitaux manquent cruellement de moyens, la justice étouffe sous la bureaucratie et le rôle dominant des *siloviki*. Le rattrapage économique reste relatif, ralenti par la dépendance aux hydrocarbures jamais compensée malgré de nombreux rapports alarmants sur le sujet. La corruption reste endémique.

Au chapitre des libertés, la situation n'a fait qu'empirer et la vie politique apparaît toujours comme un « combat de bouledogues sous un tapis », pour reprendre la célèbre expression de Winston Churchill à l'ère soviétique. En 2019, près d'un jeune Russe sur deux, 44 % dans la tranche d'âge 15-29 ans, désirait quitter le pays pour émigrer à l'étranger contre 14 % seulement cinq ans auparavant, en 2014. La hausse est tout aussi impressionnante chez les 30-45 ans : 20 % contre 7 %[2].

Pour camoufler les résultats discutables de sa gouvernance, Vladimir Poutine joue en Russie sur la corde nationaliste et ultrasouverainiste, en noircissant la situation dans les démocraties dont il considère que suivre le modèle serait « nuisible ». En réalité, pour le président russe, la nature du régime politique ne compte pas, du moment qu'il est autocratique. Il noue en effet des alliances avec des États aux régimes fort différents, mais qui ont tous pour point commun fort peu d'appétence pour l'alternance démocratique. Le chef du Kremlin considère d'ailleurs que la défense globale de l'autocratie, qu'il nomme « stabilité mondiale », et *a fortiori* son extension, fait partie des prérogatives d'« État fort » de la Russie, notamment aux Nations unies[3].

La Russie exploite les fragilités des démocraties mais n'exerce cependant aucune attraction en retour dans son proche voisinage, où les gouvernements oscillent entre rejet et acceptation forcée de son autorité. Au-delà, l'influence du poutinisme n'est guère plus efficace. Quel message envoie-t-il au monde avec ce geste ostensible échangé avec Mohammed Ben Salmane au G20 de Buenos Aires en 2018, à mi-chemin entre la poignée de main et le *high five* ? Depuis près de deux mois, le prince saoudien est au cœur d'un immense scandale provoqué par l'assassinat du journaliste Jamal Khashoggi, tué et démembré dans le consulat saoudien d'Istanbul. L'image des deux dirigeants, tout sourire, à la tête de pays où des opposants ont disparu de façon retentissante, choque la communauté internationale[4]. En Europe, les frictions répétées avec la Russie ont fini par renforcer la coopération et faciliter des réponses coordonnées, malgré le Brexit. Aux États-Unis, quelle que soit l'administration en place, au sein des institutions, Moscou sera, et pour longtemps, synonyme d'ingérence agressive. Quant à la Chine, elle maintient une certaine défiance à l'égard de son partenaire. Vladimir Poutine a pris malgré cela la tête d'une marche autoritaire pour laquelle il a de plus en plus d'alliés directs et indirects. Et s'il n'est pas certain de réussir son pari, les dommages causés le long du chemin sont, eux, bien réels.

Il s'autorise à énoncer des contre-vérités avec aplomb, quitte à se contredire, afin de semer la confusion. La dissociation entre la vérité, considérée comme accessoire, et une représentation édulcorée, profondément politique, permet aussi de niveler en apparence des réalités trop amères. Il accentue la défiance envers les journalistes et les médias d'information, discrédités au profit de canaux de propagande qui jouent sur les tendances subversives présentes au sein des sociétés. Il réécrit l'histoire en faveur d'un dessein nationaliste au détriment de la recherche. Dans tous ces domaines, la frontière entre le vrai et le faux est gommée pour renforcer son message politique, dans un contexte international déjà sensible aux sirènes complotistes.

Derrière ce rideau de fumée, la stratégie du désordre opère : ingérence politique tous azimuts, renforcement de l'influence des populistes dans les démocraties, attaques contre les droits de l'homme et le droit international humanitaire, corrosion de l'influence occidentale, annexion et déstabilisation d'États souverains, accroissement des tensions internationales, dérégulation de la guerre, instrumentalisation du terrorisme et même paralysie des Nations unies. Le nouvel expansionnisme russe, présenté comme une avancée glorieuse, s'exprime dans l'ombre de relations internationales conflictuelles qui mettent au défi les services de sécurité. Rien ne semble pouvoir l'arrêter.

En réalité, le système poutiniste a atteint ses propres limites, qu'il ne peut franchir qu'en étant jusqu'au-boutiste. Seule l'inaction des autres lui permet ses dépassements. La communauté internationale pèche souvent par manque de volonté politique, de détermination stratégique, d'utilisation des mêmes outils et d'intégration de la sécurité collective. Les rapports de force ne lui sont pourtant pas nécessairement favorables, notamment sur le terrain de la légalité internationale, de la légitimité politique ou de la puissance militaire. Mais la limite la plus contraignante pour Vladimir Poutine reste sa propre population, car même et surtout après vingt ans sous sa férule, la société russe n'a toujours pas renoncé à la démocratie.

Notes

Introduction

1. Vladimir Poutine, « 75th Session of the UN General Assembly », 22 septembre 2020, disponible sur : en.kremlin.ru/events/president/transcripts/speeches/64074.

2. Isabelle Mandraud, « Les villes qui ont façonné Poutine », 2/4, « La “bande” de Saint-Pétersbourg », *Le Monde*, 7 mars 2018.

3. Natalia Guevorkian, Natalia Timakova, Andreï Kolesnikov, *Vladimir Poutine. Première personne*, Paris, So Lonely, 2016.

4. *Ibid.*

5. L'expression a été employée par la députée Valentina Terechkova, première femme cosmonaute soviétique à avoir effectué un vol dans l'espace, qui a porté l'amendement sur le mandat présidentiel.

6. Le texte de la Constitution russe est disponible sur le portail russe du droit : pravo.gov.ru.

7. Vladimir Poutine, « Address to the Nation », 23 juin 2020, disponible sur : en.kremlin.ru/events/president/news/6354.

8. « В Госдуму внесли законопроект о неприкосновенности экспрезидента », *РИА Новости*, 5 novembre 2020.

9. Ilya Yashine, *Le Rapport Nemtsov. Poutine et la guerre*, Arles, Actes Sud, 2016.

10. Vladimir Poutine, « Interview with Rossiya TV Channel », 27 août 2020, disponible sur : en.kremlin.ru/events/president/news/63951.

11. Andreï Kolechnikov, « How Many More Red Lines is the Russian State Prepared to Cross ? », *The Moscow Times*, 3 septembre 2020.

12. *Ibid.*

13. Isabelle Mandraud, « Les villes qui ont façonné Poutine », art. cit.

14. Michel Duclos, entretien avec Julien Théron.

15. Lionel Barber, Henry Foy, Alex Barker, « Vladimir Putin Says Liberalism has “Become Obsolete” », *Financial Times*, 28 juin 2019.

1
Le poutinisme, un village Potemkine

1. Michael McFaul, « The Pandemic Shows that Putin is not a Strong Leader », *The Washington Post*, 20 mai 2020.

2. Vladimir Poutine, « Speech at State Duma Plenary Session », 10 mars 2020, disponible sur : en.kremlin.ru/events/president/news/62964.

3. « Primary Energy Consumption », *BP Statistical Review of World Energy 2019* [68e éd.], p. 14, 30 et 42.

4. Glenn E. Curtis (dir.), *Russia. A Country Study*, Washington, GPO for the Library of Congress, 1996, disponible sur : countrystudies.us/russia.

5. Yves Bourdillon, Benjamin Quenelle, « La Russie dépend plus que jamais de son pétrole », *Les Échos*, 14 mars 2018.

6. « Corruption Perceptions Index 2019 », Transparency International, 2020, p. 3.

7. « Russian Federation » et « European Union », disponibles sur : data.worldbank.org.

8. « Densité de la population (personnes par kilomètre carré de superficie des terres). Russian Federation », Banque mondiale, disponible sur : donnees.banquemondiale.org/indicateur/EN.POP.DNST?most_recent_value_desc=false&locations=RU.

9. Daniel Vallot, « En Russie, le déclin “catastrophique” de la population », RFI, 11 novembre 2019.

10. Mark Galeotti, entretien avec Julien Théron.

11. Vladimir Poutine, « Direct Line with Vladimir Putin », présidence de Russie, 17 avril 2014, disponible sur : http://en.kremlin.ru/events/president/news/20796.

12. Vladimir Poutine, « Address by President of the Russian Federation », 18 mars 2014, disponible sur : en.kremlin.ru/events/president/news/20603.

13. John O'Loughlin, Gerard Toal, Vladimir Kolosov, « The Rise and Fall of "Novorossiya". Examining Support for a Separatist Geopolitical Imaginary in Southeast Ukraine », *Post-Soviet Affairs*, 33 (2), 2017, p. 124-144.

14. Vladimir Socor, « Putin and Ukraine's Black Sea Lands. Another Iteration of Novorossiya ? », *Eurasia Daily Monitor*, 17 (2), 14 janvier 2020.

15. Vladimir Poutine, « Direct Line with Vladimir Putin », art. cit.

16. Marlene Laruelle, « The Three Colors of Novorossiya, or the Russian Nationalist Mythmaking of the Ukrainian Crisis », *Post-Soviet Affairs*, 32 (1), 2016, p. 55-74.

17. « Russkiy Mir. "Russian World", On the Genesis of a Geopolitical Concept and its Effects on Ukraine », German Council on Foreign Relations (DGAP), 3 mai 2016.

18. Anton Shekhovtsov, entretien avec Julien Théron.

19. Françoise Thom, entretien avec Isabelle Mandraud.

20. Peter Pomerantsev, « Putin's Rasputin », *London Review of Books*, 33 (20), 20 octobre 2011.

21. Daniel Vernet, « Vladislav Sourkov, le précieux et trouble conseiller de Poutine », *Slate*, 26 octobre 2016.

22. *Ibid.*

23. Vladislav Sourkov, « Долгое государство Путина », *Независимая газета*, 11 février 2020.

24. Timothy Snyder, *The Road to Unfreedom. Russia, Europe, America*, New York, Vintage/Penguin Random House, 2018, p. 111.

25. Andrey Yu Dvornichenko, « Смута как фактор российской истории », *Вестник Санкт-Петербургского университета*, 63 (3), 2018.

26. « Putin, Before Vote, Says he'd Reverse Soviet Collapse if he Could. Agencies », Reuters, 2 mars 2018.

27. Vladimir Poutine, « Annual Address to the Federal Assembly of the Russian Federation », 25 avril 2005, disponible sur : en.kremlin.ru/events/president/transcripts/22931.

28. Vladimir Poutine, « Послание Федеральному Собранию Российской Федерации », 25 avril 2005, disponible sur : kremlin.ru/events/president/transcripts/page/447.

29. « Multifunctional Fire Center of the “Patriot Park” », Rifle World Shoot, disponible sur : rws2017.com/member/Ceremonies/ ; et sites officiels Tankmuseum.ru et En.patriotp.ru.

30. Vladimir Poutine, « Visit to Patriot Military-Patriotic Park », présidence de Russie, 19 septembre 2018, disponible sur : en.kremlin.ru/events/president/news/58595.

31. Michel Eltchaninoff, *Dans la tête de Vladimir Poutine*, Arles, Actes Sud, 2015.

32. Michael McFaul, « The Pandemic Shows that Putin is not a Strong Leader », art. cit.

33. Vladimir Poutine, « News Conference of Vladimir Putin », 18 décembre 2014, disponible sur : en.kremlin.ru/events/president/news/47250.

34. « L'intégrité électorale », Initiative de données électorales ouvertes, disponible sur : www.openelectiondata.net/fr/guide/electoral-integrity/ ; Patrick Merloe, « Promouvoir des cadres juridiques pour des élections démocratiques », Institut national démocratique pour les affaires internationales (NDI), 2008.

35. « 148e au Classement mondial de la liberté de la presse, la Russie à l'heure de la reprise en main », Reporters sans frontières, 20 avril 2016.

36. « Index universel des droits de l'homme », Haut Commissariat des Nations unies aux droits de l'homme, Comité contre la torture, CAT/C/RUS/CO/6 (CAT, 2018), disponible sur : uhri.ohchr.org/FR/search/results?cc=RU.

37. Catherine Belton, *Putin's People. How the KGB Took Back Russia and Then Took on the West*, New York, William Collins/HarperCollins Publishers, 2020, p. 16.

38. Vasili Mitrokhin, in *KGB Lexicon*, Londres, Routledge/Taylor, 2013.

39. Peter Pomerantsev, « Affaire Litvinenko, autopsie d'un crime d'État », *Books*, 79, septembre-octobre 2016.

40. Luke Harding, *Shadow State. Murder, Mayhem and Russia's Remaking of the West*, Londres, Guardian Faber/Faber & Faber, 2020.

41. Isabelle Mandraud, « Les grandes leçons illibérales de Vladimir Poutine au *Financial Times* », *Le Monde*, 28 juin 2020.

42. Steve Abrams, « Beyond Propaganda. Soviet Active Measures in Putin's Russia », *Connections*, 15 (1), 2016, p. 5-31.

43. Keir Giles, entretien avec Julien Théron.

2
La nouvelle agit-prop

1. « Coronavirus : ce qu'il faut retenir de la journée du dimanche 15 octobre », *Les Échos*, 15 octobre 2020.

2. Patrick Reevell, « New Data Suggests Russia's Coronavirus Deaths Higher than Reported », ABC News, 15 mai 2020.

3. Josep Borrell, « Photos and Videos of the Meeting. Vidéoconférence des ministres des Affaires étrangères », 23 mars 2020, disponible sur : www.consilium.europa.eu/fr/media-galleries/fac/2020-03-23-fac/?slide=1.

4. « EEAS Special Report Update. Short Assessment of Narratives and Disinformation around the COVID-19/Coronavirus Pandemic (Updated 2 – 22 April) », Service européen pour l'action extérieure, 27 avril 2020.

5. « How Two Information Portals Hide Their Tides to the Russian News Agency InfoRos », Disinfo Update, EU Disinfo Lab, 16 juin 2020.

6. Anton Troianovski, Ellen Nakashima, « How Russia's Military Intelligence Agency Became the Covert Muscle in Putin's Duels with the West », *The Washington Post*, 28 décembre 2018.

7. Isabelle Mandraud, « L'offensive médiatique russe vise l'Europe », *Le Monde*, 12 février 2016.

8. Ben Nimmo, Nika Aleksejeva, « Lisa 2.0. How Pro-Kremlin Media in Germany have been Using a New Fake to Justify an Old One », StopFake, 14 mars 2017.

9. Françoise Thom, entretien avec Isabelle Mandraud.

10. « Yellow Vests Flooded by Fake News. Over 100 m Views of Disinformation on Facebook », Avaaz, 12 mars 2019.

11. Isabelle Mandraud, « Les médias, machine de guerre du Kremlin », *Le Monde*, 25 novembre 2014.

12. « Conférence de presse conjointe de MM. Emmanuel Macron, président de la République, et Vladimir Poutine, président de la Fédération de Russie, sur les relations franco-russes et sur les conflits en Syrie et en Ukraine, à Versailles le 29 mai 2017 », 19 septembre 2017, disponible sur : www.vie-publique.fr/discours/203301-conference-de-presse-conjointe-de-mm-emmanuel-macron-president-de-la-r.

13. « New Labels for Government and State-Affiliated Media Accounts », @TwitterSupport, 6 août 2020, disponible sur : blog.twitter.com/en_us/topics/product/2020/new-labels-for-government-and-state-affiliated-media-accounts.html.

14. « Twitter Labels RT & Sputnik but NOT BBC, NPR & VOA as it Launches Blitz on State Media Staff & Govt Officials », RT, 6 août 2020.

15. Isabelle Mandraud, « Les médias, machine de guerre du Kremlin », art. cit.

16. Nathalie Guibert, Isabelle Mandraud, « Le cyberarsenal de la maison Russie », *Le Monde*, 6 mars 2017.

17. Damien Leloup, Martin Untersinger, « La piste russe privilégiée après le piratage de la chaîne TV5 Monde », *Le Monde*, 11 juin 2015.

18. « Case 1. 18-cr-00215-ABJ – Document 1 », 13 juillet 2018, disponible sur : www.justice.gov/file/1080281/download.

19. Ben Nimmo, Camille François, C. Shawn Eib, Lea Ronzaud, Rodrigo Ferreira, Chris Hernon, Tim Kostelancik, « Secondary Infektion », Graphika, 2020.

20. Voir à ce propos l'onglet « Idéologie » dans la version française de la fondation Rousskii Mir : russkiymir.ru/languages/france/Ideologia.htm.

21. Anne de Tinguy, « La Russie et les “compatriotes” de l'étranger. Hier rejetés, demain mobilisés ? », *in* Stéphane Dufoix, Carine Guerassimoff, Anne de Tinguy, *Loin des yeux, près du cœur. Les États et leurs expatriés*, Paris, Presses de Sciences Po, 2010.

22. Vladimir Poutine, « Direct Line with Vladimir Putin », art. cit.

23. Irina Slavina, www.facebook.com/slavirina.

3
L'offensive révisionniste

1. Vladimir Poutine, « Parade Marking 75th Anniversary Great Victory », 24 juin 2020, disponible sur : en.kremlin.ru/events/president/news/63560.

2. Maria Snegovaya, « La mémoire de la Seconde Guerre mondiale comme événement de construction du consensus dans la Russie d'aujourd'hui », Center for European Policy Analysis, 11 mai 2020.

3. Marie Jégo, « Vladimir Poutine se pose en sauveur d'une Russie assiégée », *Le Monde*, 24 février 2012.

4. Olga Konkka, « Quand la guerre s'invite à l'école », *Russie. Nei. Reports*, 3030, mai 2020.

5. Maria Snegovaya, « La mémoire de la Seconde Guerre mondiale comme événement de construction du consensus dans la Russie d'aujourd'hui », art. cit.

6. Vladimir Poutine, « The Real Lessons of the 75th Anniversary of World War II », *The National Interest*, 18 juin 2020.

7. Nicolas Ruisseau, « Poutine dénonce le "révisionnisme" de l'Occident », *Le Monde*, 22 juin 2020.

8. « Résolution du Parlement européen du 19 septembre 2019 sur l'importance de la mémoire européenne pour l'avenir de l'Europe », 2019/2819 (RSP), Parlement européen, 19 septembre 2019, disponible sur : www.europarl.europa.eu/doceo/document/TA-9-2019-0021_FR.html.

9. Galia Ackerman, *Le Régiment immortel. La guerre sacrée de Poutine*, Paris, Premier Parallèle, 2019.

10. Dmitri Ofitserov-Belsky, « Почему в Восточной Европе идет война с памятниками красноармейцам », *Профиль*, 29 avril 2020.

11. Anne-Françoise Hivert, Benoît Vitkine, « La Russie accuse la Finlande de "génocide" pendant la guerre », *Le Monde*, 30 avril 2020.

12. *Ibid.*

13. Vladimir Poutine, « Defence Ministry Board Meeting », 24 décembre 2019, disponible sur : en.kremlin.ru/events/president/news/62401.

14. *Ibid.*

15. Isabelle Mandraud, « Moscou et Varsovie s'écharpent sur la Seconde Guerre mondiale », *Le Monde*, 2 janvier 2020.

16. Svetlana Alexievitch, « Нас учат только тому, как умереть за Родину », Meduza, 18 février 2020.

17. Isabelle Mandraud, « Svetlana Alexievitch : “Aujourd'hui, je ne pourrais plus écrire mes livres : les gens ont peur de parler” », *Le Monde*, 20 mars 2020.

18. Emmanuel Grynszpan, « Pour blanchir Staline, Moscou exhume ses victimes », *Le Temps*, 21 août 2019.

19. Société historique militaire russe, citation sur la page d'accueil du site Internet, disponible sur : rvio.histrf.ru.

20. Françoise Thom, entretien avec Isabelle Mandraud.

21. Andrey Makarychev, entretien avec Julien Théron.

22. Isabelle Mandraud, « En Russie, censure des manuels scolaires qui ne “créent pas de fierté pour la patrie” », *Le Monde*, 19 février 2019.

23. Isabelle Mandraud, « Poutine et la révolution : je t'aime, moi non plus », hors-série sur la révolution de 1917, *Le Monde*, 7 novembre 2017.

24. Isabelle Mandraud, « Moscou et Kiev se disputent le “Grand” Vladimir », *Le Monde*, 24 juin 2015.

25. *Ibid.*

26. Isabelle Mandraud, « En Russie, le passé est plein d'avenir », *Le Monde*, 29 novembre 2014.

4
Le grand chambardement du droit international

1. Vladimir Poutine, « Speech and the Following Discussion at the Munich Conference on Security Policy », 10 février 2007, disponible sur : en.kremlin.ru/events/president/transcripts/24034.

2. *Ibid.*

3. *Ibid.*

4. *Ibid.*

5. « Déclaration et Programme d'action de Vienne », Conférence mondiale sur les droits de l'homme, A/CONF.157/23, 12 juillet 1993, p. 2-3.

6. « A/60/PV.72 », Assemblée générale des Nations unies, soixantième session, 72e séance plénière, 15 mars 2006, p. 22-23.

7. Marco Balboni, Carmelo Danisi, « Reframing Human Rights in Russia and China. How National Identity and National Interests Shape Relations with, and the Implementation of, International Law », *in* Stefano Bianchini, Antonio Fiori, *Rekindling the Strong State in Russia and China. Domestic Dynamics and Foreign Policy Projections*, Leyde, Brill, 2020, p. 61-78.

8. Sergey Sayapin, « Russia's Withdrawal of Signature from the Rome Statute Would not Shield its Nationals from Potential Prosecution at the ICC », *Ejil : Talk ! European Journal of International Law*, 21 novembre 2016.

9. « Syrie : double veto russo-chinois à l'ONU sans fin de partie », AFP/*Le Point*, 8 juillet 2020.

10. « General Assembly, in Resolution, Demands All in Syria "Immediately and Visibly" Commit to Ending Violence that Secretary-General Says is Ripping Country Apart », United Nations Department of Public Information, News and Media Division, GA/11266/REV.1, 3 août 2012.

11. « Résolution adoptée par l'Assemblée générale le 3 août 2012-66/253. La situation en République arabe syrienne », A/RES/66/253 B, 66e session, point 34 de l'ordre du jour, Assemblée générale, 7 août 2012.

12. « Russia Condemns "Harmful" UN Assembly Resolution on Syria », Reuters, 3 août 2012.

13. « Résolution 377. L'union pour le maintien de la paix », Assemblée générale des Nations unies, 3 novembre 1950.

14. « Le Conseil de sécurité condamne l'emploi d'armes chimiques en Syrie, qu'il qualifie de "menace contre la paix et la sécurité internationales" », couverture des réunions du Conseil de sécurité, CS/11135, 27 septembre 2013.

15. Philip Remler, « Russia at the United Nations. Law, Sovereignty, and Legitimacy », Carnegie Endowment for International Peace, 22 janvier 2020.

16. Michel Duclos, entretien Julien Théron.

17. Philippe Randrianarimanana, « Les droits de l'homme revus et corrigés par l'Église orthodoxe », *Courrier international*, 7 avril 2006.

18. « The Russian Orthodox Church's Basic Teaching on Human Dignity, Freedom and Rights », III, 2, The Russian Orthodox Church, disponible sur : mospat.ru/en/documents/dignity-freedom-rights/iii.

19. Anna Siskova, « Russian Orthodox Church Sets Tone On Human Rights », Radio Free Europe/Radio Liberty, 30 juin 2008.

20. « Constitution de la Fédération de Russie », disponible sur : www.constitution.ru/fr/index.htm.

21. « Russian Justice Ministry Accuses Memorial of Calling for Regime Change », Radio Free Europe/Radio Liberty, 10 novembre 2015.

22. « Avis sur le projet d'amendements à la Constitution (tel que signé par le président de la Fédération de Russie le 14 mars 2020) relatif à l'exécution en Fédération de Russie des décisions de la Cour européenne des droits de l'homme », avis n° 981/2020, Commission européenne pour la démocratie par le droit (Commission de Venise), 123e session plénière, 18 juin 2020.

23. Isabelle Mandraud, « La Russie s'affranchit de la CEDH », *Le Monde*, 3 décembre 2015

24. « La Russie détient le record de plaintes à la Cour européenne des droits de l'homme », *Vedomosti/Courrier international*, 30 janvier 2020.

25. Andrew Rettman, « Europe's Rights Watchdog Lifts Russia Sanctions », EU Observer, 25 juin 2019.

5
Une guerre totale en temps de paix

1. Gilles Gressani, « La docrine Primakov », trad. Danylo Khilko, *Le Grand Continent*, date inconnue.

2. « Russie : les pertes militaires en temps de paix classées secret d'État », RFI, 29 mai 2015.

3. Timothy Snyder, *The Road to Unfreedom. Russia, Europe, America*, *op. cit.*, p. 193.

4. Sergueï Tchekinov, Sergueï Bogdanov, « The Nature and Content of a New-Generation War », *Военная Мысль*, 2013, p. 12-23.

5. Kazimierz Grzybowski, « Propoganda and the Soviet Concept of World Public Order », *Law and Contemporary Problems*, 31 (3), 1966, p. 479.

6. Timothy L. Thomas, « Russia's Reflexive Control Theory and the Military », *Journal of Slavic Military Studies*, 17, 2004, p. 237-256.

7. Charles A. Ziegler, « Intelligence Assessments of Soviet Atomic Capability, 1945-1949. Myths, Monopolies and Maskirovka », *Intelligence and National Security*, 12 (4), 1997, p. 1-24.

8. Keir Giles, James Sherr, Anthony Seaboyer, « Russian Reflexive Control », Royal Military College of Canada, octobre 2018.

9. Frank G. Hoffman, « On Not-So-New Warfare. Political Warfare vs Hybrid Threats », *War on the Rocks*, 28 juillet 2014.

10. William S. Lind, Keith Nightengale, John F. Schmitt, Joseph W. Sutton, Gary I. Wilson, « The Changing Face of War. Into the Fourth Generation », *Marine Corps Gazette*, octobre 1989, p. 22-26.

11. William S. Lind, Gregory A. Thiele, *4th Generation Warfare Handbook*, Castalia House, 2015, p. 5-6.

12. Frank G. Hoffman, « Examining Complex Forms of Conflict. Gray Zone and Hybrid Challenges », *Prism. The Journal of Complex Operations*, 7 (4), 8 novembre 2018.

13. Keir Giles, entretien avec Julien Théron.

14. « Центр междисциплинарных исследований рефлексивных процессов и управления Института философии РАН », disponible sur : iphras.ru/ref_pro.htm.

15. Vladimir Pokrovsky, « Putin Tightens Control over Russian Academy of Sciences », *Science*, 27 juin 2017.

16. « Journal "Reflexive Processes and Control". International Interdisciplinary Scientific and Practical Journal », disponible sur : www.reflexion.ru/EJournal.html.

17. Vladimir Lepsky, « Decision Support Ontologies in Self-Developing Reflexive-Active Environments », *IFAC-PapersOnLine*, 51 (30), 2018, p. 504-509 ; Vladimir Lepsky, « Self-Developing Poly-Subject Environments in Improving Control Processes Involving Society », *IFAC-PapersOnLine*, 52 (25), 2019, p. 337-342.

18. Vladimir Lepsky, « Self-Developing Poly-Subject Environments in Improving Control Processes Involving Society », *op. cit.*, p. 373-342.

19. Timothy L. Thomas, « Russia's Reflexive Control Theory and the Military », art. cit., p. 240.

20. Frank G. Hoffman, *Conflict in the 21st Century. The Rise of Hybrid Wars*, Virginie, Potomac Institute for Policy Studies, 2007.

21. Frank G. Hoffman, entretien avec Julien Théron.

22. Ofer Fridman, *Russian Hybrid Warfare. Resurgence and Politicisation*, Londres, C. Hurst & Co Publishers Ltd, 2018, p. 7.

23. Rob Van den Boom, « Shifting Political Discourse. A Post-Structural Analysis of Power and Big Data », *The Journal of Intelligence, Conflict and Warfare*, 1 (1), 2018, disponible sur : journals.lib.sfu.ca/index.php/jicw/article/view/463/318.

24. Viktor Myasnikov, « Конец противоборства по Клаузевицу », *Независимое/Независимая газета*, 8 juillet 2005.

25. Evgueni Messner, « Мятежевойна », *Независимое/Независимая газета,* 5 novembre 1999.

26. *Ibid.*

27. Frank G. Hoffman, « The Contemporary Spectrum of Conflict. Protracted, Gray Zone, Ambiguous, and Hybrid Modes of War », *Military Strength Topical Essays*, Heritage, 5 octobre 2015.

28. Peter B. Zwack, entretien avec Julien Théron.

29. Alexandre Bartoch, « Purpose and Mechanisms of the Model of Controlled Chaos », *Военное Обозрение*, 30 septembre 2013.

30. Radosław Bielawski, Aleksandra Radomska, « Selected Models of Information Warfare in Cyberspace », 2017, p. 43-44, disponible sur : pdfs.semanticscholar.org/9bfc/06eaa41de8a3e9d4b82378f758120060fcca.pdf.

31. Alexandre Bartoch, « Purpose and Mechanisms of the Model of Controlled Chaos », art. cit.

32. Alexandre Bartoch, « Гибридная война – угроза третьей ступени », *Военно-Промышленный Курьер*, 16 juillet 2019.

33. Guy Nuyttens (qui s'exprime strictement en son nom propre), entretien avec Isabelle Mandraud.

34. Keir Giles, entretien avec Julien Théron.

35. Michael Schwirtz, « Top Secret Russian Unit Seeks to Destabilize Europe, Security Officials Say », *The New York Times*, 8 octobre 2019 ;

et Heidi Blake, *From Russia with Blood. Putin's Ruthless Killing Campaign and Secret War on the West*, New York, William Collins, 2019.

36. Ivan Bedrov, « NATO Official Says Jets Intercepted Russian Aircraft in European Airspace Nearly 300 Times in 2019 », Radio Free Europe/Radio Liberty, 23 mai 2020.

37. John Mooney, « Russian Agents Plunge to New Ocean Depths in Ireland to Crack Transatlantic Cables », *The Times*, 16 février 2020.

38. Mark Galeotti, « I'm Sorry for Creating the "Gerasimov Doctrine" », *Foreign Policy*, 5 mars 2018.

39. Frank G. Hoffman, *Conflict in the 21st Century. The Rise of Hybrid Wars*, *op. cit.*, p. 18.

6
Le retour en force de l'armée

1. Andreï Kondrachov, « Крым. Путь на Родину », *Россия 1*, 15 mars 2015.

2. Tania Rakhmanova, « Tchétchénie, septembre 1999 : une nouvelle guerre pour le pouvoir », *Au cœur du pouvoir russe. Enquête sur l'empire Poutine*, Paris, La Découverte, 2014, p. 93-112.

3. François Hollande, entretien avec les auteurs.

4. Isabelle Mandraud, « Sergueï Choïgou : l'homme des guerres de Poutine », *Le Monde*, 25 octobre 2015.

5. Pour un aperçu visuel, voir le site officiel de la cathédrale : hram.mil.ru.

6. Guy Nuyttens (qui s'exprime strictement en son nom propre), entretien avec Isabelle Mandraud.

7. Isabelle Mandraud, « Russie : une armée affûtée au fil des guerres », *Le Monde*, 4 mai 2018.

8. *Ibid.*

9. Guy Nuyttens (qui s'exprime strictement en son nom propre), entretien avec Isabelle Mandraud.

10. « L'école militaire pour filles, entre kalachnikov et broderie », AFP/YouTube, 17 décembre 2009.

11. Isabelle Mandraud, « Frénésie patriotique en Russie », *Le Monde*, 2 juin 2016.

12. Isabelle Facon, « La nouvelle armée russe », *Questions internationales*, n° 101, Paris, La Documentation française, janvier-février 2020.

13. Dave Johnson, « Zapad 2017 et sécurité euro-atlantique », *NATO Review*, 14 décembre 2017.

14. *Ibid.*

15. Isabelle Mandraud, « Démonstration de force des armées russe et chinoise », *Le Monde*, 15 septembre 2018.

16. « Военная операция ВС РФ в Сирийской Арабской Республике – итоги в цифрах », Минобороны России, YouTube, 22 août 2018.

17. « Rapport du ministre russe de la Défense, Sergueïi Choïgou, lors de la conférence-conseil », 18 décembre 2018, disponible sur : mil.ru/files/files/Doklad%20Ministra%28fr%29.pdf.

18. « Data for All Countries from 1988-2019 in Constant (2018) USD », Sipri Military Expenditure Database, 2020.

19. Peter B. Zwack, entretien avec Julien Théron.

20. « Visite guidée du “Pentagone russe” », RT/Sputnik, 12 janvier 2016.

21. « Poutine : la Russie possède des armes hypersoniques », Sputnik, 1er mars 2018.

22. Ivan Couronne, « Mystère entourant le “projectile” russe lancé depuis l'espace », *La Presse*/AFP, 25 juillet 2020.

23. Michael Kofman, entretien avec Julien Théron.

24. Frank Gorenc, entretien avec Julien Théron.

25. Isabelle Mandraud, « Les soldats fantômes de Poutine en Syrie », *Le Monde*, 29 septembre 2016.

26. Maxim A. Suchkov, « Confirmed. “#Putin's Chef” Yevgeny Prigozhin [...] », @m_suchkov, Twitter, 11 novembre 2018, disponible sur : twitter.com/m_suchkov/status/1061731954696044549/photo/1.

27. Isabelle Mandraud, « Viktor Zolotov, nouveau maître de la sécurité russe », *Le Monde*, 27 avril 2016.

28. Dmitri Evstifeev, « Зачем Путину Национальная гвардия », *Газета.Ру*, 4 juin 2006.

29. « La marque de vêtements “Armée de Russie” à l'assaut des marchés étrangers », RT France, 29 août 2017.

7
En Ukraine, halte aux révolutions

1. Peter B. Zwack, entretien avec Julien Théron.

2. François Hollande, entretien avec les auteurs.

3. Vladimir Poutine, « Address by President of the Russian Federation », discours cité.

4. « Mémorandum d'assurances de sécurité dans le cadre de l'adhésion de l'Ukraine au Traité sur la non-prolifération d'armes nucléaires », Budapest, 5 décembre 1994, disponible sur : treaties.un.org/doc/Publication/UNTS/No%20Volume/52241/Part/I-52241-0800000280401fbb.pdf.

5. Traité d'amitié, de coopération et de partenariat entre l'Ukraine et la Fédération de Russie, Kiev, 31 mai 1997, disponible sur : treaties.un.org/doc/Publication/UNTS/No%20Volume/52240/Part/I-52240-08000002803e6fae.pdf.

6. Daniel Vernet. « La Crimée, obsession de Vladimir Poutine depuis vingt ans », *Slate*, 12 septembre 2014.

7. Vladimir Poutine, « Address by President of the Russian Federation », discours cité.

8. Ilya Yashine, *Le Rapport Nemtsov. Poutine et la guerre*, *op. cit.*

9. Vladimir Poutine, « Address by President of the Russian Federation », discours cité.

10. Andreï Kondrachov, « Крым. Путь на Родину », art. cit.

11. *Ibid.*

12. Piotr Smolar, « La télévision russe invente la “cruci-fiction” de Sloviansk », *Le Monde*, 16 juillet 2014.

13. Isabelle Mandraud, « Télé Poutine », *Le Monde*, 12 février 2015.

14. Vladimir Poutine, « Address by President of the Russian Federation », discours cité.

15. *Ibid.*

16. Benoît Vitkine, « Sur la ligne de front, la guerre sans fin du Donbass », *Le Monde*, 4 mars 2017.

17. Jean-Pierre Stroobants, « Procès MH17. Un drame “à peine concevable” », *Le Monde*, 12 mars 2020.

18. « Two Fighter Jets were Following MH17 », Bonanza Media, 6 avril 2020.

19. Vladimir Poutine, « Seliger 2014 National Youth Forum », 29 août 2014, disponible sur : en.kremlin.ru/events/president/news/46507.

20. Vladimir Poutine, « Vladimir Putin's Annual News Conference », 17 décembre 2015, disponible sur : en.kremlin.ru/events/president/news/50971.

21. Elena Kostioutchenko, « мы все знали но мы что идем и что может быть », *Новая газета*, 4 mars 2015.

22. « Executive Order Identifying Groups of Persons Entitled to a Fast-Track Procedure when Applying for Russian Citizenship on Humanitarian Grounds », 24 avril 2019, disponible sur : en.kremlin.ru/acts/news/60358.

23. Xavier Moreau, « Poutine facilite l'obtention de passeports russes dans le Donbass », Stratpol, 21 août 2019.

24. Vladimir Poutine, « Address by President of the Russian Federation », discours cité.

25. Isabelle Mandraud, « Ukraine : l'église orthodoxe s'affranchit de Moscou », *Le Monde*, 13 octobre 2018.

8
L'étranger proche, un espace de frictions

1. Isabelle Mandraud, « En Russie, le Tatarstan rentre dans le rang », *Le Monde*, 4 octobre 2017.

2. Vladimir Poutine, « Interview with Rossiya TV Channel », interview citée.

3. « Belarus. Rival of President Lukashenko Arrested ahead of Election », BBC News, 19 juin 2020.

4. « Belarus Asks Russia, US, UK for Legal Assistance in Belgazprombank Case », Interfax, 24 juillet 2020.

5. « Biélorussie : passages à tabac et tortures systématiques de manifestants », Human Rights Watch, 15 septembre 2020.

6. Vladimir Poutine, « Greetings to Alexander Lukashenko on Winning Presidential Election in Belarus », 10 août 2020, disponible sur : en.kremlin.ru/events/president/news/63872.

7. Jean-Charles Lallemand, « Biélorussie 2005. Le spectre de la “révolution colorée” », *Le Courrier des pays de l’Est*, 1053, 2006.

8. Ioulia Shukan, « Chronique du réveil d’une nation », *Le Monde*, 14 septembre 2020.

9. « Bélarus : des spécialistes russes pour palier les départs dans l’audiovisuel public », Reporters sans frontière, 3 septembre 2020.

10. Vladimir Poutine, « Interview with Rossiya TV Channel », interview citée.

11. « Russia’s Defense Chief Highlights Tension along Borders with NATO Countries », Tass, 27 octobre 2020.

12. Isabelle Mandraud, « Russie. Les anciens satellites s’émancipent », *Le Monde*, 18 février 2019.

13. Tracey German, « Abkhazie et Ossétie du Sud : le choc des intérêts russes et géorgiens », *Russie. Nei. Visions*, 11, juin 2006.

14. Isabelle Mandraud, Delphine Papin, Francesca Fattori, Eric Dedier, Victor Simonnet, « Haut-Karabakh, le réveil d’un vieux conflit », *Le Monde*, 15 octobre 2020.

15. « Statement by President of the Republic of Azerbaijan, Prime Minister of the Republic of Armenia and President of the Russian Federation », 10 novembre 2020, disponible sur : http://en.kremlin.ru/events/president/news/64384.

16. Margarita Simonian, « Критиковать граждане Армении могут только себя […] », @M_Simonyan, Twitter, 10 novembre 2020, disponible sur : https://twitter.com/M_Simonyan/status/1326113899696033794.

17. Isabelle Mandraud, « Russie. Les anciens satellites s’émancipent », art. cit.

18. Nicolas Ruisseau, « Le Kirghizistan s’enfonce dans le chaos politique », *Le Monde*, 10 octobre 2020.

19. Интернет-портал снг – пространство интеграции, disponible sur : e-cis.info.

20. Jean-Pierre Stroobants, « Les Européens enterrent toute perspective d’élargissement à l’Est », *Le Monde*, 25 mai 2015.

21. « Partenariat oriental », Conseil européen/Conseil de l’Union européenne, disponible sur : www.consilium.europa.eu/fr/policies/eastern-partnership.

22. Thornike Godardzé, « Il est urgent de réviser nos politiques vis-à-vis de Moscou et de se défaire de nos illusions », *Le Monde*, 14 septembre 2020.

9
La Syrie, un modèle traumatique

1. Ruslan Leviev, « Есть ли российские военные в Сирии », Conflict Intelligence Team, 5 octobre 2015, disponible sur : citeam.org/are-there-russian-troops-in-syria.

2. « Russian Parliament Unanimously Approves Use of Military in Syria to fight ISIS », RT, 30 septembre 2015.

3. Kareem Shaheen, Shaun Walker, Ian Black, « Bashar al-Assad Thanks Putin for Syria Strikes as Russia Announces US Talks », *The Guardian*, 21 octobre 2015.

4. Paulo Sérgio Pinheiro, « The Use of Barrel Bombs and Indiscriminate Bombardment in Syria. The Need to Strengthen Compliance with International Humanitarian Law », statement presented at a side event hosted by the Permanent Mission of Austria and Article 36, 12 mars 2015.

5. Louisa Loveluck, « Syrian Military Linked to more than 300 Chemical Attacks, Report Says », *The Washington Post*, 17 février 2019.

6. François Hollande, entretien avec les auteurs.

7. « Syria Conflict. Putin Defends Russia's Air Strikes », BBC News, 12 octobre 2015.

8. Dieter Nohlen, Florian Grotz, Christof Hartmann, *Elections in Asia and the Pacific*, t. I, *A Data Handbook*, Oxford, Oxford University Press, 2001, p. 227-228.

9. « Assad Wins Syria Election with 88.7 Percent of Votes. Speaker », Reuters, 4 juin 2014.

10. « Nicaragua's Ortega Congratulates President al-Assad on Winning Elections », *The Syria Times*, 8 juin 2014 ; « President al-Assad Receives Congratulations from Presidents of Russia, DPRK, Venezuela », Sana, 9 juin 2014.

11. « Lukashenko Congratulates al-Assad on Re-Election as Syria President », *Belta*, 9 juin 2014.

12. Oscar Jonsson, *The Russian Understanding of War. Blurring the Lines Between War and Peace*, Washington, Georgetown University Press, 2019, p. 135.

13. Andrew E. Kramer, « Unrest in Libya and the Middle East is Costing the Russian Arms Industry », *The New York Times*, 4 mars 2011.

14. Roy Allison, « Russia and Syria. Explaining Alignment with a Regime in Crisis », *International Affairs*, 89 (4), 2013, p. 795-823.

15. « Syria Protests. Assad to Lift State of Emergency », BBC News, 20 avril 2011.

16. Solveig Godeluck, « Le KGB a de beaux restes », *Les Échos*, 27 mars 2012.

17. « Nazi Alois Brunner Died in Syria in 2001, French Report Says », Reuters, 11 janvier 2017.

18. Garance Le Caisne, *Opération César*, Paris, Stock, 2015.

19. Katherine Marsh, « Syria's Political Prisoners. "It's Hard to Imagine how I Got through It" », *The Guardian*, 25 avril 2011.

20. « Human Slaughterhouse. Mass Hangings and Extermination at Saydnaya Prison », Amnesty International, 2017.

21. « Russian Diplomat Slams Amnesty International's Report on Syria as Provocation », Tass, 9 février 2017.

22. Hala Kodmani, « La prison syrienne de Saidnaya, berceau de jihadistes », *Libération*, 18 août 2016.

23. Richard Spencer, « Four Jihadists, One Prison. All Released by Assad and All Now Dead », *The Telegraph*, 11 mai 2016.

24. Léo Roynette, « Dès 2011, Bachar el-Assad a attisé le djihad en Syrie », *Slate*, 18 mars 2016.

25. « Preamble » et « Title I. Basic Principles », Constitution of the Syrian Arab Republic, 2012, disponible sur : www.ilo.org/dyn/natlex/docs/ELECTRONIC/91436/106031/F-931434246/constitution2.pdf.

26. « Syria – Freedom in the World 2020 », Freedom House, disponible sur : freedomhouse.org/country/syria/freedom-world/2020.

27. Wladimir Glasman, « La résistance du peuple syrien », *Études*, 417 (12), 2012, p. 583-594.

28. « Aleppo Aerial Campaign Deliberately Targeted Hospitals and Humanitarian Convoy Amounting to War Crimes, while Armed Groups' Indiscriminate Shelling Terrorised Civilians – UN

Commission », Haut-Commissariat des Nations unies aux droits de l'homme, disponible sur : www.ohchr.org/en/NewsEvents/Pages/DisplayNews.aspx?NewsID=21256&LangID=E%20Last%20Accessed%2030/07/18.

29. Mary Beth D. Nikitin, Paul K. Kerr, Andrew Feickert, « Syria's Chemical Weapons. Issues for Congress », Congressional Research Service, CRS Report for Congress, 30 septembre 2013.

30. Tobias Schneider, Theresa Lütkefend, « Nowhere to Hide. The Logic of Chemical Weapons Use in Syria », Global Public Policy Institute, février 2019.

31. Lesley Wroughton, « Russia, Syria Trying to "Sanitize" Chemical Attack Site. US State Department », Reuters, 19 avril 2018.

32. François Hollande, entretien avec les auteurs.

33. « Military Doctrine of the Russian Federation », II, 12, i., disponible sur : www.offiziere.ch/wp-content/uploads-001/2015/08/Russia-s-2014-Military-Doctrine.pdf.

34. François Hollande, entretien avec les auteurs.

35. « "More than 90 %" of Russian Airstrikes in Syria have not Targeted Isis, US Says », AFP/*The Guardian*, 7 octobre 2015.

36. Michel Duclos, entretien avec Julien Théron.

37. Evan Hill, Christiaan Triebert, Malachy Browne, Dmitriy Khavin, Drew Jordan, Whitney Hurst, « Russia Bombed Four Syrian Hospitals. We have Proof », *The New York Times*, 13 octobre 2019.

38. Evan Hill, Christiaan Triebert, Dmitriy Khavin, Malachy Browne, David Botti, « "Sent Candy". Cockpit Tapes Show Russian Pilots Bombing Syrian Civilians », *The New York Times*, 1er décembre 2019.

39. Whitney Hurst, Rick Gladstone, « UN Query on Syria Hospital Bombings May Be Undermined by Russia Pressure, Limited Scope », *The New York Times*, 14 novembre 2019.

40. « Syrie : l'Assemblée générale adopte une résolution appelant à agir face à la situation humanitaire et enjoignant le Conseil de sécurité de s'acquitter de ses responsabilités », Assemblée générale de l'ONU, 71e session, 58e et 59e séances plénières, AG/11871, 9 décembre 2016.

41. Isabelle Mandraud, « Vladimir Poutine reçoit Bachar al-Assad avant le sommet de Sotchi », *Le Monde*, 21 novembre 2017.

42. « Vu de Russie. Le dossier des Panama Papers est loin d'être refermé », *Courrier international*, 22 juin 2016.

43. « Panama Papers : les porte-monnaie offshores des amis de Vladimir Poutine », *L'Obs*, 3 avril 2016.

44. « Panama Papers. Putin Rejects Corruption Allegations », BBC News, 7 avril 2016.

45. François Hollande, entretien avec les auteurs.

46. Lieutenant-colonel Matthias-Michael Carl, « Russian A2AD Strategy in Syria. Breaking Diplomatic Isolation », PCEMI 45, Collège des forces canadiennes, mai 2019.

47. Tom Cooper, *Moscow's Game of Poker. Russian Military Intervention in Syria (2015-2017)*, Warwik, Helion & Company, 2018, p. 61.

48. Sarah Fainberg, « Russian Spetsnaz, Contractors and Volunteers in the Syrian Conflict », *Russie. Nei. Visions*, 105, décembre 2017.

49. Tom Cooper, *Moscow's Game of Poker. Russian Military Intervention in Syria (2015-2017)*, *op. cit.*, p. 19, 21 et 22.

50. « En route pour la Syrie, une armada russe longe les côtes françaises », *Le Figaro*, 21 octobre 2016.

51. « Russia Deploys Fleet Off Syria While Claiming US Preparing for Possible Strike », Haaretz/Reuters, 28 août 2018.

52. Luc Mathieu, Veronika Dorman, « Mercenaires russes : du Donbass à Damas, des “héros” pas assez discrets », *Libération*, 12 mars 2018.

53. Keir Giles, *Moscow Rules. What Drives Russia to Confront the West*, Royal Institute of International Affairs-Chatham House/Brookings Institution Press, 2019, p. 29.

54. Oscar Jonsson, *The Russian Understanding of War. Blurring the Lines Between War and Peace*, *op. cit.*, p. 108.

55. « Convention sur les armes à sous-munitions », Organisation des Nations unies, disponible sur : www.un.org/french/peace/mine/cluster_convention.shtml.

56. « L'utilisation d'armes à sous-munitions en Syrie trahie par la télévision russe », *Le Monde*, 20 juin 2016.

57. « Russia/Syria. Extensive Recent Use of Cluster Munitions. Indiscriminate Attacks Despite Syria's Written Guarantees », Human Rights Watch, 20 décembre 2015

58. « Syrie/Russie : la stratégie militaire cible des infrastructures civiles », Human Rights Watch, 15 octobre 2020.

59. Manhal Bareesh, « How and Why Idlib Defied its Jihadi Overlords », Carnegie Middle East Center, 15 mai 2020.

60. Martin Chulov, « "We Can't Go Back". Syria's Refugees Fear for their Future after War », *The Guardian*, 30 août 2018.

61. « 4 Russian Special Forces Officers Killed in Syria – Reports », *The Moscow Times*, 3 février 2020.

62. Tom Cooper, *Moscow's Game of Poker. Russian Military Intervention in Syria (2015-2017)*, *op. cit.*

63. « Turkey's Downing of Russian Warplane. What we Know », BBC News, 1er décembre 2015.

64. « Russia Blames Israel after Military Plane Shot Down Off Syria », BBC News, 18 septembre 2018.

65. « Experts Discuss Post-Conflict Reconstruction Policies after Political Agreement in Syria », United Nations Economic and Social Commission for West Asia, 7 août 2018, disponible sur : www.unescwa.org/news/syrian-experts-discuss-post-conflict-reconstruction-policies-after-political-agreement-syria.

66. Samuel Ramani, « Russia's Eye on Syrian Reconstruction », Sada, Carnegie Endowment for International Peace, 31 janvier 2019.

67. Raed Jaber, « Moscow Plans to Expand Tartus Base, Supports Bashir's Visit to Damascus », *Asharq al-Awsat*, 18 décembre 2018.

68. Samuel Ramani, « Russia's Eye on Syrian Reconstruction », art. cit.

69. « Russian Investment Comes to Syrian Tourism Industry in Tartous », *The Syrian Observer*, reprise d'*al-Watan*, 22 mai 2018.

70. Samuel Ramani, « Russia's Eye on Syrian Reconstruction », art. cit.

71. Sune Engel Rasmussen, « At Istanbul Summit, Russia Seeks Role as Mediator of Syria War », *The Wall Street Journal*, 27 octobre 2018.

72. Rosa Balfour, « EU Conditionality after the Arab Spring », IEMed/EuroMeSCo, European Institute of the Mediterranean, juin 2012.

73. Anne Andlauer, « Syrie : le sommet d'Istanbul appelle à un cessez-le-feu "stable et durable" à Idlib », *Le Figaro*, 27 octobre 2018.

74. « Sommet quadripartite : "grand succès du processus de passage à un monde multipolaire" », Sputnik, 30 octobre 2018.

75. Dmitry Solovyov, Maria Kiselyova, « Returning ISIS Fighters are a "Real Threat" to Russia, According to Security-Service Chief », Business Insider/Reuters, 12 décembre 2017.

76. Mark Galeotti, entretien avec Julien Théron.

10
En Europe, la percée subversive

1. « Angela Merkel : Alexei Navalny was Poisoned », DW News, 2 septembre 2020.

2. « Qu'est-ce que le VX, le poison qui a tué Kim Jong-nam ? », *Le Monde*/AFP, 24 février 2017.

3. « Ex-espion empoisonné : le Novitchok, un toxique russe dangereux et une arme inédite », AFP/*L'Obs*, 13 mars 2018.

4. « Poisoned by Polonium 210. The Litvinenko Murder », BBC News, 25 novembre 2017.

5. Isabelle Mandraud, « Sur les traces de Sergueï Skripal, l'espion russe empoisonné au Novitchok à Londres », *Le Monde*, 22 octobre 2018.

6. Michael Schwirtz, « Bulgaria Charges 3 Russian Agents in Poisoning Case », *The New York Times*, 23 janvier 2020.

7. « Berlin Murder : Germany Expels Two Russian Diplomats », BBC News, 4 décembre 2019.

8. Michael Schwirtz, « Top Secret Russian Unit Seeks to Destabilize Europe, Security Officials Say », art. cit.

9. « Kremlin Dismisses Allegations of Russian Authorities' Involvement in Navalny Incident », Tass, 10 septembre 2020.

10. « Navalny : Moscou reste sceptique face à la thèse de l'empoisonnement », AFP/*Le Point*, 5 septembre 2020.

11. Piotr Smolar, « Entre Macron et Poutine, un dialogue de sourds », *Le Monde*, 23 septembre 2020.

12. « Empoisonnement d'Alexeï Navalny. Merkel menace de geler le projet de gazoduc Nord Stream 2 », AFP/*Ouest France*, 7 septembre 2020.

13. « Affaire Navalny : l'Otan appelle Moscou à révéler totalement son programme Novitchok », France 24, 4 septembre 2020.

14. « Déclaration conjointe des ministres des Affaires étrangères du G7 », communiqué du Quai d'Orsay, 8 septembre 2020.

15. Mark Galeotti, « Controlling Chaos. How Russia Manages its Political War in Europe », European Council on Foreign Relations, 1er septembre 2017.

16. François Hollande, entretien avec les auteurs.

17. Arnaud Danjean, entretien avec Isabelle Mandraud.

18. Fabien Cazenave, « Biélorussie. Trois ambassadeurs européens tentent d'empêcher l'arrestation de Svetlana Alexievitch », *Ouest France*, 9 septembre 2020.

19. Helena Smith, Alec Luhn, « Alexis Tsipras Flies to Moscow Amid Speculation of Bailout from Putin », *The Guardian*, 8 avril 2015.

20. MK Flynn, « The Cyprus-Russia Connection. Political Culture and Public Attitudes », Open Democracy, 8 avril 2013.

21. Robin Emmott, Andrew Osborn, « Russian Ato Italy Leaves EU Exposed », Reuters, 26 mars 2020.

22. Mark Galeotti, entretien avec Julien Théron.

23. Jean-Baptiste Jeangène Vilmer, Alexandre Escorcia, Marine Guillaume, Janaina Herrera, « Les manipulations de l'information : un défi pour nos démocraties », rapport du Centre d'analyse, de prévision et de stratégie (Caps) du ministère de l'Europe et des Affaires étrangères et de l'Institut de recherche stratégique de l'École militaire (Irsem) du ministère des Armées, Paris, août 2018, p. 70.

24. Luke Harding, « Revealed. Details of Exclusive Russian Deal Offered to Arron Banks in Brexit Run-Up », *The Guardian*, 9 août 2018.

25. « The Banks Files. How Brexit "Bad Boy" Arron Banks was Eyeing a Massive Russian Gold Deal », Channel 4, 5 mars 2019.

26. Sonia Delesalle-Stolper, « "Sans Cambridge Analytica, il n'y aurait pas eu de Brexit" », *Libération*, 26 mars 2018.

27. « Russia », Presented to Parliament pursuant to section 3 of the Justice and Security Act 2013, Intelligence and Security Committee of Parliament, 21 juillet 2020, p. 1.

28. Frank Gorenc, entretien avec Julien Théron.

29. *Ibid.*

30. Nathalie Guibert, « "Mort cérébrale de l'Otan" : Emmanuel Macron assume, Jens Stoltenberg recherche l'unité », *Le Monde*, 28 novembre 2019.

31. Lawrence Freedman, entretien avec Julien Théron.

32. Julien Théron, « Russia's Strategy of Influence in Europe. A French Case Study », *in* Thomas Hoffmann, Andrey Makarychev, *Russia and the EU. Spaces of Interaction*, Londres, Routledge, 2018, p. 148-169.

33. Sveinung Berg Bentzrød, « Russland-aggresjonen : Norden girer opp militært samarbeid », *Aftenposten*, 9 avril 2015.

34. Gatis Kristovskis, « SOF Commander. Latvia to Triple Elite Military Units », Defence Matters, 5 octobre 2016.

35. « Mandatory Military Service to Be Reinstated », Radio Sweden, 2 mars 2017.

36. Andrew E. Kramer, « Spooked by Russia, Tiny Estonia Trains a Nation of Insurgents », *The New York Times*, 31 octobre 2016.

37. Andrew Higgins, « Norway Reverts to Cold War Mode as Russian Air Patrols Spike », *The New York Times*, 1er avril 2015.

38. Jaroslaw Adamowski, « Europe Poland Could Buy Swedish Submarines to Update its Kobben-Class Fleet », *Defense News*, 27 novembre 2019.

39. « Six Russian GRU Officers Charged in Connection with Worldwide Deployment of Destructive Malware and Other Disruptive Actions in Cyberspace », Department of Justice, 19 octobre 2020, disponible sur : justice.gov/opa/pr/six-russian-gru-officers-charged-connection-worldwide-deployment-destructive-malware-and.

40. « Des #GiletsJaunes scandent "Merci RT !" à #Paris "Main OK" #ActeVII #medias », RT France, @RTenfrancais, Twitter, 29 décembre 2018.

41. Fabien Buzzanca, « Six mois de Gilets jaunes : "Le processus révolutionnaire est enclenchée" », Sputnik, 21 mai 2019.

42. Youlia Zvantsova, « "Un retour aux sources" : Jérôme Rodrigues appelle à manifester le 12 septembre », vidéo, Sputnik, 7 septembre 2020.

43. « Étienne Chouard : "Le référendum d'initiative populaire est la cause commune des Gilets jaunes" », RT France, 11 décembre 2018.

44. Jean-Baptiste Mendès, « Étienne Chouard : "Évidemment que nous ne sommes pas en démocratie !" », Sputnik, 3 janvier 2019.

45. « La France, pays soumis ? Alain Soral répond aux questions de *La Voix de la Russie* », Sputnik, 25 novembre 2013.

46. « "J'ai peur de grandir en France" : la lettre ouverte d'une jeune "Gilet jaune" à M. Macron », Sputnik, 24 novembre 2018.

47. Jacques Sapir, « Les “Gilets jaunes” entament l’acte 2 de la mobilisation à Paris », 24 novembre 2018 ; « Les Gilets Jaunes à Paris : de la crise symbolique à la crise politique », Sputnik, 24 novembre 2018.

48. Fabien Buzzanca, « Face aux Gilets jaunes, “une dictature se met en place”, selon l’écrivain Philippe Pascot, qui charge Macron », Sputnik, 18 novembre 2019.

49. Alexandre Piquard, Alexandre Berteau, « La chaîne RT surfe sur le mouvement des “Gilets jaunes” », *Le Monde*, 5 janvier 2019.

50. Arnaud Danjean, entretien avec Isabelle Mandraud.

51. *Ibid.*

52. *Ibid.*

53. Communiqué, Service de presse et veille, Palais de l’Élysée, 14 septembre 2020.

54. Stefan Meister, « The “Lisa Case”. Germany as a Target of Russian Disinformation », *NATO Review*, 25 juillet 2016.

55. « Réglement d’exécution (UE) 2020/1536 du Conseil du 22 octobre 2020 mettant en œuvre le règlement (UE) 2019/796 concernant des mesures restrictives contre les cyberattaques qui menacent l’Union ou ses États membres », *Journal officiel de l’Union européenne*, 22 octobre 2020.

56. Pilar Bonet, « Russia Uses Catalan Referendum in Fight against Brussels », *El Pais*, 1er octobre 2017.

57. Mateusz Seroka, « Tension in Bulgarian-Russian Relations », Centre for Eastern Studies (OSW), 18 septembre 2019.

58. Michael McFaul, entretien avec Julien Théron.

59. « Gerhard Schröder bleibt Aufsichtsratschef von Rosneft », *Der Spiegel*, 8 juin 2020.

60. Isabelle Mandraud, « Vladimir Poutine, parrain de l’extrême droite européenne », *Le Monde*, 4 avril 2019.

61. Cecile Vaissié, *Les Réseaux du Kremlin en France*, Paris, Les Petits Matins, 17 mars 2016.

62. « Slovak PM Fico Considers Russia a Reliable Partner in Energy », *The Slovak Spectator*, 29 août 2016.

63. Manfred Manera, « Beppe Grillo, Five Star Founder and Comedian, on Putin’s “Clear Ideas”, the “Dysfunctional” EU and Italy’s “Cultural and Mental Misfits” », *Newsweek*, 14 mai 2018.

64. A.S., « Que pense Jean-Luc Mélenchon de Vladimir Poutine ? », *Le Parisien*, 15 décembre 2016.

65. Dusan Stojanovic, « Russia Negotiating more Arm Sales to Balkan Ally Serbia », The Associated Press/*Defense News*, 21 décembre 2017.

66. « Russia Seeks "Slavic Brotherhood" with Advanced Arms Sales to Serbia », AP/Reuters/Deutsche Welle, 22 décembre 2016.

67. « Romania Says It Blocked a Russian Arms Shipment To Serbia », Radio Free Europe/Radio Liberty, 26 juillet 2019.

68. « Serbia Receives Delivery of Russian Antiaircraft Systems Despite US Sanction Threats », Radio Free Europe/Radio Liberty, 24 février 2020.

69. Vera Mironova, Bogdan Zawadewicz, « Putin is Building a Bosnian Paramilitary Force », *Foreign Policy*, 8 août 2018.

70. *Ibid.*

71. Julian Borger, « Arms Shipment to Bosnian Serbs Stokes EU Fears », *The Guardian*, 13 février 2018.

72. Semir Mujkic, « Ukraine War Veterans Bind Russia and Bosnian Serbs », BIRN/Balkan Insight, 22 mai 2019.

73. Jack Losh, « Putin's Angels. The Bikers Battling for Russia in Ukraine », *The Guardian*, 29 janvier 2016.

74. Shaun Walker, « Alleged Russian Spies Sentenced to Jover Montenegro "Coup Plot" », *The Guardian*, 9 mai 2019.

75. « Montenegro Jails "Russian Coup Plot" Leaders », BBC News, 9 mai 2019.

76. Andrey Devyatkov, « The Instability Game. Easing Tensions Between Russia and the West in Moldova », Carnegie Moscow Center, 26 octobre 2017.

77. Yordan Tsalov, « Russian Interference in North Macedonia. A View Before the Elections », Bellingcat, 4 juillet 2020.

11
Coups de poker en Amérique

1. Vera Bergengruen, « Trump's Voter Fraud Claims are Now Being Debunked by his Own Government », *Time*, 13 novembre 2020.

2. Gilles Paris, « “Quatre ans de plus !” : les partisans de Donald Trump dénoncent à Washington le “vol” de la présidentielle, *Le Monde*, 14 novembre 2020.

3. Anton Troianovski, Andrew E. Kramer, « Putin is Mum on Biden's Victory, Foreshadowing Tense Years Ahead », *The New York Times*, 8 novembre 2020.

4. « Élection américaine : la commission électorale russe questionne la légitimité de la présidentielle », *Le Figaro*/AFP, 9 novembre 2020.

5. Alexandre Gasiouk, « Голос Америки », *Российская газета*, 4 novembre 2020.

6. Anton Troianovski, Andrew E. Kramer, « Putin is Mum on Biden's Victory, Foreshadowing Tense Years Ahead », art. cit.

7. Gilles Paris, « La menace d'ingérences sur la présidentielle américaine persiste », *Le Monde*, 14 septembre 2020.

8. David Nakamura, Josh Dawsey, « Few Masks, Little Distancing. Trump Celebrates at Crowded White House Party Largely Devoid of Coronavirus Precautions », *The Washington Post*, 28 août 2020.

9. « Statement by NCSC Director William Evanina. Election Threat Update for the American Public », *ODNI News Release*, 29-20, 7 août 2020, disponible sur : www.odni.gov/index.php/newsroom/press-releases/item/2139-statement-by-ncsc-director-william-evanina-election-threat-update-for-the-american-public.

10. « Washington punit un “agent” russe voulant “discréditer” Biden », *24 heures*, 10 octobre 2020.

11. « Memorandum of Telephone Conversation with President Zelenskyy of Ukraine », 24 septembre 2019, disponible sur : www.whitehouse.gov/wp-content/uploads/2019/09/Unclassified09.2019.pdf.

12. Paul Sonne, Rosalind S. Helderman, Tom Hamburger, « Ukraine Prosecutor Offered Information Related to Biden in Exchange for Ambassador's Ouster, Newly Released Materials Show », *The Washington Post*, 15 janvier 2020.

13. Katelyn Polantz, « Senate Intelligence Report Warns of Repeat of Russian Interference in US Election », CNN, 20 août 2020.

14. « Trump Campaign Russia Contacts Were “Grave Threat”, Says Senate Report », BBC News, 19 août 2020.

15. Sheera Frenkel, Julian E. Barnes, « Russians Again Targeting Americans with Disinformation, Facebook and Twitter Say », *The New York Times*, 1er septembre 2020.

16. Isaac Stanley-Becker, « Pro-Trump Youth Group Enlists Teens in Secretive Campaign Likened to a “Troll Farm”, Prompting Rebuke by Facebook and Twitter », *The Washington Post*, 16 septembre 2020.

17. « “Russia, China and Iran Hackers Target Trump and Biden”, Microsoft Says », BBC News, 11 septembre 2020.

18. Jack Stubbs, « Exclusive. Russian Operation Masqueraded as Right-Wing News Site to Target US Voters – Sources », Reuters, 1er octobre 2020.

19. Isaac Stanley-Becker, « Pro-Trump Youth Group Enlists Teens in Secretive Campaign Likened to a “Troll Farm”, Prompting Rebuke by Facebook and Twitter », art. cit.

20. « Hillary Clinton Tries to Fix Putin-Hitler Comparison », Reuters, 6 mars 2014.

21. Antoine Vitkine, « La vengeance de Poutine », France 5, 14 mars 2018.

22. *Ibid.*

23. « Russian Active Measures Campaigns and Interference in the 2016 US Election – Volume 5 : Counterintelligence Threats and Vulnerabilities », Report 116-XX, Select Committee on Intelligence, United States Senate, 116th Congress, 1st Session, p. VI.

24. « Read. Mueller Filing on Manafort, Kilimnik », CNN, 16 janvier 2019.

25. « Evgeny Buryakov Pleads Guilty in Manhattan Federal Court in Connection with Conspiracy To Work For Russian Intelligence », Press Release 16-053, US Attorney's Office, Southern District of New York, Department of Justice, 11 mars 2016.

26. Zachary Mider, « Trump's New Russia Adviser Has Deep Ties to Kremlin's Gazprom », Bloomberg, 30 mars 2016.

27. Mark Mazzetti, Adam Goldman, « Trump Campaign Adviser Met with Russian Officials in 2016 », *The New York Times*, 3 novembre 2017.

28. « Trump : “I had Nothing to Do with Russia” », Associated Press/YouTube, 16 février 2017.

29. « Des discussions sur une Trump Tower à Moscou ont continué jusqu'à la présidentielle », *Le Monde*/AFP, 20 janvier 2019.

30. Grace Panetta, « The Mueller Report is Here. Here are All the Known Contacts between the Campaign and Russian Government-Linked People or Entities », Business Insider, 28 avril 2019.

31. « Maria Butina, l'"agente russe" libérée aux États-Unis, est rentrée à Moscou », *Le Monde*/AFP, 26 octobre 2019.

32. « USA. Footage Emerges of Alleged Russian Spy Questioning Trump in 2015 », Ruptly/RT, 17 juillet 2018.

33. Caleb Melby, David Kocieniewski, Gerry Smith, « Kushner's Ties to Russia-Linked Group Began with Kissinger Lunch », *BNN Bloomberg/Bloomberg News*, 13 août 2018.

34. Barbara McQuade, Joyce White Vance, « These 11 Mueller Report Myths Just Won't Die. Here's Why they're Wrong », *Time*, 24 juin 2019.

35. Special Counsel Robert S. Mueller III, « Report on the Investigation into Russian Interference in the 2016 Presidential Election », US Department of Justice, mars 2019.

36. *Ibid.*

37. « Exposing Russia's Effort to Sow Discord Online. The Internet Research Agency and Advertisements », Permanent Select Committee on Intelligence, US House of Representatives, disponible sur : intelligence.house.gov/social-media-content.

38. « Update on Twitter's Review of the 2016 US Election », Twitter, disponible sur : blog.twitter.com/en_us/topics/company/2018/2016-election-update.html.

39. Michael McFaul, entretien avec Julien Théron.

40. Conor Finnegan, « Trump Says what Happens in Putin Meeting is "None of your Business" », ABC News, 26 juin 2019.

41. Isabelle Mandraud, « À Helsinki, Trump prend la défense de Poutine », *Le Monde*, 18 juillet 2018.

42. Shane Harris, Ellen Nakashima, Greg Miller, Josh Dawsey, « White House was Warned Giuliani was Target of Russian Intelligence Operation to Feed Misinformation to Trump », *The Washington Post*, 16 octobre 2020.

43. Michael Crowley, « Trump and Putin Discuss Russia's Attendance at G7, but Allies are Wary », *The New York Times*, 1er juin 2020.

44. Veronica Stracqualursi, Nicole Gaouette, « Under Pressure, Trump Slaps Long-Overdue Sanctions on Russia over Chemical Weapons Use », CNN, 2 août 2019.

45. Ashley Parker, Rosalind S. Helderman, « In New Book, Former Trump Lawyer Michael Cohen Describes Alleged Episodes of Racism and Says President Likes how Putin Runs Russia », *The Washington Post*, 6 septembre 2020.

46. Marie Jégo, « Russie : Hermitage, une expropriation à tout prix », *Le Monde*, 20 novembre 2009.

47. « "Absurd, Crazy". Trump Discussed Allowing Putin to Interrogate US ambassador », *The Guardian*, 29 juillet 2018.

48. Chris Cillizza, « Donald Trump Just Leeps "Joking" about Serving more than 2 Terms as President », CNN, 18 juin 2019.

49. David Smith, « "Enemy of the People". Trump's War on the Media is a Page from Nixon's Playbook », *The Guardian*, 7 septembre 2019.

50. Grace Panetta, « Trump Calls Protesters who Carried Guns into the Michigan Capitol "Very Good People" and Says the Governor should "Make a Deal" with them », Business Insider, 1er mai 2020.

51. Emma Grey Ellis, « The Meme-Fueled Rise of a Dangerous, Far-Right Militia », *Wired*, 18 juin 2018.

52. « "I Think the European Union is a Foe", Trump Says Ahead of Putin Meeting in Helsinki », CBS News, 15 juillet 2018.

53. Julian Borger, « Donald Trump Hails "Great Leader" Kim Jong-Un at Hanoi Summit », *The Guardian*, 27 février 2019.

54. Vladimir Poutine, « Speech and the Following Discussion at the Munich Conference on Security Policy », art. cit.

55. « Special Address by Joe Biden, Vice President of the United States », World Economic Forum, 18 janvier 2017, disponible sur : www.weforum.org/events/world-economic-forum-annual-meeting-2017/sessions/special-address-by-joe-biden-vice-president-of-the-united-states.

12
La Chine, un partenaire contrariant

1. « China's Xi Praises "Best Friend" Putin during Russia Visit », BBC News, 6 juin 2019.

2. « Xi et Poutine engagent les liens bilatéraux dans une nouvelle ère et ouvrent un nouveau chapitre de la coopération internationale », XinhuaNet, 8 juin 2019.

3. Alexei Anishchuk, Thimothy Heritage, « Xi Jinping à Moscou pour son premier voyage présidentiel », Reuters, 22 mars 2013.

4. « Statement by NCSC Director William Evanina. Election Threat Update for the American Public », art. cit.

5. Frédéric Lemaître, Isabelle Mandraud, « La générosité très intéressée de la Chine et de la Russie pour l'Italie », *Le Monde*, 27 mars 2020.

6. Dmitri Trenine, « China-Russia Relationship Model for Major Powers », Carnegie Moscow Center, 15 juillet 2020.

7. Frédéric Lemaître, « Comment Pékin veut sécuriser Hong Kong », *Le Monde*, 26 mai 2020.

8. « Xi Jinping promet à Vladimir Poutine de défendre l'histoire de la Seconde Guerre mondiale », Sputnik France, 3 septembre 2019.

9. Michael Kofman, entretien avec Julien Théron.

10. François Joyaux, *La Tentation impériale. Politique extérieure de la Chine*, Arles, Actes Sud, 1994.

11. Michael Kofman, entretien avec Julien Théron.

12. Vladimir Poutine, « Russia and the Changing World », RT, 27 février 2012.

13. Isabelle Mandraud, « Le Far East de Poutine, une conquête inachevée », *Le Monde*, 1er août 2016.

14. Isabelle Mandraud, « Des millions d'hectares gratuits au bout du monde », *Le Monde*, 1er août 2016.

15. Brice Pedroletti, Harold Thibault, « Pékin et Moscou s'unissent face aux "ingérences" », *Le Monde*, 22 mai 2014.

16. *Ibid.*

17. Isabelle Mandraud, « Démonstration de force des armées russe et chinoise », art. cit.

18. « Joint Statement between the Presidents of China and Russia », *China Daily*, 26 juin 2016.

19. Andreï Soldatov, Irina Borogan, *The Red Web. The Struggle Between Russia's Digital Dictators and the New Online Revolutionaries*, New York, Public Affairs, 2015.

20. « La Chine et la Fédération de Russie bloquent un projet de résolution sur la saisine de la Cour pénale internationale (CPI) pour les crimes graves commis en Syrie », CS/11407, Conseil de sécurité des Nations unies, 22 mai 2014.

21. « Conseil de sécurité : liste des vetos », données extraites du rapport A/58/47, annexe III, Dag Hammarskjöld, disponible sur : research.un.org/fr/docs/sc/quick.

22. « Le Conseil de sécurité rejette l'adoption de sanctions contre le Zimbabwe », ONU Info, 11 juillet 2008.

23. « Corée du Nord : Russie et Chine proposent à l'ONU un allégement de sanctions », *20 Minutes*/AFP, 17 décembre 2019.

24. « China, Russia Share Opposition to US THAAD in South Korea : Xi », Reuters, 3 juillet 2017.

25. « Security Council Tightens Sanctions on Democratic People's Republic of Korea, Unanimously Adopting Resolution 2397 (2017) », Security Council, 8151st Meeting, SC/13141, 22 décembre 2017.

26. Philippe Mesmer, « Le rapatriement des travailleurs nord-coréens, sanction onusienne mal appliquée », *Le Monde*, 23 décembre 2019.

27. Dimitri Simes, « China and Russia Ditch Dollar in Move Toward "Financial Alliance" », *Nikkei Asian Review*, 6 août 2020.

28. Valérie Niquet, « Les relations russo-chinoises : rivalités et solidarités », *Questions internationales*, n° 101, *op. cit.*

29. « En Sibérie, les Chinois vont-ils boire l'eau du lac Baïkal ? », AFP, 16 mars 2019.

30. Brice Pedroletti, Isabelle Mandraud, « Russie et Chine, un partenariat de "circonstance" », *Le Monde*, 17 octobre 2014.

31. « Russia's Global Image Negative Amid Crisis in Ukraine », Pew Research Center, 9 juillet 2014.

13
« Make Africa Safe »

1. Vladimir Poutine, « Russia-Africa Summit », 24 octobre 2019, disponible sur : en.kremlin.ru/events/president/news/61893.

2. *Ibid.*

3. Idriss Linge, « Chine-Afrique : le déficit commercial du continent a plus que triplé en 2019 pour des échanges records de 200 milliards de dollars », Agence Ecofin, 28 janvier 2020.

4. Henry Foy, Nastassia Astrasheuskaya, David Pilling, « Russia : Vladimir Putin's Pivot to Africa », *Financial Times*, 22 janvier 2019.

5. « Meeting with the President of Zimbabwe Robert Mugabe », 10 mai 2015, disponible sur : en.kremlin.ru/events/president/news/49451.

6. Isabelle Mandraud, « Omar al-Béchir se propose comme "clé de la Russie en Afrique" », *Le Monde*, 23 novembre 2017.

7. Christophe Châtelot, Véronique Malécot, Francesca Fattori, « Russie-Afrique : quelles réalités derrière les déclarations ? », *Le Monde*, 22 octobre 2019.

8. Vladimir Poutine, « Russia-Africa Summit », art. cit.

9. Sergueï Soukhankine, « Russian Private Military Contractors in Sub-Saharan Africa », *Russie. NEI. Visions*, n° 120, septembre 2020.

10. « L'Assemblée adopte une résolution soulignant que "le référendum organisé en République autonome de Crimée et la ville de Sébastopol le 16 mars 2014 n'a aucune validité" », AG/11493, Assemblée générale de l'ONU, 68e session, 27 mars 2014.

11. Joséphine Dedet, « Russie-Afrique : la stratégie de Vladimir Poutine pour reconquérir le continent », *Jeune Afrique*, 12 août 2019.

12. « Bilan des premiers Sommet et Forum économique Russie-Afrique. Roscongress poursuivra ses travaux sur la thématique africaine jusqu'au prochain Forum », Forum économique Russie-Afrique, 26 octobre 2019, disponible sur : summitafrica.ru/fr/news/podvedeny-itogi-pervogo-sammita-i-ekonomicheskogo-foruma-rossija-afrika-roskongress-prodolzhit-rabotu-na-afrikanskom-treke-v-period-do-sledujuschego-foruma.

13. « 8 Russian Sailors Acquitted in Nigeria Arms Smuggling Case », *The Moscow Times*, 19 juin 2013.

14. Christophe Châtelot, Isabelle Mandraud, Marie Bourreau, « La Centrafrique, un pion sur l'échiquier russe », *Le Monde*, 7 décembre 2018.

15. *Ibid.*

16. Mark Galeotti, entretien avec Julien Théron

17. « Treasury Targets Financier's Illicit Sanctions Evasion Activity », US Department of the Treasury, 15 juillet 2020, disponible sur : home.treasury.gov/news/press-releases/sm1058.

18. « Dmitry Medvedev's Meeting with the President of the Republic of the Sudan Omar Al-Bashir », The Russian Government, 24 novembre 2017, disponible sur : government.ru/en/news/30259.

19. Frédéric Bobin, « En Libye, les mercenaires russes au service du maréchal Haftar désertent le front de Tripoli », *Le Monde*, 25 mai 2020.

20. Michael Schwirtz, Gaelle Borgia, « How Russia Meddles abroad for Profit. Cash, Trolls and a Cult Leader », *The New York Times*, 11 novembre 2019.

21. Sylvia Rantrua, « Mozambique : ce futur eldorado gazier », *Le Point*, 26 février 2020.

22. Jane Flanagan, « Mozambique Calls on Russia Firepowers », *The Times*, 2 octobre 2019.

23. Chris Pleasance, « Russia Mercenaries Are Beheaded by ISIS-Linked Islamists in Mozambique », Mail Online, 1er novembre 2019.

24. « De nouveaux mercenaires russes signalés au Mozambique », BBC News Afrique, 13 mars 2020.

25. Pjotr Sauer, « In Push for Africa, Russian's Wagner Mercenaries are "Out of their Depth" in Mozambique », *The Moscow Times*, 19 novembre 2019.

26. « L'ONU confirme la présence de mercenaires russes en Libye », AFP, 7 mai 2020.

27. « Centrafrique : Le Drian relève la présence de mercenaires russes », *Lefigaro.fr*/AFP, 23 janvier 2019.

28. Isabelle Mandraud, « 2019, "année de l'Afrique" pour les marchands d'armes russes », *Le Monde*, 24 janvier 2019.

29. *Ibid.*

30. Ristel Tchounand, « Mines – Hydrocarbures : les Russes en force en Guinée équatoriale », *La Tribune*, 9 octobre 2020.

14
Le Grand Nord, dernier bastion stratégique

1. Tom Parfitt, « Russia Plants Flag on North Pole Seabed », *The Guardian*, 2 août 2007.

2. *Ibid.*

3. « Circum-Arctic Ressource Appraisal. Estimates of Undiscovered Oil and Gas North of the Arctic Circle », US Geological Survey, 2008.

4. Marlène Laruelle, « La politique arctique de la Russie. Une stratégie de puissance et ses limites », *Russie. NEI. Visions*, 117, mars 2020.

5. Vladimir Poutine, « Meeting of the Council of Security on State Policy in the Arctic », 22 avril 2014, disponible sur : en.kremlin.ru/events/president/news/20845.

6. Isabelle Mandraud, « La Russie déploie des troupes en Arctique », *Le Monde*, 14 octobre 2014.

7. Marlène Laruelle, « La politique arctique de la Russie. Une stratégie de puissance et ses limites », art. cit.

8. Anne-Françoise Hivert, « Supprimé en 2010, le service militaire va être rétabli en Suède », *Le Monde*, 6 mars 2017.

9. Atle Staalsesen, « Russia Says its Radio-Electronic Shield Now Covers the Arctic », *The Barents Observer*, 21 mai 2019.

10. « La Russie déploie des systèmes S-400 dernier cri dans l'Arctique », RT France, 16 septembre 2019.

11. Rachel Ellehuus, Mark Simakovsky, « Russia is Harassing US Jets in the Arctic as Part of a Putin Power Play », NBC News, 28 mai 2019.

12. Vladimir Poutine, « Plenary Session of the International Arctic Forum », 9 avril 2019, en.kremlin.ru/events/president/news/60250/videos.

13. Nabil Wakim, « Total lance Yamal, son mégaprojet gazier dans l'Arctique russe », *Le Monde*, 11 décembre 2017.

14. Vladimir Poutine, « Plenary Session of the International Arctic Forum », art. cit.

15. Madjid Zerrouky, « En Syrie, le régime, la Russie et l'EI unis autour du gaz », *Le Monde*, 4 mars 2016.

16. Atle Staalesen, « Russia Sets out Stringent News Rules for Foreign Ships on the Northern Sea Route », *The Independent Barents Observer Arctic Today*, 8 mars 2019.

17. Michael R. Pompeo, « Looking North. Sharpening America's Arctic Focus », US Department of State, 6 mai 2019, disponible sur : www.state.gov/looking-north-sharpening-americas-arctic-focus.

18. *Ibid.*

19. « Il a fait 38 °C en Sibérie : record de température au-delà du cercle arctique », *Le Monde*, 22 juin 2020.

20. Jonathan Watts, « "Sleeping Giant" Arctic Methane Deposits Starting to Release, Scientists Find », *The Guardian*, 27 octobre 2020.

21. « В России закончили исследования для расширения границ арктического шельфа », *РИА Новости*, 14 octobre 2020.

Conclusion

1. Vladimir Poutine, « Meeting of the Valdai Discussion Club », 22 octobre 2020, disponible sur : en.kremlin.ru/events/president/news/64261.

2. Andrew Osborn, « Almost half of Young Russians Want to Emigrate, Gallup Poll Say », Reuters, 4 avril 2019.

3. Vladimir Poutine, « Meeting of the Valdai Discussion Club », art. cit.

4. « L'extase de Poutine et MBS au G20 pour leurs retrouvailles passe mal », Huffpost, 30 novembre 2018.

Liste des acronymes

AfD : Alternative für Deutschland
AIIB : Asian Infrastructure Investment Bank
ANL : Armée nationale libyenne
Apec : Coopération économique pour l'Asie-Pacifique
ASL : Armée syrienne libre
Brics : Brésil, Russie, Inde, Chine, Afrique du Sud
CEDH : Cour européenne des droits de l'homme
CEI : Communauté des États indépendants
CIA : Agence centrale du renseignement
CPI : Cour pénale internationale
DIA : Agence du renseignement de la défense
EI : Organisation État islamique
FBI : Bureau fédéral d'enquêtes
FMI : Fonds monétaire international
FNI : Forces nucléaires à portée intermédiaire
FSB : Service fédéral de sécurité
GAN : Gouvernement d'accord national
GNL : Gaz naturel liquéfié
GRU : Direction générale du renseignement militaire
HTC : Hayat Tahrir al-Cham
Icij : Consortium international des journalistes d'investigation

IRA : Agence de recherche sur Internet
KGB : Comité de sécurité d'État
MS : Mesures actives
NCSC : Centre national de contre-espionnage et de sécurité
NRA : National Rifle Association
NSA : Agence nationale de sécurité
OBOR : One Belt, One Road
OCS : Organisation de coopération de Shanghaï
OIAC : Organisation pour l'interdiction des armes chimiques
Omon : Détachement mobile à vocation spéciale
ONU : Organisation des Nations unies
OSCE : Organisation pour la sécurité et la coopération en Europe
Otan : Organisation du traité de l'Atlantique Nord
OTSC : Organisation du traité de sécurité collective
Pegida : Européens patriotes contre l'islamisation de l'Occident
PEV : Politique européenne de voisinage
PIT : Parti islamique du Turkestan
RCA : République centrafricaine
RIO : Société historique russe
RT : Ex-Russia Today
RVIO : Société historique militaire russe
SEAE : Service européen pour l'action extérieure
SMP : Société militaire privée
SNLE : Sous-marin nucléaire lanceur d'engins
Sobr : Unité spéciale d'intervention rapide
SVR : Service de renseignement extérieur
Swift : Society for Worldwide Interbank Financial Telecommunication
Thaad : Terminal High Altitude Area Defense
UE : Union européenne

UEE : Union économique eurasiatique
URSS : Union des républiques socialistes soviétiques
VGTRK : Compagnie d'État panrusse de télévision et de radiodiffusion
VKS : Forces aérospatiales

Liste des termes russes

Aktivnye meropriyatiya : mesures actives.
Dezinformatsiya voïna : guerre de désinformation.
Gibridnaya voïna : guerre hybride.
Kontraktniki : contractuels.
Maskirovka : camouflage.
Miagkaïa sila : *soft power*.
Myatej voïna : guerre de mutinerie, de rébellion.
Nachi : les nôtres.
Novorossia : Nouvelle Russie.
Pobedobesie : frénésie de victoire.
Prichernomorie : mer Noire.
Rousskii dom : Maison russe.
Rousskii mir : monde russe.
Siloviki : membres des forces sécuritaires et militaires.
Smuta : Temps des troubles.
Tchéka : Commission spéciale panrusse de lutte contre la contre-révolution et le sabotage.
Velikaïa derjava : grande puissance.

Remerciements

Les auteurs tiennent à remercier vivement pour leur coopération Samuel Charap, Tom Cooper, Arnaud Danjean, Michel Duclos, Lawrence Freedman, Mark Galeotti, Keir Giles, Frank Gorenc, Frank G. Hoffman, François Hollande, Michael Kofman, Andrey Makarychev, Michael McFaul, Jean-Marc Mojon, Guy Nuyttens, Anton Shekhovtsov, Françoise Thom et Peter B. Zwack.

Table

Réalisation : Nord Compo à Villeneuve-d'Ascq
Dépôt légal : février 2021
ISBN : 979-10-210-4572-9
N° d'édition : 4558
Impression en Italie